바티스 묵상집

마태복음

바티스 묵상집

마태복음

초판 1쇄	2025년 4월 9일
지 은 이	조윤호
펴 낸 곳	바티스
편 집	편집부
디 자 인	해피디자인
그 림	김정희
등록번호	제 333-2021-000046호
등록일자	2021년 8월 27일
주 소	부산광역시 해운대구 재반로 113-15(4층), 바티스 출판사 영업부
전 화	051-783-9191
팩 스	051-781-5245
이 메 일	bathys3410@gmail.com

ISBN   979-11-991115-0-9(03230)

값 25,000원

이 책에 실린 글과 이미지의 무단전재 · 복제를 금합니다.
이 책에 내용의 전부 또는 일부를 재사용하려면 반드시 출판사의 동의를 받아야 합니다.

이 책은 강원교육모두체, 강원교육새음체를 사용하였습니다.

 바티스는 헬라어로 βἄθύς 입니다. '깊은', '심오한', '질긴', '풍부한' 뜻을 가지고 있습니다.

바티스 묵상집

마태복음

조윤호 지음

Matthew

바티스

"바티스 묵상집"(마태복음)을 출간하면서

　　마태는 직업이 세금 징수하는 일을 맡은 세리였습니다. 장부를 정리할 수 있는 회계의 능력을 가졌으며, 숫자를 계산하고, 문서를 관리할 수 있는 능력과 글을 읽고 쓸 수 있는 능력을 가지고 있었습니다. 그 당시 문맹인이 다수를 이루고 있었던 사회적 모습에 비춰 볼 때 그는 지식층에 속한 인물이었습니다. 그리고 물질에 궁색함이 없이 살아가는 세리였습니다. 그러나 마태는 유대 사회로부터 달갑지 않은 삶을 살아갑니다.
　　직업상 로마 정부의 입장에 서 있다고 해서 유대인들은 세리를 '민족의 반역자'로 여겼습니다. 로마로부터 녹을 받아먹고 산다고 해서 '부정한 자'로 여겼습니다. 마태는 배운 지식이 있었고, 물질도 어느 정도 있었습니다. 그럼에도 불구하고 유대 사회로부터 소외된 자였습니다. 예수님은 이런 마태를 친히 찾아가셨고 그를 제자로 삼으셨습니다. 마태복음의 묵상은 이런 과정과 마태의 특징을 통해 우리에게 여러 가지를 생각하게 만듭니다.

요한계시록 4장에 의하면 앞뒤에 눈이 가득한 '네 생물'이 하나님 보좌 주위에 있습니다. '사자 같고', '송아지 같고', '사람 같고', '독수리 같은' 모습을 하고 있습니다. 마태복음은 언약과 관련하여 하나님 보좌에서 하나님을 예배하고, 보좌하는 '네 생물' 가운데 '사자'의 모습을 부각하고 있습니다. 창세기 49장 9절 이하에 의하면 메시아의 계보를 이을 유다를 향한 예언적 축복이 이뤄집니다. 이때 야곱은 유다의 후손에 대해 축복할 때 왕권과 관련된 '사자'를 거론합니다. 왕권에 대한 축복이 유다 지파 출신인 다윗이 왕이 되면서 성취됩니다.

계속해서 창세기 49장 10절은 통치를 상징하는 '규'가 유다를 떠나지 않을 것과 유다 가문에서 메시아의 출현이 있을 것을 예언을 통해 계시합니다. 유다 가문을 통한 메시아의 출현은 이사야 11장 1절 이하에서 더욱 분명해집니다. "이새의 줄기에서 한 싹이 나며 그 뿌리에서 한 가지가 나서 결실할 것이요" 이 약속의 말씀에 따른 성취가 예수 그리스도였다는 것을 마태는 변증하고, 증언합니다. 마태는 이것을 각각 '십 사대'의 족보로 세 번 나눠 1장에서 증거합니다. 1

장의 족보가 '14대'로 나눠질 때 마태는 다윗을 '왕'으로 소개하면서 중심에 세웁니다.

　마태복음 1장 1절은 이렇게 증거합니다. "아브라함과 다윗의 자손 예수 그리스도의 계보라" 그리고 1장 6절에서 "이새는 다윗 왕을 낳으니라 다윗은 우리야의 아내에게서 솔로몬을 낳고", 1장 17절과 18절에서 "그런즉 모든 대 수가 아브라함부터 다윗까지 열네 대요 다윗부터 바벨론으로 사로잡혀 갈 때까지 열네 대요 바벨론으로 사로잡혀 간 후부터 그리스도까지 열네 대더라 예수 그리스도의 나심은 이러하니라 그의 어머니 마리아가 요셉과 약혼하고 동거하기 전에 성령으로 잉태된 것이 나타났더니"라며 창세기 49장 10절과 이사야 11장 1절의 예언이 예수 그리스도로 말미암아 성취되었다는 것을 변증합니다. 아우구스티누스는 이런 마태복음을 가리켜 '사자복음'이라고 별명을 붙이고 있습니다.

　"바티스 묵상집"은 시리즈의 두 번째 책으로 마태복음을 세상 가운데 내어놓습니다. 전체 내용은 42편의 묵상으로 구성되었습니다. 성자 하나님께서 언약의 성취를 이루기 위해 이 땅에 구세주인 예수로 오신 것과 공생애를 통해 그리스도로서 대속의 사역을 이루신 것을 묵상합니다. 이런 일련의 사건들을 비춰 보면서 우리는 예수를 닮은 그리스도인으로서 어떤 모습을 가져야 하는지 돌아보는 시간을 가집니다. 그리고 부활의 증인으로서 그 진실을 어떻게 증거해야 하는지 묵상하는 시간을 가집니다.

묵상집의 첫 번째 소제목이 "예수를 닮은 그리스도인"으로 시작하는 것과 마지막 소제목을 "하나님이 기뻐하는 증인"으로 마무리하고 있는 것은 마태가 변증하고, 증언하고, 증거하고자 하는 복음서 내용의 가치관을 살리기 위한 묵상의 내용이기도 합니다.

'바티스 묵상집'의 두 번째 책인 '마태복음'은 세상의 가치관으로 만들어진 책이 아닙니다. 하나님 나라 건설을 위한 발판을 만들고, 하나님 나라를 더욱 굳건하게 세워 나가는 사역의 산물입니다. 하나님이 기뻐하는 사명을 감당할 목적으로 만들어졌습니다. 마태가 복음서를 기록할 때도 이런 마음이었을 것입니다. 그는 유대인이었지만 마치 이방인과 같은 삶을 살아왔던 자입니다. 예수님을 만난 것은 이런 자신의 모습에 대반전의 역사를 일으킵니다. 믿음이 연약한 사람들 그리고 믿음에 대한 확신을 가지지 못하고 방황하는 사람들, 이와는 달리 예수 그리스도를 바르게 알고자 소망하는 사람들 모두에게 '바티스 묵상집'의 두 번째 책인 '마태복음'을 권장합니다.

"좁은 문으로 들어가라 멸망으로 인도하는 문은 크고 그 길이 넓어 그리로 들어가는 자가 많고 생명으로 인도하는 문은 좁고 길이 협착하여 찾는 자가 적음이라"(마 7:13~14)라고 예수님께서 말씀하셨습니다. 이 말씀은 천국의 소망을 가지고 달려가는 믿음의 형제와 자매들에게 들려주는 주님의 음성이면서 "바티스 묵상집"을 향한 주님의 음성이기도 합니다. "바티스 묵상집"은 세상에 속한 자의 방식이 아니라 오직 예수님의 말씀을 따라가는 사역을 펼쳐나가기 위해 만들어진 묵상집입니다. "바티스 묵상집"의 두 번째 책인 마태복음은 성도로서, 그리스도인으로서 우리의 모습을 다시 돌아보게 합니다. 그리고 믿음의 눈을 더욱 견고하게 세워가는 영적 군사를 길러내는 것을 목표로 하고 있습니다.

"바티스 묵상집"(마태복음)을 집필하면서
조윤호

목차

"바티스 묵상집"(마태복음)을 출간하면서   4

마태복음에 대한 간략한 이해   12

예수를 닮은 그리스도인(마 1:1~6a)   18
이 땅에 오신 예수님처럼(마 1:18~25)   27
하나님의 말씀과 능력(마 4:1~11)   37
부름을 받은 자(마 4:18~22)   47
복이 있는 사람 - 1(마 5:1~5)   56
복이 있는 사람 - 2(마 5:6~8)   64
복이 있는 사람 - 3(마 5:9~12)   73
영광을 돌려라(마 5:13~16)   82
하나님의 정의와 인간의 모순(마 7:1~5)   92
인도하는 문(마 7:13~14)   101
참된 행복의 가치를 찾자(마 7:15~20)   111

하나님이 원하는 천국 백성의 모습(마 7:21~27)	120
참된 믿음(마 8:5~13)	130
건강한 십자가 신앙(마 8:18~22)	139
환난을 이겨내는 그리스도인(마 8:23~27)	147
요동치는 악한 권세(마 8:28~34)	157
나를 향한 하나님의 마음(마 9:9~13)	166
신앙의 바른 관점(마 11:2~6)	175
진실을 증언하는 증인(마 11:28~30)	184
결실을 맺기 위한 추수(마 13:24~30)	193
천국 백성의 진짜 모습(13:31~33)	202
서 말 속의 비밀(마 13:33)	212
종말의 시대를 이끌어가는 교회(마 13:36~43)	221
천국이란?(마 13:44~50)	230
믿음과 은혜의 문(마 14:24~33)	239
반석 위에 세워진 교회(마 16:13~20)	248
그리스도인의 삶(마 16:21~28)	257
전신갑주를 입으라(마 17:14~20)	266
잃은 한 마리 양의 비유(마 18:12~14)	275
무엇으로 영생을 얻으리이까(마 19:16~22)	284
천국 잔치하는 날(마 20:1~10)	293
근원으로 돌아가라(마 22:34~40)	302
십자가의 신앙(마 24:1~2)	312
종말의 징조와 말씀의 성취(마 24:3~14)	321

등과 기름(마 25:1~13)	330
하나님 나라를 상속받을 자(마 25:31~46)	339
하나님께 이렇게 기억되자(마 26:6~13)	349
주님이 다시 오시는 그날까지(마 26:17~25)	358
연합 안에 세워진 새언약(마 26:26~29)	367
부활의 증인(마 28:1~10)	376
부활의 진실(마 28:11~15)	385
하나님이 기뻐하는 증인(마 28:16~20)	394

마태복음에 대한 간략한 이해

▶ 책명

'마태복음'은 본서의 저자인 마태의 이름이 반영된 명칭이다. 한글 성경이 본서를 '마태복음'이라고 부르는 것은 헬라 원전의 '카타 마타이온(마태에 의한)'에 '유앙겔리온(복음)'이라는 명칭을 함께 붙인 영어 성경의 경우를 따른 것이다.

▶ 저자

본서의 저자는 마태이다. 마태는 알패오의 아들이며, 헤롯 안디바 초기의 인물로서 갈릴리 지역 가버나움 세관의 세관원이었다. 그는 예수님의 열두 제자 가운데 한 명이었다.

▶ 기록연대

마태복음의 기록연대는 두 가지 학설로 나눠진다. 첫 번째는 넓게

보는 견해이다. A.D. 50~70년 사이에 기록된 것으로 보고 있다. 두 번째는 마가복음이 먼저 기록되었다는 것을 전제로 하는 견해이다. A.D. 60~70년에 기록된 것으로 보고 있다. 이 가운데 두 번째 견해가 일반적으로 받아들이는 기록연대이다.

▶ 목적

마태복음은 수리아 지역의 안디옥에서 기록된 것으로 추정이 된다. 마태복음의 전체적인 내용은 예수님이 구약에서 약속된 메시아라는 것을 전하는 변증 차원의 복음서이다. 이것을 마태복음 1장 1절에서는 아브라함과 다윗에게 언약하신 약속의 말씀대로 오신 분으로 증거하고 있다. "아브라함과 다윗의 자손 예수 그리스도의 계보라" 두 번째는 마태복음 1장 6절 이하에서 예수님의 계보에 대해 '다윗 왕'이라는 명칭을 사용하면서 구약의 예언을 성취하기 위해 오신 '이스라엘 왕'임을 서술하고 있다.

▶ 내용의 특징

성경에서 '천국'이라는 단어는 신약 성경에서만 총 34회 등장하고 있다. 이 가운데 33회(디모데후서-1회)가 마태복음에서 사용된다. 이런 마태복음을 아우구스티누스는 '천국복음'이라고 불렀다. 그리고 유대인들을 제1차 독자층으로 여겼던 마태복음은 구약의 많은 부분을 인용하면서(마 1:22; 2:5, 15, 23 등 65회) 예수 그리스도가 예언의 성취라는 것을 증명하고 있다. 이런 마태복음은 다른 복음서에서 발견할 수 없는 몇 가지 특징적인 요소를 가지고 있다.

첫 번째는 마리아의 임신과 요셉의 꿈, 애굽으로 피난, 가롯 유다의 죽음, 빌라도 아내의 꿈, 성도의 부활, 예수님의 시신이 없어진 것에 대한 경비병들의 처신 … 등

두 번째는 복음서에는 예수님의 비유에 대한 가르침이 15회 등장한다. 예수님의 비유에 대한 가르침이 마태복음에서만 10회(70%) 소개가 되고 있다.(가라지, 감추인 보화, 값진 진주, 그물 비유, 무자비한 종, 포도원의 일꾼, 두 아들, 왕자의 결혼 잔치, 열 처녀, 달란트)

세 번째는 마태복음에만 기록된 3가지 이적 사건이 있다.(두 소경을 고치심, 벙어리 귀신 들린 자의 구원, 물고기 입에서 베드로가 한 세겔을 발견한 것)

네 번째는 마태복음에는 다른 복음서에서 등장하지 않는 '교회(에클레시아, ἔκκλησία)'라는 단어가 3회(마 16:18-1회; 18:17-2회) 사용된다.

다섯 번째는 '바리새인'을 저주하는 내용이 마태복음에만 7회(마 23:13, 15, 16, 23, 25, 27, 29) 나온다.

▶ 유대인들의 전통에 따라 예수님의 교훈을 다섯 가지로 나누어 배열하고 있다

    첫 번째는 산상수훈(5~7장)을 통해 '천국 윤리'를 증거
    두 번째는 제자 파송과 명령(10장)을 통해 '선교'를 증거
    세 번째는 비유(13장)를 통해 '천국의 본질'을 증거
    네 번째는 겸손과 용서에 대한 교훈(18장)으로 '교회의 훈련'을 증거
    다섯 번째는 묵시적 교훈을 통해 '종말론'을 증거하고 있다.

▶ 예수님의 족보를 '십 사대'로 세 번 나누어 '사십 이대'로 설명하고 있다

1기(14대)	2기(14대)	3기(14대)
→	→	→
아브라함　　다윗	다윗　　바벨론 포로	바벨론 포로　　예수님

▶ 복음서의 비교표

구분	마태복음	마가복음	누가복음	요한복음
대상	유대인을 위한 복음	로마인을 위한 복음	헬라인을 위한 복음	교회를 위한 복음 (영적복음)
별명	사자복음 /천국복음(계 4:7)	송아지복음 /능력복음(계 4:7)	인자복음 /사회복음(계 4:7)	독수리복음 (계 4:7)
별명을 붙인 사람	아우구스티누스	아우구스티누스 이후		
별명의 이유 (성경의 성격)	유대인의 왕으로 오신 예수 그리스도의 모습을 그림	예수님의 행적, 특히 이적에 관해 많이 기록	예수님의 인간적 모습을 잘 그려냄. 특히 그리스도의 사랑	독수리는 새 중에 태양을 똑바로 볼 수 있는 유일한 동물- 예수님의 신성을 태양을 보듯 분명히 표현
기록연대	A.D. 60~70년경	A.D. 55~63년경	A.D. 63년경	A.D. 80~90년경
기록자	마태	마가	누가	요한
기록한 장소	안디옥	로마	로마	에베소
기록자의 특징	사도(세리)	예루살렘 거주자 베드로의 통역관 바나바의 생질	바울의 의사요 동역자	사도 (예수님이 사랑한 제자)

구분	예수 그리스도에 대한 구약의 예언	구약에서 그리스도를 묘사하고 있는 이름	구약에서 그리스도를 '보라'라는 말로 소개하는 곳	비고
마태복음	왕 (시 2:6, 사 32:1, 단 9:25)	렘 23:5 (가지-왕)	슥 9:9 (왕으로서)	유대인을 위한 복음
마가복음	종 (사 42:1, 사 52:13)	슥 3:8 (싹-내 종)	사 42:1 (종으로서)	로마인을 위한 복음
누가복음	인자 (사 7:14, 9:6~7; 단 7:13~14)	슥 6:12 (순-사람)	슥 6:12 (사람-인자-으로서)	헬라인을 위한 복음
요한복음	하나님의 아들 (사 9:6~7)	사 4:2 (싹-여호와)	사 40:9 (하나님으로서)	교회를 위한 복음

예수를 닮은 그리스도인 (마 1:1~6a)

1:1 아브라함과 다윗의 자손 예수 그리스도의 계보라
1:2 아브라함이 이삭을 낳고 이삭은 야곱을 낳고 야곱은 유다와 그의 형제들을 낳고
1:3 유다는 다말에게서 베레스와 세라를 낳고 베레스는 헤스론을 낳고 헤스론은 람을 낳고
1:4 람은 아미나답을 낳고 아미나답은 나손을 낳고 나손은 살몬을 낳고
1:5 살몬은 라합에게서 보아스를 낳고 보아스는 룻에게서 오벳을 낳고 오벳은 이새를 낳고
1:6 이새는 다윗 왕을 낳으니라 다윗은 우리야의 아내에게서 솔로몬을 낳고

예수를 닮은 그리스도인 (마 1:1~6a)

(도입)

　마태는 유대인들에게 자신들이 갈망했던 메시아가 예수님이었다는 것을 '아브라함의 언약'과 '다윗의 언약'을 통해 변증하고, 증명합니다. 그는 아브라함으로부터 시작한 족보를 '14대'로 '세 번' 나누어 총 '42대'에 거친 족보를 설명합니다. 마태는 이스라엘의 역사에 있어서 잊을 수 없는 전환기적 사건을 '14대'로 나누어 이를 증거합니다. '제1기'는 이스라엘을 향한 언약의 출발점이라고 할 수 있는 아브라함에서부터 다윗의 출생까지입니다.
　'제2기'는 다윗에서부터 이스라엘의 멸망을 말하는 '바벨론 포로기'까지이며, '제3기'는 소망과 희망을 잃어버린 '바벨론 포로기에서부터 예수님'까지를 소개합니다. 이런 과정을 통해 흑암의 포로 가운데 놓인 자들을 구원하기 위해 이 땅에 메시아가 오셨다는 것을 밝히면서 그 메시아가 예수님이라는 것을 증명하고 있습니다.

예수님은 성자 하나님입니다. 세상의 그 어떤 것과도 비교할 수 없이 높고, 높이 계시는 분입니다. 성자 하나님께서 우리의 구원을 이루기 위해 이 땅에 오셨다는 것을 이름을 통해 밝혔으니 예수 그리스도입니다. 예수님의 그 이름의 값으로 구원을 받은 우리는 예수의 생명으로 살아가는 자들입니다. 그리고 이런 우리에게는 "그리스도인"이라는 별칭이 주어졌습니다. 우리는 예수를 닮은 그리스도인입니다. 예수를 닮은 그리스도인으로서 우리의 신앙과 삶은 어떻게 거듭나야 할까요?

(1) 세상의 가치관으로 저울질하지 않아야 하며, 하나님의 언약을 이루어가는 일에 앞장서면서 예수 그리스도의 계보를 세상 가운데 만들어가는 예수를 닮은 그리스도인이 되어야 합니다

마태는 십자가에서 죽으신 예수님이 유대인들이 갈망했던 그 메시아가 맞다는 것을 구약성경에 있는 '아브라함의 언약'과 '다윗의 언약'에 따른 족보의 나열을 통해 증명합니다. 하나님께서는 아브라함에게 "땅의 모든 족속이 너로 말미암아 복을 받을 것"(창 12:3)을 언약합니다. 그리고 이것이 구체적으로 무엇을 말하는지 그의 손자였던 야곱의 '유언적 예언'을 통해 창세기 49장에서 밝힙니다. 그것은 '메시아'에 관한 언약이었습니다. (창 49:8~12)에서 메시아의 후손이 '유다'의 혈통을 통해 올 것을 예언합니다. (삼하 7:18) 이하에서는 이것을 더욱 구체적으로 밝히고 있습니다. 그리고 이사야 11장 1절에서는 "이새의 줄기에서 한 싹이 날 것"과 "그 뿌리에서 한 가지가 나서 결실할 것"을 계시하고 있습니다.

'그리스도'라는 명칭에는 메시아가 세상의 구원을 위해 '왕'과 '선지자', 그리고 '제사장'의 '세 직분'으로 사역을 이룰 것을 말하고 있습니다. '예수를 닮은 그리스도인'은 예수의 이름으로 '기름부음을 받은 자'입니다. 세상의 가치관으로 저울질하는 자가 아니라 하나님의 언약을 이루어가는 자리에 자신을 세워야 할 '왕'이요, '선지자'요, '제사장'입니다. '예수를 닮은 그리스도인'은 예수님처럼 순종과 헌신과 희생의 걸음을 통해 하나님의 뜻을 세상 가운데 이루어가야 합니다. 하나님의 언약을 이루기 위해 낮고, 천한 종의 모습을 취한 예수님을 닮은 '그리스도인'이 되어야 합니다. 그리하여 예수 그리스도의 진정한 가치를 이어갈 계보를 세상 가운데 만들어갔던 자로 자신의 이름이 올려져야 합니다. 이런 나의 이름을 하나님은 잊지 못합니다.

(2~5) 세상이 주는 혈통과 환경의 벽을 하나님의 은혜로 뛰어넘고, 천국 소망의 씨앗을 세상 가운데 심으며, 하나님의 유업을 이루어가는 예수를 닮은 그리스도인이 되어야 합니다

세리였던 마태는 직업적 특성을 살려 예수님이 메시아라는 것을 아주 일목요연하게 변증하면서 증거하고 있습니다. 그는 예수 그리스도가 메시아라는 것을 터무니없이 주장하고 있지 않습니다. 하나님께서 말씀하신 예언의 말씀대로 이 땅에 오신 분이라는 것을 족보의 나열을 통해 증거합니다. 이때 마태는 누구도 부인할 수 없는 증거를 제시합니다. '아브라함'과 '이삭'과 '야곱' 그리고 그의 네 번째 아들이었던 '유다'의 계보는 어느 유대인도 부인할 수 없는 언약의 계보였습니다.

놀라운 것은 이때 등장한 '다말'(창 38:6)과 '라합'(수

2:1) 그리고 '룻' (룻 1:8)은 유대인이 아니라 '이방인'이었습니다. 마태는 세 명의 이방 여인의 이름을 통해 오실 메시아와 구원에 대해 중요한 메시지를 증거하고 있었습니다. 첫 번째는 구원은 혈통으로 이루어지는 것이 아니라 '하나님의 은혜'로 이루어진다는 것을 말하고 있습니다. 두 번째는 이방인 가운데도 '하나님의 기업'을 무를 상속자가 있다는 것을 증거하고 있습니다. 세 번째는 하나님의 은혜는 모든 장벽을 뛰어넘는다는 것을 말하고 있습니다.

마태가 증거하고 있는 것처럼 우리는 세상이 말하는 차등과 차별의 장벽을 하나님의 은혜로 뛰어넘는 '예수를 닮은 그리스도인'이 되어야 합니다. 편 가르고, 판단하는 거짓된 신앙이 아니라 이방인이라고 여겨지는 곳에도, 소외된 곳에도 '천국 소망의 씨앗'을 심는 '예수를 닮은 그리스도인'이 되어야 합니다. 오늘도 나의 필요와 만족을 채워가는 자가 아니라 '하나님 나라의 유업'을 이루어가는 자리에 쓰임을 받는 '예수를 닮은 그리스도인'이 되어야 합니다.

(6a) 다른 사람들 위에 군림하는 것을 즐겨하는 세상의 왕과 같은 자가 아니라 자신을 희생의 제물로 내어놓았던 왕이신 예수님을 닮은 그리스도인이 되어야 합니다

다윗의 아버지 이름은 이새입니다. (삼상 17:12~14)에 따르면, 그에게는 여덟 명의 아들이 있었습니다. 그 중 다윗은 마지막인 여덟 번째 아들이었습니다. 아버지와 형들의 눈에 볼 때, 다윗은 평범한 '한 아이'에 불과했습니다. 하나님께서는 이런 다윗을 이스라엘 전체를 다스릴 왕으로(삼하 2장, 5장) 세웁니다. 다윗은 블레셋 사람 골리앗이 이스라엘 군대를 모욕하는 소리를 들었을 때 그를 대적하여 싸우기를 자원합니다.(삼상 17:20~28)

마태는 다윗을 통해 예수 그리스도를 증거합니다. 예수님은 '왕 중의 왕'입니다. '천군 천사'가 그 앞에 무릎을 꿇고 수종을 드는 왕입니다. 이런 왕이 세상에서 군림하기 위해 이 땅에 오신 것이 아니라 낮고, 천한 자리에 임합니다. 우리는 '예수 그리스도를 닮은 왕'입니다. 다른 사람들 위에 군림하는 것을 즐겨하는 왕이 아니라 자신을 희생의 제물로 내어놓았던 왕이신 예수님처럼 세상의 구원을 위해 자신을 내어놓아야 합니다. "예수를 닮은 그리스도인!" 이것은 듣기 좋은 구호가 아닙니다. 우리가 걸어가야 할 길입니다.

(적용)

　마태는 족보를 통해 우리에게 두 가지를 알리고 있습니다. 하나는 "예수 그리스도가 누구인지"를 알립니다. 또 다른 하나는 "하나님께서 얼마나 언약에 신실하신 분인지" 알리고 있습니다. 우리는 "그리스도인"입니다. 예수를 단순히 닮은 것이 아니라 그분의 피 값으로 다시 태어난 자들입니다. 이런 우리가 '예수 그리스도의 이름'에 걸맞은 모습으로 살아가지 못한다면 이것은 스스로 하나님의 자녀가 아니라는 것을 선포하는 것과 같습니다.

　우리는 세상의 가치로 판단하고, 저울질하는 삶을 살아가는 사람이 아닙니다. 하나님의 언약을 이루기 위해 살아가야 할 존재입니다. 그러니 그 이름이 "그리스도인"인 것입니다. 낮고 천한 종의 모습을 취하며, 자신의 전부를 세상의 구원을 위해 쏟아내셨던 "예수를 닮은 그리스도인"이 되어야 합니다.

[생각하며 나누는 시간]

1. 예수님은 어떤 분인가요?

2. 본문을 통해 나에게 주시는 하나님의 말씀이 있다면 어떤 것이 있는지 적어봅시다.

3. 예수님을 생각하면서 나를 향한 3가지의 은혜를 적어봅시다.

이 땅에 오신 예수님처럼 (마 1:18~25)

1:18 예수 그리스도의 나심은 이러하니라 그의 어머니 마리아가 요셉과 약혼하고 동거하기 전에 성령으로 잉태된 것이 나타났더니
1:19 그의 남편 요셉은 의로운 사람이라 그를 드러내지 아니하고 가만히 끊고자 하여
1:20 이 일을 생각할 때에 주의 사자가 현몽하여 이르되 다윗의 자손 요셉아 네 아내 마리아 데려오기를 무서워하지 말라 그에게 잉태된 자는 성령으로 된 것이라
1:21 아들을 낳으리니 이름을 예수라 하라 이는 그가 자기 백성을 그들의 죄에서 구원할 자이심이라 하니라
1:22 이 모든 일이 된 것은 주께서 선지자로 하신 말씀을 이루려 하심이니 이르시되
1:23 보라 처녀가 잉태하여 아들을 낳을 것이요 그의 이름은 임마누엘이라 하리라 하셨으니 이를 번역한즉 하나님이 우리와 함께 계시다 함이라
1:24 요셉이 잠에서 깨어 일어나 주의 사자의 분부대로 행하여 그의 아내를 데려왔으나
1:25 아들을 낳기까지 동침하지 아니하더니 낳으매 이름을 예수라 하니라

이 땅에 오신 예수님처럼 (마 1:18~25)

(도입)

　　예수님이 사람의 몸으로 이 땅에 오신 목적은 오직 한 가지입니다. 인류를 구원하기 위해서입니다. 구원의 목적을 이루기 위해 예수님은 일반사람들과 다른 두 가지의 독특한 방법으로 출생하게 됩니다. 첫 번째는 성령을 통해 잉태됩니다. 두 번째는 동정녀의 몸을 취하여 탄생합니다. 예수님의 오심은 죄인인 우리를 구원하기 위해 영원 전, 이미 계획되었던 일이었습니다. 그리고 선지자들을 통해 예언되었던 말씀의 성취였습니다.

　　예수님은 죄로 인해 하나님과 사람 사이에 막혀 있던 담을 허물기 위한 중보자였으며, 스스로 희생의 제물이 되기 위해 이 땅에 오신 그리스도요, 성자 하나님이셨습니다. 특히 동정녀를 통한 예수님의 탄생은 하나님과 관련하여 우리에게 중요한 메시지를 전해주고 있습니다. 어떤 내용의 메시지를 우리에게 전해주고 있을까요?

(18~20) 하나님께서 뜻을 이루고자 나를 사용하실 때 사람의 판단으로 계산하거나 망설이지 말고 하나님의 뜻에 즉각 순종하는 신앙의 자세를 취하는 자가 되어야 합니다

마태는 예수님의 나심에 대해 이렇게 말하고 있습니다. "그의 어머니 마리아가 요셉과 약혼하고, 동거하기 전에 성령으로 잉태된 분입니다." 계속해서 마리아의 남편이었던 요셉에 대해서도 이렇게 말합니다. "그는 사람들에게는 매우 정직하였으며, 하나님을 향해서는 경건한 삶을 살아가던 사람이었습니다" (신 20:7)에 의하면 '약혼'은 정식으로 결혼하기 전, 혼인을 약속한 상태를 말합니다. 신부는 유대 관습에 따라 혼인을 선포하고, 자신의 집에서 약 1년 기간을 머물렀다가 신랑의 집으로 가게 됩니다. 마리아에게서 예상치 않은 사건이 터진 것은 이 시기였습니다. 마리아가 임신합니다. 임신한 사실을 요셉이 알게 됩니다. 요셉은 고민합니다. 이 여인을 유대법에 따라 처리할 것인가! 살릴 것인가!

요셉의 마음은 파혼을 통해 이 여인을 살리는 쪽으로 움직입니다. 이때 천사가 요셉에게 마리아의 임신이 부정함에 의한 것이 아니라 하나님의 뜻을 이루기 위한 것임을 알게 합니다. 마리아가 아이를 잉태한 것은 성령으로 말미암은 것이며, 하나님의 뜻에 순종한 결론이었습니다. 하나님께서 마리아를 쓰시고자 할 때 마리아는 자신의 생명을 걸고 하나님의 뜻에 순종합니다. 요셉 또한 자신의 어리석은 생각과 판단을 하나님께서 깨닫게 하자 하나님의 말씀에 즉각 순종합니다. 하나님의 뜻을 이루기까지 요셉과 마리아의 순종이 함께 자리하였습니다.

때로는 하나님께서 우리가 예상할 수 없는 순간에, 예상하지 못한 방법으로 찾아오셔서 "내가 너를 이렇게 쓰겠다!"라고 말씀하실 때가 있습니다. 그때 우리는 인간적인 판단으로 계산하거나 망설이는 주저함이 없어야 합니다. 하나님의 뜻에 즉각 순종하는 신앙의 자세로 하나님 나라의 열매를 맺어가는 성도가 되어야 합니다.

(21~23) 예수님께서 우리의 죄를 대속하기 위해 이 땅에 오신 것은 우리를 향한 하나님의 사랑을 실현하기 위해서입니다. 우리 또한 예수님처럼 하나님의 사랑을 세상 가운데 실현 시키는 일에 앞장서는 그리스도인이 되어야 합니다

천사는 요셉에게 마리아의 몸을 빌려 이 땅에 오실 메시아가 어떤 분인지 '예수'와 '임마누엘'이라는 이름을 통해 가르침을 줍니다. '예수'는 '여호와는 구원이시다'라는 뜻을 가지고 있습니다. 우리를 죄에서 구원하기 위해 하나님 자신(성자 하나님)이 친히 우리의 죄를 짊어지고 십자가에서 대속을 이룰 목적으로 이 땅에 오신 구세주라는 것을 말하고 있습니다. 그러니 '예수'는 하나님(성부 하나님)께서 우리에게 주신 '최고의 선물'입니다.

'임마누엘'은 하나님께서 우리에게 베풀어주신 '최고의 축복'입니다. "그의 이름을 임마누엘이라 하리라"(마 1:23) '임마누엘'은 "하나님이 우리와 함께 계시다"라는 뜻을 가지고 있습니다. 죄성을 가지고 있는 우리는 거룩한 하나님과 함께 할 수 없습니다. 그럼에도 불구하고 우리를 향해 하나님께서 함께하신다고 하니 '예수'가 이 땅에 오심은 하나님께서 우리를 향해 베푸신 '최고의 축복'이 틀림없습니다.

하나님은 예수님을 통해 천국의 축복을 약속하셨습니다. 우리는 전적으로 부패하였고, 전적으로 타락하였습니다. 우리가 하나님 앞에 행한 것은 '죄짓는 것'밖에 없습니다. 하나님께 자랑삼을 것은 아무것도 없습니다. 그럼에도 불구하고 하나님께서 우리를 천국으로 인도하실 것을 약속합니다. 요한복음 3장 16절은 그 이유를 이렇게 밝힙니다. "하나님이 세상을(우리를) 이처럼 사랑하사"

예수님께서 우리의 죄를 대속하기 위해 이 땅에 오신 것은 하나님이 우리를 지극히 사랑하셨기 때문입니다. 그리고 예수님께서 이 땅에 오신 것은 우리를 향한 하나님의 사랑을 실현하기 위해 이룬 사건입니다. 우리 또한 예수님처럼 하나님의 사랑을 세상 가운데 실현 시키는 일에 앞장서는 그리스도인이 되어야 합니다. 이런 우리의 모습을 하나님은 기뻐합니다. 그리고 하나님의 기록에 남겨 공의로 응답합니다.

(24~25) 하나님의 뜻이 이루어지도록 자원하여 희생의 자리에 자신을 내놓았던 예수님처럼 세상에서 받을 상을 바라지 말고 하나님의 뜻이 이루어지길 간절히 원하는 모습으로 자신을 하나님께 드리는 그리

스도인이 되어야 합니다

요셉은 자신과 약혼한 마리아가 잉태한 아이의 정체를 알게 됩니다. 그 이후 하나님께서 하시고자 하는 일이 방해받지 않도록 두 가지를 포기합니다. 첫 번째는 마리아와 파혼할 것을 포기합니다. 두 번째는 마리아와 동침하기를 포기합니다. 요셉은 하나님의 뜻이 이루어지도록 마리아처럼 자신의 희생을 아끼지 않습니다. 그러나 잉태 장면에서 가장 중요한 것은 요셉과 마리아가 아닙니다. 성자 하나님이신 예수님 자신입니다. 예수님은 우리의 구원을 이루기 위해 자신을 희생의 자리에 내어놓습니다. 이때 자원하는 순종으로 이 모든 것들을 이루어갑니다. 사람의 몸에 잉태됩니다. 높이 계시는 분이 낮고, 천한 자리에 순종으로 임합니다.

(요일 4:10)에 의하면 예수님은 하나님의 뜻을 이루기 위해 스스로 자신을 화목제물로 내어놓습니다. 그리고 (빌 2:6~8)의 말씀처럼 우리를 죄로부터 구원하기 위해 '십자가에서 죽으심'이라는 자기희생을 아끼지 않습니다. 예수님은 세상에서 받을 상을 바라고 자신을 희생한 것이 아닙니다. 육신의 일을 도모하는 자는 그 육신의 일로 망하게 됩니다.

하나님 나라의 뜻을 이루기 위해 행한 일, 특히 자원하여 행한 일조차 사람들에게 희생과 헌신이라고 스스로 자랑하지 말아야 합니다. 이 땅에서 자랑삼은 것은 '자기 상'을 이미 받은 것이라고 마태복음 6장 2절과 5절, 16절은 말씀하고 있습니다. 하늘에서 받을 상이 없습니다. 세상에서 받을 상을 바라보고 희생을 앞세우는 자가 아니라 하나님의 뜻이 이루어지길 간절히 원하는 모습으로 자신을 하나님께 드리는 그리스도인이 되어야 합니다.

(적용)

이사야 7장 14절에 의하면 하나님께서는 동정녀의 몸을 통해 메시아가 잉태될 것과 그 이름까지 알려주셨습니다. "그러므로 주께서 친히 징조를 너희에게 주실 것이라 보라 처녀가 잉태하여 아들을 낳을 것이요 그의 이름을 임마누엘이라 하리라" 예수님은 하나님 자신(성자 하나님)이 동정녀 마리아의 몸을 통해 이 땅에 오신 분입니다.

우리는 주님이 이 땅에 오신 이유를 분명히 알아야 합니다. 그리고 예수 그리스도 안에서 마지막 때를 잘 준비하는 자가 되어야 합니다. 뿐만 아니라 예수님이 그렇게 하셨던 것처럼 하나님이 나를 쓰시고자 할 때는 언제든지 기쁜 마음으로 순종하며, 하나님의 때를 위해 헌신하는 자세를 가져야 합니다. 하나님은 우리를 위해, 나를 위해 이미 '최고의 선물'을 주셨습니다. 그리고 하나님으로부터 '최고의 축복'을 받았습니다. 하나님께서 주신 '최고의 선물'과 '최고의 축복'을 온 천하에 알리는 일에 자원하고, 헌신하고, 순종하는 그리스도인이 되어야 합니다.

[생각하며 나누는 시간]

1. 예수님은 어떤 분인가요?

2. 본문을 통해 나에게 주시는 하나님의 말씀이 있다면 어떤 것이 있는지 적어봅시다.

3. 예수님을 생각하면서 나를 향한 3가지의 은혜를 적어봅시다.

하나님의 말씀과 능력 (마 4:1~11)

4:1 그 때에 예수께서 성령에게 이끌리어 마귀에게 시험을 받으러 광야로 가사
4:2 사십 일을 밤낮으로 금식하신 후에 주리신지라
4:3 시험하는 자가 예수께 나아와서 이르되 네가 만일 하나님의 아들이어든 명하여 이 돌들로 떡덩이가 되게 하라
4:4 예수께서 대답하여 이르시되 기록되었으되 사람이 떡으로만 살 것이 아니요 하나님의 입으로부터 나오는 모든 말씀으로 살 것이라 하였느니라 하시니
4:5 이에 마귀가 예수를 거룩한 성으로 데려다가 성전 꼭대기에 세우고
4:6 이르되 네가 만일 하나님의 아들이어든 뛰어내리라 기록되었으되 그가 너를 위하여 그의 사자들을 명하시리니 그들이 손으로 너를 받들어 발이 돌에 부딪치지 않게 하리로다 하였느니라
4:7 예수께서 이르시되 또 기록되었으되 주 너의 하나님을 시험하지 말라 하였느니라 하시니
4:8 마귀가 또 그를 데리고 지극히 높은 산으로 가서 천하 만국과 그 영광을 보여
4:9 이르되 만일 내게 엎드려 경배하면 이 모든 것을 네게 주리라
4:10 이에 예수께서 말씀하시되 사탄아 물러가라 기록되었으되 주 너의 하나님께 경배하고 다만 그를 섬기라 하였느니라
4:11 이에 마귀는 예수를 떠나고 천사들이 나아와서 수종드니라

하나님의 말씀과 능력 (마 4:1~11)

(도입)

　예수님의 '공생애' 시점이 '30세'였다는 것은 성자 하나님은 자신이 제정(制定)한 법을 솔선수범하여 지켰으며, 하나님 나라의 사역은 그렇게 시작되었다는 것을 말하고 있습니다. B.C. 1,446년 하나님께서는 출애굽한 이스라엘 백성들과 시내산에서 언약을 맺습니다. 그들에게 613가지의 법도와 규례와 율례가 주어집니다. 이때 제정된 제사장 법에 의하면 제사장은 '30세'가 되었을 때 사역을 감당하게 됩니다. 성자 하나님이신 예수님은 그 당시 언약의 제정자였습니다. 그럼에도 불구하고 그 언약을 스스로 지킵니다. 이것이 공생애를 시작한 나이 '30'이었습니다. 율법의 어느 것 하나 소홀함 없이 지킵니다.

예수님께서는 '공생애'를 시작하기 전, 두 사건을 통해 우리에게 중요한 것을 깨닫게 합니다. 첫 번째 사건은 '세례의 장면'입니다. 세상으로 하여금 '죄 사함'의 세례를 받아야 한다는 것을 공개적으로 알립니다. 두 번째는 광야에서 일어났던 '40일의 금식'과 관련된 사건입니다. '40일의 금식'을 마친 예수님께서 마귀로부터 세 가지의 유혹을 받습니다. 이때 예수님은 마귀의 유혹을 말씀으로 물리칩니다. 광야에서 일어났던 마귀의 유혹 사건과 결말은 하나님의 말씀과 관련하여 우리에게 무엇을 알려주고 있을까요?

(1~4) 하나님의 말씀은 연약함을 가지고 있는 우리가 마귀의 유혹을 물리칠 수 있는 최강의 무기이며 초월적 능력을 가진 권세의 말씀입니다

예수님은 '세례 사건' 이후, 성령의 인도함을 따라 광야에 이릅니다. 그러나 그곳은 '마귀'에게 시험을 받기 위한 장소가 됩니다. 마귀는 타락한 천사장으로서 하나님을 반역하였다가 하늘로부터 쫓겨난 사탄이었습니다. 마귀는 인류의 시조인 아담(첫째 아담)과 하와를 거짓으로 유혹하여 죄를 범하게 만든 인류의 원수이며, 하나님의 대적자입니다. 이런 마귀에게 예수님이 시험을 당합니다. 예수님을 향한 마귀의 공격은 예수님의 공생애가 시작되는 시점에 일어납니다. 예수님의 공생애는 개인의 자격을 말하는 것이 아닙니다.

'공생애'는 예수님이 '첫째 아담'의 죄를 대속할 '둘째 아담'으로서 공식적인 사역을 감당한다는 것을 말합니다. 요단강에서 세례를 받으신 것과 광야에서 행한 '40일의 금식'은 예수님이 아담의 죄를 대속하는 길을 공식적으로 걸어가는 것을 선포하는 장면이었습니다. 본격적으로 '공생애'에 돌입하기 전, 예수님은 '둘째 아담'의 자격으로 마귀와 싸워서 반드시 승리를 거두어야만 할 이유가 있었습니다.

40일간의 금식은 육신을 가진 인간에게 시련과 강력한 고통을 줍니다. 40일의 금식기도를 마친 예수님이 배고픔의 고통에 시달립니다. 이때를 노린 마귀가 공격합니다. "네가 만일 하나님의 아들이어든 명하여 이 돌들로 떡덩이가 되게 하라!" 마귀는 예수님께서 신적인 능력을 발하여 '공생애'의 시작이 예수님 자신의 필요를 채우는 '자기 생애'가 되도록 유혹합니다. 이렇게 해서 구원에 따른 모든 효력이 정지되도록 유도합니다. 이때 예수님은 에덴동산의 아담과 하와처럼 유혹당하지 않습니다. 자신이 판단하는 말씀이 아니라 정확히 기록된 하나님의 말씀(신 8:3)으로 응수합니다. "사람이 떡으로만 살 것이 아니요, 하나님의 입으로부터 나오는 모든 말씀으로 살 것이라 하였느니라!"

'공생애'를 시작하는 예수님의 목적을 마귀는 분명히 알고 있었습니다. 이런 마귀의 공격은 아주 유효 적절했습니다. 배고픔을 이길 사람은 없습니다. 그러나 '둘째 아담'으로서 '공생애'를 걸어갈 예수님은 자신이 걸어가야 할 길이 대속이라는 것을 분명히 합니다. 그리고 아담이 무너짐을 당했던 마귀의 유혹을 자기 생각으로 해석한 말씀이 아니라 '기록된 하나님의 말씀'으로 물리칩니다. 하나님의 말씀은 연약함을 가지고 있는 우리가 마귀의 유혹을 물리칠 수 있는 최강의 무기입니다. 하나님의 말씀은 초월적 능력을 가진 권세의 말씀입니다. 영적으로 혼탁한 시대를 살아가고 있습니다. 우리는 초월적 능력과 권세를 가진 하나님의 말씀의 검으로 악한 마귀의 권세를 물리치고, 이겨나가는 말씀의 군사가 되어야 합니다.

(5~7) 하나님의 말씀을 바르게 아는 것은 속이는 말씀으로 유혹하는 마귀의 권세를 이기는 유일한 길이 되고 능력이 됩니다

첫 번째 시험에서 하나님의 기록된 말씀으로 패배의 쓴 잔을 마셨던 마귀가 성경에 기록된 (시 91:11~12)의 말씀을 인용하여 접근합니다. "네가 만약 하나님의 아들이라면 (시 91:11~12)에 기록된 말씀처럼 하나님이 너를 보호할 것이니 성전 꼭대기에서 뛰어내려 네가 하나님의 아들인 것을 증명해 봐라!" (시 91:11~12)의 말씀에 의하면 하나님은 자신을 의뢰하는 자들을 악인의 음모와 온갖 재앙으로부터 보호해 줍니다. 그러나 마귀는 그 의미를 교묘히 왜곡시켜 하나님의 아들 되시는 예수님께 이것을 적용시킵니다. 그리고 예수님으로 하여금 자신이 하나님의 아들이 맞다는 것을 증명하도록 유혹합니다.

예수님으로 하여금 성전 꼭대기에서 뛰어내리도록 한 것은 공생애를 무너뜨리기 위한 두 가지 의미의 유혹을 담고 있었습니다. 첫 번째는 예수님이 '하나님의 사랑하는 아들'임을 자랑스럽게 증명하도록 유혹합니다. 두 번째는 이 사건을 통해 세상 사람들은 예수를 메시아로 인정할 것이며, 예수를 열광하게 될 것이라고 유혹합니다. 마귀는 이 과정을 통해 예수님의 공생애가 자기를 자랑삼는 생애가 되도록 유혹합니다. 이것을 아셨던 예수님은 (신 6:16)의 말씀으로 마귀의 유혹을 물리칩니다. 속이는 말씀으로 유혹하는 마귀의 권세를 이기는 유일한 길과 능력은 하나님의 말씀을 바르게 아는 것에 있다는 것을 잊지 않아야 합니다.

(8~11) 하나님의 말씀은 마귀가 제시하는 헛된 영광에 빠지지 않고 분별력을 가지게 하며 유혹을 물리치게 하는 본질적인 능력을 가지고 있습니다

계속되는 연패의 사슬을 끊기 위해 마귀는 최후의 카드를 끄집어냅니다. 예수님을 높은 산에 데리고 갑니다. '천하만국'과 그 영광을 보여줍니다. 마귀는 말합니다. "만일 내게 엎드려 경배하면 이 모든 것을 네게 주리라!" '하나님 외에 다른 신들을 섬기지 말라'라는 제1계명을 스스로 어기게 만드는 사악한 술책입니다. 마귀는 이 유혹을 통해 예수님께서 그리스도로서 공생애 사역을 이루지 못하도록 유혹합니다. 심지어 예수님을 우상 숭배자로 만들 것을 계획합니다. 그러나 예수님은 (신 6:13)의 말씀으로 헛된 마귀의 유혹을 물리칩니다.

　　예수님의 승리는 (창 3:15)에서 말씀하신 언약의 성취를 알리는 신호탄이었습니다. 마귀는 하나님 나라가 완전하게 이루어지는 그날을 막기 위해 온갖 수단과 방법을 동원하여 우리를 넘어뜨리고 있습니다. 하나님의 말씀은 헛된 영광을 좇게 하는 마귀의 유혹을 밝혀 조명해 줍니다. 그리고 마귀의 유혹을 예수님처럼 물리치는 분별력과 본질적인 능력을 줍니다. 마귀의 유혹을 물리치게 하는 본질적인 능력을 가지고 있는 '기록된 하나님의 말씀으로' 자신을 무장시켜 혼돈의 시대를 이겨나가야 합니다.

(적용)

　　마귀가 예수님을 유혹하기 위해 광명한 천사의 모습으로 접근합니다. 이때 동원된 세 가지의 유혹은 인간을 가장 효과적으로 넘어지게 만드는 방법이었습니다. 첫 번째는 먹는 문제를 통한 물질의 유혹이었습니다. 두 번째는 세상의 인기와 명예욕을 자극하는 유혹이었습니다. 세 번째는 세상의 권세와 영광을 통한 유혹이었습니다.

　　마귀의 유혹을 '기록된 말씀'으로 물리친 예수님의 승리는 우리에게 귀한 교감을 주고 있습니다. 우리는 그리스도의 군사답게 '기록된 하나님의 말씀'을 '자신의 검'으로 삼아야 합니다. '기록된 하나님의 말씀'으로 악한 권세에 맞서고, 물리치는 자가 되어야 합니다. 하나님 말씀의 바른 가르침과 그 말씀의 바른 적용은 이단과 같은 마귀의 무리를 물리치는 원동력이 됩니다. 그리고 세상의 유혹으로부터 우리를 바르게 세우고, 이겨나가게 하는 최강의 무기임을 잊지 않아야 합니다.

[생각하며 나누는 시간]

1. 예수님은 어떤 분인가요?

2. 본문을 통해 나에게 주시는 하나님의 말씀이 있다면 어떤 것이 있는지 적어봅시다.

3. 예수님을 생각하면서 나를 향한 3가지의 은혜를 적어봅시다.

부름을 받은 자(마 4:18~22)

4:18 갈릴리 해변에 다니시다가 두 형제 곧 베드로라 하는 시몬과 그의 형제 안드레가 바다에 그물던지는 것을 보시니 그들은 어부라
4:19 말씀하시되 나를 따라오라 내가 너희를 사람을 낚는 어부가 되게 하리라 하시니
4:20 그들이 곧 그물을 버려 두고 예수를 따르니라
4:21 거기서 더 가시다가 다른 두 형제 곧 세베대의 아들 야고보와 그의 형제 요한이 그의 아버지 세베대와 함께 배에서 그물 깁는 것을 보시고 부르시니
4:22 그들이 곧 배와 아버지를 버려 두고 예수를 따르니라

부름을 받은 자 (마 4:18~22)

(도입)

　우리를 구원하기 위해 사람의 몸으로 이 땅에 오신 성자 하나님이신 예수님께서 갈릴리를 중심으로 공생애를 이어갑니다. 참 특이한 것은 우리의 죄를 대속하기 위해 그리스도로서 공생애 사역을 이루어가실 때 열두 명을 사도로 세우셨다는 것입니다. 어떤 이유 때문에 그리스도로서 공생애를 이루실 때 열두 사도를 부르시고 그들을 교회의 출발로 삼으셨을까요? 열두 제자를 사도로 세운 이유는 크게 세 가지의 의미를 담고 있습니다. 첫 번째는 구원에 대한 상징적 의미를 담고 있습니다.

　열둘은 신약과 구약의 모든 시대를 상징하고 있으며, 하나님의 은혜로 택함을 받은 백성을 상징합니다. 두 번째는 증인으로서 역할을 감당하기 위해서입니다. 세 번째는 구원받은 자로서 이 땅에 남겨진 이유가 설명됩니다. 교회로서 역할입니다. 하나님께서 구원하시기로 예정한 자들을 불러 모으는 수고의 값이 먼저 구원받은 자들에게 사명으로 주어집니다. 그것이 (마 28:19~20)의 '지상대위임령'이었고, (행 1:8)의 말씀이었습니다. 우리는 열두 사도들처럼 이 시대 앞에 부름을 받은 자들입니다. 하나님께서 택한 백성들을 불러 모으는 교회로서 역할을 감당하기 위해 사도들처럼 이 땅에 남겨진 자들입니다. 주님으로부터 이 시대 앞에 부름을 받은 우리는 부름을 받은 자로서 어떤 신앙의 자세를 가져야 할까요?

(18~19) 부름을 받은 자로서 주님께서 명하신 사명을 귀하게 여겨야 하며 즉각적인 순종으로 자신에게 주어진 역할을 충성스럽게 감당하는 신앙의 자세를 가져야 합니다

마태는 예수님께서 제자를 세우는 한 장면을 소개합니다. 예수님께서 갈릴리 해변을 다니시다가 그물 던지는 두 사람을 목격합니다. "바다에 그물 던지는 것을 보시니" 이때 사용된 "보시니"라는 단어는 예수님께서 해변을 다니시다가 이들을 우연히 발견하였고, 제자로서 자격을 가진 자를 찾은 것으로 판단할 수 있습니다. 그러나 이들은 평범하고 비천한 신분의 어부였습니다. 산헤드린 공회원도 아니었습니다. 율법에 능통한 자도 아니었습니다. 귀족도 아니었습니다. 사람들에게 영향력을 끼칠 유명한 자는 더더욱 아니었습니다.

예수님께서 그들을 부르신 것은 그들의 능력과 자격을 보고 부른 것이 아닙니다. 제자로서 '재목(材木)'이 되기에는 함량 미달이었습니다. 사람들에게 내세울 만한 것이 없는 자들이었습니다. 그러나 주님은 그들을 부릅니다. "나를 따라오라!", "사람 낚는 어부가 되게 하리라!"

주님으로부터 세움을 받고, 부름을 받은 자는 자신의 처지와 환경 또는 자신의 모습에 비치는 가치관으로 세움을 받고, 부름을 받은 것이 아닙니다. 그 사람의 능력이 인정되었기 때문도 아닙니다. 하나님의 주권에 의해 이루어졌습니다. 그러니 부름을 받은 자는 주님께서 명하신 사명을 귀하게 여기는 자세를 가져야 합니다. 그리고 즉각적인 순종으로 주어진 역할을 충성스럽게 감당하는 신앙의 자세를 가져야 합니다. 그 다음은 주님이 그를 통해 일을 합니다. 사명을 감당하도록 권세와 능력을 줍니다. 그리고 사명을 감당하도록 모든 여건을 허락한다는 것을 잊지 않아야 합니다.

(20) 주님으로부터 부름을 받은 자는 '씨 가진 열매'로서 하나님의 은혜를 세상 가운데 흘려보내는 역할을 바르게 감당하는 신앙의 자세를 가져야 합니다

　　예수님의 부름에 대해 안드레와 베드로의 반응은 두 가지로 나타납니다. 첫 번째는 "그물을 버려 두고"입니다. 두 번째는 "예수를 따르니라"입니다. 세상에 속한 가치관보다 더 값진 것을 선택했다는 것을 말합니다. "버려 두고", "따르니라!"라는 말씀은 어떤 행동이 충동적으로 일어났다는 것을 말하는 것이 아닙니다. 하나님께서 부른 자에게 베푸신 은혜로 말미암아 일어난 인격적 변화를 나타내고 있습니다. 하나님께서 일으키신 인격적 변화는 자신이 이 땅에 존재해야 할 진정한 이유와 가치를 알게 합니다. 그리고 자신의 진정한 가치를 어디에서 찾아야 하는지 알게 됩니다.

　　"사람을 낚는 어부가 되게 하리라"라는 말씀에 대해 '그물을 버린 것'과 '예수를 따르는' 것은 매우 결단력 있어 보이는 모습입니다. 그러나 이런 반응 가운데 증거되고 있는 것이 한 가지 있습니다. 성령의 역사인 '하나님의 일하심'입니다. 하나님께서 그들에게 은혜를 베풀어주시니 가치관이 달라집니다. '씨 가진 열매'의 참된 가치관을 가집니다. 그리고 그 가치관을 세상 가운데 흘려보내는 일에 지체하지 않는 흐르는 물이 됩니다. "버려 두고", "따르니라!"가 이것을 대변하고 있습니다. 하나님의 은혜를 세상 가운데 흘려보내는 역할을 '씨 가진 열매'처럼 감당하는 자가 되어야 합니다. 그리하여 세상 가운데 하나님 나라의 열매를 풍성히 맺어가는 '생육', '번성', '충만'의 사역을 감당하는 자가 되어야 합니다.

(21~22) 주님으로부터 부름을 받은 자는 세상의 만족을 추구하는 삶이 아니라 하나님 나라 건설을 위해 헌신하고 희생하는 것을 더 기뻐하는 신앙의 자세를 가져야 합니다

베드로와 그의 형제 안드레처럼 갈릴리에서 어부로 생업을 이어가던 두 형제가 있었습니다. 야고보와 요한이 배에서 그물을 깁는 과정에서 주님으로부터 부름을 받습니다. 이들은 두 가지로 즉시 반응합니다. 첫 번째는 배를 버려 두고 부름에 따릅니다. 자신의 삶에 풍요를 주는 수단으로부터 떠납니다. 두 번째는 아버지로부터 떠나 부름에 반응합니다. 진리의 빛을 증거하는 교회의 역할에는 헌신과 희생이 따릅니다. 그러나 이 헌신과 희생은 더 큰 은혜를 만들어간다는 것을 잊지 않아야 합니다.

물질의 만족은 창고에 가득히 쌓아 놓은 것에 있지 않습니다. 하나님께서 허락하신 물질의 만족은 흘려보내는 것에 더 풍성한 만족과 은혜가 있습니다. 주님으로부터 부름을 받은 자는 "여기가 좋사오니"(마 17:4; 막 9:5; 눅 9:33)라며 변화산에서 세상의 만족을 추구했던 베드로의 모습이 되어서는 안 됩니다. 하나님 나라 건설을 위해 자신을 세상 가운데 흘려보내는 '하나님의 교회'가 되어야 합니다. 이를 위해 헌신하고 희생하는 자리에 세워지는 것을 기뻐하는 신앙의 자세를 가져야 합니다. 에덴동산에서 흘렀던 비손과 기혼과 힛데겔과 유브라데의 강과 같은 헌신과 희생으로 하나님 나라의 아름다운 결실을 맺어가는 것을 기뻐하는 '하나님의 교회'가 되어야 합니다.

(적용)

　우리는 하나님으로부터 부름을 받은 불가시적 교회입니다. 하나님의 전적인 은혜로 천국 백성이 되었습니다. 우리는 주님의 피 값으로 세워졌으며, 부름을 받은 자로서의 교회입니다. 부름을 받은 자로서 우리는 교회의 역할을 바르게 행해야 합니다. 영적으로 악함이 판을 치고 있는 세상 가운데서 교회의 역할을 온전히 감당하지 못한다면 주님으로부터 책망을 받습니다. (마 5:13)은 여기에 대해 증거합니다. "너희는 세상의 소금이니 소금이 만일 그 맛을 잃으면 무엇으로 짜게 하리요 후에는 아무 쓸데 없어 다만 밖에 버려져 사람에게 밟힐 뿐이니라"

　부름을 받은 자로서 주님께서 명하신 사명을 귀하게 여기며 즉각적인 순종으로 교회의 역할을 바르게 감당해야 합니다. 헌신하고 희생하는 자리에 올려지는 것을 기뻐하는 '하나님의 교회'가 되어야 합니다. '씨 가진 열매'로서 하나님의 은혜의 결실을 풍성하게 맺어 가는 부름을 받은 자가 되어야 합니다.

[생각하며 나누는 시간]

1. 예수님은 어떤 분인가요?

2. 본문을 통해 나에게 주시는 하나님의 말씀이 있다면 어떤 것이 있는지 적어봅시다.

3. 예수님을 생각하면서 나를 향한 3가지의 은혜를 적어봅시다.

복이 있는 사람 - 1 (마 5:1~5)

5:1 예수께서 무리를 보시고 산에 올라가 앉으시니 제자들이 나아온지라
5:2 입을 열어 가르쳐 이르시되
5:3 심령이 가난한 자는 복이 있나니 천국이 그들의 것임이요
5:4 애통하는 자는 복이 있나니 그들이 위로를 받을 것임이요
5:5 온유한 자는 복이 있나니 그들이 땅을 기업으로 받을 것임이요

복이 있는 사람 - 1 (마 5:1~5)

(도입)

예수님께서 광야를 통해 마귀의 시험을 물리치면서 하나님 나라의 도래에 대한 서막이 밝혀집니다. 아담이 범한 죄로 샬롬을 잃어버린 인류를 향해 예수님께서는 회복을 알립니다. 그리고 하나님 나라의 참된 백성이 이 땅에서 어떤 모습으로 살아가야 하는지 가르침을 줍니다. 이런바 '산상수훈'이라고 일컫는 기독교윤리의 '대강령'입니다.

예수를 믿는 사람이든, 믿지 않는 사람이든 "복 받으세요!"라고 말을 하면 이 말에 기분 나빠할 사람은 아무도 없습니다. 그만큼 '복'은 사람들에게 아주 민감한 사안이 아닐 수 없습니다. 예수님께서는 '산상수훈'을 통해 '복 있는 사람'에 관한 가르침을 줍니다. 예수님께서 가르침을 주신 '복'은 무엇을 말하고 있을까요? 어떤 사람이 '참 복'을 누릴까요?

(3) 도저히 구원받지 못할 죄인임에도 불구하고 회개를 통해 주님 앞으로 나아오는 자는 구원이라는 참 복을 누리게 됩니다

예수님의 기적과 이적을 경험한 많은 사람들이 예수님 앞으로 모여들기 시작합니다. 예수님께서는 자신을 향해 모여든 많은 무리를 봅니다. 그리고 그들이 함께 앉을만한 장소로 이동합니다. 그렇게 높지 않은 한 산의 평지에 도착합니다. 하나님 나라의 영원한 법에 관한 가르침을 주기 위해 입을 엽니다. 일명 '산상수훈'이라고 명하는 예수님의 가르침이 시작됩니다. 예수님께서 가르치신 '기독교윤리의 대강령'을 '산상수훈'이라고 부르는 이유는 가르침이 선포된 장소가 산이었기에 그 가르침을 '산상수훈'이라고 부릅니다.

첫 번째 가르침을 줍니다. "심령이 가난한 자는 복이 있나니 천국이 그들의 것임이요" … '심령'은 '영'에 관한 것으로 '마음' 또는 '영혼'을 말합니다. '심령이 가난한 자'란! 자신이 죄인임을 깨닫고 죄를 회개하며, 하나님의 전적인 은혜가 아니고는 구원받을 길이 없다는 고백으로 주님 앞으로 나아온 자를 말합니다. 이런 자는 구원의 복을 누릴 것이며, 천국에 거하는 자가 될 것이라고 예수님께서 말씀합니다.

모든 것이 풍성하고 '참 기쁨'만이 있는 곳이 천국입니다. 그곳은 시기와 분노와 분쟁과 기근과 병듦이 없습니다. 영육이 완전한 모습으로 영생 복락을 누리며, 슬픔과 근심과 걱정 없이 살아가는 곳입니다. 이런 복을 죄 사함을 받은 구원의 백성이 누리게 되니 참된 복이 아닐 수 없습니다.

(4) 자신에게는 구원받을 만한 의나 공로가 전혀 없음을 알고 주님의 자비와 긍휼하심을 간절히 구하는 자는 복이 있습니다

예수님께서는 '산상수훈'을 통해 '여덟 가지의 복'에 관한 가르침을 줍니다. 이 가운데 두 번째는 첫 번째 가르침과 연결이 되는 '애통하는 자'에 대한 가르침입니다. 일반적으로 슬퍼하고 가슴 아파하는 것을 가리켜 '애통'이라고 말합니다. 그러나 예수님께서 말씀하신 '애통'은 감정적이고, 육체적인 것으로 인한 '슬픔'을 말하는 것이 아닙니다. 자신에게는 구원받을 만한 어떤 '의'도, '공로'도 없음을 깨닫고 하나님의 자비와 긍휼의 손길을 간절히 바라며 가슴 아파하는 상태를 말합니다.

'심령이 가난한 자'가 자신이 죄인임을 깨닫고, 회개하는 모습이라고 한다면, '애통하는 자'는 자신의 행동으로는 도저히 구원받을 길이 없음을 깨닫고 가슴 아파하면서 하나님의 전적인 은혜를 구하는 자를 말합니다. 그러니 '심령이 가난한 자'와 '애통하는 자'는 서로 긴밀한 관계를 가지고 있습니다.

우리는 하나님 앞에 하나도 자랑할 것이 없습니다. 아브라함도, 다윗도 예외가 될 수 없습니다. 하나님께서 우리를 불쌍히 여겨주지 않으면 구원받을 길이 없습니다. 이런 우리를 향해 하나님께서는 '참 위로자' 되시는 예수 그리스도를 이 땅에 보내주셨습니다. 그리고 우리에게 완전한 위로의 길을 열어주셨으니 예수를 '구세주'로 믿는 믿음입니다. 이로 인해 우리는 '참 복'을 누리는 자가 되었습니다. 이것을 잊지 말고 오늘도 세상을 힘 있게 살아가는 그리스도인이 되어야 합니다.

(5) 상대를 향한 미움과 복수심을 버리고 모든 것을 하나님께 맡기는 자는 복이 있습니다

　예수님께서는 '팔복' 가운데 세 번째 가르침을 줍니다. "온유한 자는 복이 있나니 그들이 땅을 기업으로 받을 것임이요" '온유'는 '폭력' 또는 '분노'와 반대되는 말입니다. '온유한 자'는 상대의 해악(害惡)조차 미움과 복수심으로 해결하려고 하지 않습니다. 이런 이웃과 상대를 오히려 불쌍히 여기며 분을 품지 않습니다. (마 19:19)을 통해 예수님께서 말씀하신 것처럼 '네 이웃을 네 몸과 같이 사랑하라'라고 하신 그 음성을 따라 살아갑니다.

　'온유한 자'는 '믿음'과 '소망', '사랑' 가운데 그 중에 '사랑'이 제일이라고 하셨던 말씀처럼 '예수님의 헌신적인 사랑'을 가슴에 품고 '아가페'의 사랑을 실천하며 살아갑니다. '온유한 자'는 '안'으로는 '믿음으로 승리한다!'라는 '승리'의 확신을 가슴에 품고 살아갑니다. '밖'으로는 사람을 향해 '예수 그리스도의 사랑'으로 열매를 맺어갑니다. 종합하면, '예수 그리스도의 십자가'를 따라 살아가는 삶을 말합니다. 하나님께서는 '온유한 자'에게는 '내세'에서 일어나는 '천국'만이 아니라 '현세'에서 그 삶을 풍요롭게 하는 상급의 은혜를 공의 가운데 베풀어주신다는 것을 잊지 않아야 합니다.

(적용)

'복 있는 자'에 대한 예수님의 가르침은 지식을 가진 스승으로서의 가르침이 아닙니다. 하나님 본체로서 이 땅에 있는 우리를 향한 선포의 말씀이며, 이루어질 약속의 말씀입니다. '심령이 가난한 자' 그리고 '애통하는 자'와 '온유한 자'는 '복이 있는 자'라고 선포하셨습니다. 자신은 도저히 구원받지 못할 죄인임을 깨닫고 주님 앞으로 나아오는 자는 복이 있습니다. 자신에게는 구원받을 만한 의나 공로가 없음을 알고, 주님의 자비하심과 긍휼하심을 간절히 구하는 자는 참으로 복이 있습니다.

복이 있는 자로서 십자가의 사랑을 세상 가운데 증거하며 살아가는 하나님 나라의 주인공이 되어야 합니다. 잠깐 살아가는 이 세상의 삶에도 하나님의 축복이 있습니다. '온유한 자'로서의 삶을 살아가는 복 있는 자가 되어야 합니다. 오늘을 살아가면서 환경에 넘어지지 말고 나는 참으로 '복 있는 자'라는 확신을 가지고 고난의 마지막 때인 종말을 십자가로 승리하는 그리스도인이 되어야 합니다.

[생각하며 나누는 시간]

1. 예수님은 어떤 분인가요?

2. 본문을 통해 나에게 주시는 하나님의 말씀이 있다면 어떤 것이 있는지 적어봅시다.

3. 예수님을 생각하면서 나를 향한 3가지의 은혜를 적어봅시다.

복이 있는 사람 - 2 (마 5:6~8)

5:6 의에 주리고 목마른 자는 복이 있나니 그들이 배부를 것임이요
5:7 긍휼히 여기는 자는 복이 있나니 그들이 긍휼히 여김을 받을 것임이요
5:8 마음이 청결한 자는 복이 있나니 그들이 하나님을 볼 것임이요

복이 있는 사람 - 2 (마 5:6~8)

(도입)

　마태는 예수님께서 행하신 이적과 기적을 간단하게 소개한 후, '기독교윤리의 대강령'을 통해 하나님 나라의 백성들이 지켜야 할 실제적인 규범에 관한 내용을 기록합니다. 계속되는 가르침은 어느덧 네 번째에 이릅니다. "의에 주리고 목마른 자는 복이 있나니 그들이 배부를 것임이요"

　예수님은 말로만 떠들고, 상대의 잘못을 지적하는 파렴치한 스승의 모습이 아니었습니다. 제자들을 '가르침'에 있어서 삶 그 자체가 본이 되는 스승이었습니다. '언약'에 대해서는 스스로가 그 언약을 지키는 '신실성'을 지닌 하나님이셨습니다. 이런 예수님은 '팔복'의 가르침을 통해 우리로 하여금 복 있는 자가 되길 원하고 계십니다. 우리는 예수님의 가르침을 따라 어떤 모습으로 자신을 복 있는 자리에 세워야 할까요?

(6) 세상의 불의에 대해서는 탄식하고 하늘의 신령한 양식에 대해서는 갈급해하는 신앙으로 자신을 복 있는 자리에 세워야 합니다

　　예수님께서 팔복 가운데 네 번째 가르침을 줍니다. 여기에서 '의에 주리고 목마른 자'에 대해 말씀합니다. 이것은 무엇을 말하는 것일까요? '의'와 관련하여 두 가지 해석이 가능합니다. 먼저 윤리가 땅에 떨어지고, 불의가 득세하는 것에 대해 깊은 회의를 느끼며 '의'를 갈망하는 것으로 해석할 수 있습니다. 그리고 '의'는 헬라어로 '디카이오쉬네'라고 하여 '종교적인' 의미로 해석이 됩니다. 죄인은 심판으로 멸하고, 의인은 보호한다는 의미를 가지고 있습니다. '의'에 대해 사람들은 윤리적이고, 종교적인 의미로 양분하여 서로를 완전히 별개인 것처럼 다루고, 설명하려고 합니다. 그러나 '의'에 대한 예수님의 가르침은 근본적으로 사람의 '원죄'를 해결하지 않고는 어떤 모양으로도 진정한 '의'는 이룰 수 없다는 것을 명심시키고 있습니다.

'의에 주리고 목마르는 자'에게는 두 가지의 분명한 현상이 나타납니다. 첫 번째는 세상의 불의한 현상들을 가슴 아파할 뿐만 아니라 하나님의 뜻에 따라 이 세상을 정의롭게 만들어가는 일에 자신을 헌신적으로 드립니다. 두 번째는 자신의 마음속 깊이 자리 잡고 있는 '죄성'에 대해 깊이 회개하며, 하나님의 '죄 사함'과 구원을 바라봅니다. 이런 자에게는 어떤 현상이 나타나는지 예수님께서 말씀합니다. "복이 있나니! 그들이 배부를 것임이요!"

세상의 불의에 대해 탄식하고 하늘의 신령한 양식을 갈급해하는 자가 복이 있습니다. 하나님께서는 이런 자에게 '영적인 회복'의 역사를 일으킬 것을 약속하셨습니다. 그리고 모든 문제에 대해 해결이 충만하게 되고, 모든 것이 차고 흘러넘치는 축복으로 응답받게 될 것을 "배부를 것"으로 약속하셨습니다.

(7) 예수 그리스도의 가슴으로 긍휼을 베푸는 손길이 되어 하나님으로부터 긍휼히 여김을 받는 복 있는 자리에 세워져야 합니다

예수님께서는 '복이 있는 사람'에 대해 말씀하시면서

상대를 어떻게 대해야 하는지 가르침을 줍니다. 그것은 상대를 '긍휼히 여기라'는 것입니다. '긍휼'이라는 단어는 헬라어로 '엘레에몬'이라고 하며, 히브리어로는 '헤세드'라고 합니다. '자비'와 '동정'을 말하고 있습니다. 상대방의 입장을 깊이 있게 이해하고, 그들의 입장에서 슬픔을 느끼는 감정에 대한 공감뿐 아니라 어려움을 타개하는 일에 실질적이고, 구체적인 행동으로 도움을 주는 것을 말합니다. 그것도 단회적인 것이 아니라 지속성을 가지고 끝까지 그렇게 하는 것을 말합니다.

"긍휼히 여기는 자는 복이 있나니 그들이 긍휼히 여김을 받을 것임이요" 이 말씀은 '긍휼'이라는 것은 베풀어도 되고, 안 베풀어도 되는 선택사양의 문제가 아니라는 것을 우리에게 말하고 있습니다. 긍휼은 생각이 아니라 실천입니다. 긍휼은 이웃을 향해 가슴으로, 그리고 물질로, 눈물의 기도로, 복음 전도로 그들을 향해 구원의 손길을 펼치는 것을 말합니다. 억만 죄악 가운데 놓인 인류를 향해 예수님께서는 십자가의 죽음으로 우리의 죄를 대속하셨습니다. 우리는 주님께 '큰 빚을 진 자들'입니다. 우리는 예수 그리스도의 가슴으로 이웃을 향해 긍휼을 베푸는 자들이 되어야 합니다. 이런 손길이 하나님으로 부터 더욱 긍휼히 여김을 받게 되는 또 하나의 이유를 만들어가게 된다는 것을 잊지 맙시다.

(8) 거짓과 위선이 아니라 하나님을 향한 진실한 마음과 믿음으로 하나님께서 예비하신 복을 누리는 자리에 자신을 세워야 합니다

마음은 그 사람의 거울입니다. 마음은 헬라어로 '카르디아'라고 합니다. 사람의 '생각'과 '뜻' 그리고 '감정'이 있는 '좌소'를 가리킵니다. 그러므로 이중적인 마음을 가진 사람을 가리켜 '위선자'라고 말을 합니다. 그 마음이 청결하지 못하다는 것을 말합니다. 아무리 사람들의 눈에 선하게 보이는 사람이라 할지라도 그 사람 또한 죄인입니다. 단지 우리 눈에 선하게 보일 뿐입니다. 그러면 무엇으로 사람의 마음을 '청결'하게 할 수 있을까요? 그 길은 오직 하나입니다. 마음의 청결은 사람의 의지로 되는 것이 아닙니다. 예수님께서 베풀어주시는 은혜로만 가능합니다. 십자가를 부여잡아야 합니다. 십자가를 부여잡은 마음은 '이중적인 마음'을 품지 않게 합니다. 그리고 그 마음으로 하나님을 바라볼 수 있게 합니다.

예수님께서 말씀하셨습니다. "마음이 청결한 자는 복이

있나니 그들이 하나님을 볼 것임이요" 십자가를 그 마음으로 부여잡은 믿음 있는 자는 이 땅을 살아가면서도 하나님의 은혜를 누리며 살아가게 됩니다. 거짓과 위선이 난무한 세속적인 마음으로는 하나님을 진정으로 바라볼 수 없습니다. 진실한 마음으로 예수 그리스도의 십자가를 부여잡고 하나님을 향해 나아가는 자는 하나님께서 이루신 승리의 삶을 살아가는 복 있는 걸음을 걷게 됩니다.

창세기 22장에 의하면 하나님을 향한 진실한 믿음으로 나아갔던 아브라함에게 하나님께서는 그를 위해 '한 숫양'을 '수풀'에 예비해 두셨던 것을 기억해야 합니다. 이처럼 십자가를 부여잡고 진실한 마음과 믿음으로 자신을 청결하게 세운 자는 하나님께서 그를 위해 예비한 은혜가 있다는 것을 잊지 않아야 합니다.

(적용)

세상의 물질적 소유보다 하나님 나라의 의를 추구하는 자는 복이 있습니다. 왜냐하면 하나님께서 영적인 회복의 역사와 함께 이 땅을 살아갈 때도 모든 문제에 대해 충만함으로 그 문을 열어주시기 때문입니다. 그리고 상대를 긍휼히 여기는 자는 하나님으로부터 긍휼히 여김을 받는 복을 받으며, 마음으로 예수 그리스도의 십자가를 부여잡고 나아가는 자는 '영생복락'의 축복을 받습니다.

신령한 하늘의 양식을 좇아 살아가는 복 있는 자가 되어야 합니다. 배타적인 신앙관을 가진 자는 '악'은 '악'으로 갚고, '눈'은 '눈'으로 상대에게 갚는 것이 하나님의 뜻인 줄 알고 행동합니다. 뿐만 아니라 경건하지도 않으면서 경건한 채합니다. 하나님 앞에 이중적인 신앙 행위를 합니다. 그러나 이런 모습으로는 하나님 앞에 절대로 설 수 없습니다. 예수님의 열두 제자 가운데 '두 마음'을 품었던 가룟 유다는 부활의 주님을 보지 못했습니다. 정녕 복이 있는 자는 두 마음을 품지 않습니다. 장차 다가올 '새 하늘과 새 땅'에 소망을 두고 예수님의 가르침을 따라 살아가야 합니다. 이런 복 있는 자리에 자신을 세우고, 올려놓는 자가 되어야 합니다.

[생각하며 나누는 시간]

1. 예수님은 어떤 분인가요?

2. 본문을 통해 나에게 주시는 하나님의 말씀이 있다면 어떤 것이 있는지 적어봅시다.

3. 예수님을 생각하면서 나를 향한 3가지의 은혜를 적어봅시다.

복이 있는 사람 - 3 (마 5:9~12)

5:9 화평하게 하는 자는 복이 있나니 그들이 하나님의 아들이라 일컬음을 받을 것임이요
5:10 의를 위하여 박해를 받은 자는 복이 있나니 천국이 그들의 것임이라
5:11 나로 말미암아 너희를 욕하고 박해하고 거짓으로 너희를 거슬러 모든 악한 말을 할 때에는 너희에게 복이 있나니
5:12 기뻐하고 즐거워하라 하늘에서 너희의 상이 큼이라 너희 전에 있던 선지자들도 이같이 박해하였느니라

복이 있는 사람 - 3 (마 5:9~12)

(도입)

　어떤 목사님이 주일 설교를 합니다. 교인들은 그 설교를 듣고 은혜를 받으며 감격합니다. 그러나 목사님은 똑같은 본문에 똑같은 설교를 3주째 계속합니다. 예배 후 광고 시간에 교인 중 한 사람이 질문을 합니다. "목사님! 왜! 3주째 동일한 설교를 계속하십니까?" 그때 목사님은 대답합니다. "왜냐하면! 하나님께서 우리에게 주신 말씀이 여러분들 삶 속에서 온전히 적용되지 않고 있기 때문입니다." "하나님의 말씀은 진도를 나가기 위해 우리에게 필요한 것이 아닙니다. 오늘도 우리가 이 말씀대로 살아가는 자가 되기 위해 하나님의 말씀이 우리에게 필요합니다."

　예수님께서는 "복이 있나니"라는 말씀을 여덟 번이나

반복합니다. 그렇게 살아가야 한다는 것이며, 그렇게 살아가면 정말로 복이 있다는 것을 확인시켜 주고 있습니다. 팔복의 가르침 가운데 일곱 번째와 여덟 번째는 화평과 핍박에 관한 내용입니다. 화평하게 하는 자와 핍박을 받는 자가 왜! 복이 있을까요?

(9) 분쟁과 시기 그리고 질투가 가득한 세상을 방치하거나 포기하지 않고 화목을 이루기 위해 자신을 드리는 자(화평하게 하는 자)는 복이 있습니다

예수님께서 가르침을 주신 '팔복'은 마음으로부터 문제를 끌어내어 점점 우리들의 삶으로 옮겨가고 있습니다. '심령', '애통' 그리고 '온유함'이 마음으로부터 일어나는 일이라면, '의'와 '긍휼' 그리고 '마음의 청결함'은 그 모습이 점점 열매로 드러나고 나타나는 모습입니다. 이런 가운데 "화평하게 하는 자는 복이 있나니"라는 가르침을 줍니다. '화평하게 하는'이라는 형용사는 헬라어로 '에이레네'라는 '평화'와 '포이에오'라는 '만들다' 또는 '행하다'라는 단어의 합성어입니다. 그러므로 '화평하게 하는 자'는 '평화를 만들기 위해 노력하는 사람'이며, 여기에 대해 매우 적극적인 자세를 가지고 있는 사람을 말합니다.

'화평하게 하는 자'는 평화를 사랑하며, 평화를 원할 뿐 아니라 그 안에 살아가는 것을 기뻐합니다. '화평'은 인간과 인간 사이에 생긴 분쟁 그리고 생태의 파괴 등 여러 가지 혼란해진 세상을 바르게 회복시키는 것을 말합니다. 죄가 세상에 들어옴으로 인해 사람과 사람 사이의 분쟁이 생겨나기 시작했으며, 하나님께서 아름답게 창조하신 자연도 함께 병들어갔던 것입니다. '화평하게 하는 자'는 이 세상의 죄와 갈등을 해결하기 위해 말만 하는 자가 아닙니다. 행동으로 실천하는 자입니다. 세상의 죄와 갈등 속에 빠져있는 불쌍한 영혼들의 본질적이고, 근본적인 해결을 위해 '생명의 복음'을 전하는 일에 자신을 드려야 합니다. 이런 자는 하나님을 기쁘시게 하며, 하나님으로부터 진정으로 '하나님의 아들'이라 일컬음을 받는 복을 누리게 됩니다.

(10~11) 신앙의 절개를 지키기 위해 핍박과 시련을 당하는 자는 오히려 복이 있습니다

　세상에서 가장 존경받을 사람은 정의를 지키고, 정의를 실현하기 위해 노력하는 사람입니다. 일반적으로 '의'라고 하면 삶의 성실 또는 미덕 그리고 순결, 정직, 생각, 느낌과 행동 등이 올바른 것을 말합니다. 그러나 '의'를 하나님에게 적용을 하면 '의'는 하나님의 '거룩성'을 나타내고 있습니다. 성경에서 말하는 '의'는 세상적으로 말하는 '정의'나 '이데올로기'와 같은 사상의 차원을 뛰어넘는 그 이상의 것을 말합니다. 특히 마태복음 본문에서 말하는 '의'는 죄인인 인간으로 하여금 구원에 이르게 하는 '하나님의 일'을 말하고 있습니다. 그러므로 '의를 위한다'라는 것은 인류로 하여금 예수 그리스도를 믿게 하고, 죄의 속박으로부터 벗어나게 하는 것을 말합니다.

　"의를 위하여 박해를 받는 자는 복이 있나니 천국이 그들의 것임이라"라고 하였습니다. (계 2:10)을 통해 주님께서는 말씀합니다. "마귀가 장차 너희 가운데에서 몇 사람을 옥에 던져 시험을 받게 하리니 너희가 십일 동안 환란을 받으나 네가 죽도록 충성하라 그리하면 내가 생명의 관을 네게 주리라" 기독교의 역사는 핍박의 역사입니다. 그 핍박의 역사는 주님이 재림하는 마지막 종말의 '그날까지' 계속될 것입니다. 그러나 주님은 말씀하셨습니다. 박해 가운데서도 믿음의 절개를 지키고, 복음 증거하기를 굽히지 않는 자는 복이 있는 자라고 하셨습니다. 왜냐하면! 이런 자가 최후의 진정한 승리자가 되기 때문입니다.

(12) 세상 사람들의 눈으로 볼 때는 어리석고, 미련해 보여도 예수 그리스도를 닮은 삶을 살아가는 자는 복이 있습니다

주님은 '팔복'의 가르침을 종결지으면서 다음과 같이 말씀합니다. "나로 말미암아 너희를 욕하고, 박해하고, 거짓으로 너희를 거슬러 모든 악한 말을 할 때에는 너희에게 복이 있나니 기뻐하고 즐거워하라 하늘에서 너희의 상이 큼이라 너희 전에 있던 선지자들도 이같이 박해하였느니라!" '나로 말미암아!'… 이것은 '팔복'의 전체 내용과 직결되는 내용임과 동시에 '여덟 번째 복'인 '의를 위하여 박해를 받는 자'와 더욱 긴밀한 관계를 가지고 있습니다.

'의'는 즉 '예수 그리스도' 자신을 말하고 있습니다. 그러므로 '의로운 삶'이란 예수 그리스도를 닮은 삶을 말하며, '의를 위하여 박해를 받는다'는 것은 예수 그리스도를 닮은 삶을 살아가는 자가 당하는 박해를 말합니다. 그러니 그 박해는 곧 예수 그리스도 자신이 당하는 박해가 되는 것입니다.

주님을 닮은 삶을 살아간다는 것이 세상 사람들의 눈에는 어리석고, 미련하게 보이기도 할 것입니다. 그러나 그 삶은 어리석고, 미련한 삶이 아닙니다. 세상에서 가장 지혜로운 삶을 살아가는 것이며, 진정으로 복된 삶을 살아가는 것입니다. 주님을 위한 삶을 살아가다가 당하는 박해와 같은 고통은 잠시이지만 하늘의 상급은 영원합니다. 오늘도 주님의 영광을 위해 자신의 삶을 드리는 복 있는 자의 길을 걷는 그리스도인이 되어야 합니다.

(적용)

세상 사람들은 '복'에 대해 말할 때 돈을 많이 벌어서 남들이 보라는 듯이 떵떵거리며 잘사는 것으로 연결하는 경향들이 있습니다. 이런 사람들의 심리를 이용하여 각종 사기와 부패, 타락이 난무하고 있습니다. 심지어 각종 무속 신앙들이 새롭게 생겨나는 '종교 홍수시대'를 우리는 살아가고 있습니다. 한탕주의와 물질만능주의만을 바라보며 자신이 어디를 향해 달려가는지도 모른 채 달려가고 있습니다. 정말로 복이 있는 사람은 세상의 잠시뿐인 영광을 위해 달려가지 않습니다. 하늘나라의 영원한 영광을 바라보며 달려갑니다.

 진정으로 복 있는 자는 장차 도래할 '새 하늘과 새 땅'이라는 '천국'의 기쁨으로 살아갑니다. 그러니 무엇을 행하든지, 살든지, 죽든지 주를 위해 살아갑니다. 이런 삶이 얼마나 가치 있고, 얼마나 기쁜 일인지 알게 됩니다. 그러나 세상 사람들의 시각과 생각으로는 받아들일 수 없습니다. 죄악된 세상은 우리에게 복을 줄 수 없습니다. 복의 근원은 화복을 주관하시는 하나님 안에 있습니다. 하나님께서 주신 말씀을 따라 살아가고, 그 말씀이 말하는 바를 좇아 살아가는 예수 그리스도를 닮은 삶을 살아가야 합니다. 이런 자를 주님께서는 헤아릴 수 없는 '하늘의 것'으로 보상해 줍니다. 그러니 복이 있는 자입니다.

[생각하며 나누는 시간]

1. 예수님은 어떤 분인가요?

2. 본문을 통해 나에게 주시는 하나님의 말씀이 있다면 어떤 것이 있는지 적어봅시다.

3. 예수님을 생각하면서 나를 향한 3가지의 은혜를 적어봅시다.

영광을 돌려라 (마 5:13~16)

5:13 너희는 세상의 소금이니 소금이 만일 그 맛을 잃으면 무엇으로 짜게 하리요 후에는 아무 쓸 데 없어 다만 밖에 버려져 사람에게 밟힐 뿐이니라
5:14 너희는 세상의 빛이라 산 위에 있는 동네가 숨겨지지 못할 것이요
5:15 사람이 등불을 켜서 말 아래에 두지 아니하고 등경 위에 두나니 이러므로 집 안 모든 사람에게 비치느니라
5:16 이같이 너희 빛이 사람 앞에 비치게 하여 그들로 너희 착한 행실을 보고 하늘에 계신 너희 아버지께 영광을 돌리게 하라

영광을 돌려라 (마 5:13~16)

(도입)

　이 땅에 있는 모든 사물은 각각의 특징과 기능을 가지고 있습니다. 소금은 '맛을 내는 기능', '부패를 방지하는 기능' 등을 가지고 있으며, 빛은 '밝히는 기능'을 가지고 있습니다. 각각의 사물들이 특징과 기능을 가지고 있는 것처럼, 이 땅에 세워진 하나님의 백성들 또한 누구도 예외 없이 하나님으로부터 부여받은 각각의 기능이 있습니다. 그러니 모두가 귀한 존재입니다.

　역할과 기능과 재능에 대해 어떤 사람에게는 '다섯 달란트', 어떤 사람에게는 '두 달란트', 어떤 사람들에게는 '한 달란트'를 줍니다. 이것은 차별하기 위한 것이 아닙니다. 역할과 기능에 따른 구별입니다. 그러나 성도들에게는 달란트와 달리 누가 뭐라고 해도 부인할 수 없는 두 가지의 역할이 동일하게 부여됩니다. 그것은 다름 아닌 '소금'이요, '빛'의 역할입니다. 우리는 '소금'으로서, '빛'으로서 맡은 바 역할을 어떻게 감당하며 하나님께 영광을 돌리는 그리스도인이 되어야 할까요?

(13) 하나님의 말씀 안에 자신을 먼저 녹여야 합니다. 그리고 하나님과 연합을 이룬 말씀의 권세로 타락한 세상을 영적으로 깨워 하나님께 영광을 돌리는 그리스도인이 되어야 합니다

소금은 생명을 유지 시키는 기능, 방부제로서 기능 등 다양한 기능을 발하는 아주 중요한 물질 가운데 하나입니다. 소금의 이런 기능을 잘 알고 있었던 애굽 사람들은 사람의 시신을 '미이라'로 만들 때 시신이 썩지 않도록 방부제로 사용하였습니다. 뿐만 아니라 (욥 6:6)에 의하면 소금은 고대 사람들이 요리를 할 때 음식의 '맛'을 내는 데 사용했던 귀한 재료 가운데 하나였습니다. 그리고 (겔 16:4)에 의하면 세균을 죽이는 '치료제'로 사용되었고, (레 2:13)에 보면, 제사에 드린 제물의 정결함을 위해 사용되었습니다.

다섯 달란트와 같은 다양한 기능을 가진 '소금!', 그럼에도 불구하고 소금이 이와 같은 기능을 감당하기 위해서는 제일 먼저 선결되어야 할 조건이 있습니다. 그것은 소금 자체의 반응입니다. 소금이 녹아야 합니다. 소금이 녹아야 이 모든 것에 대한 기능을 감당할 수 있습니다.

달란트가 아무리 많다고 자랑하면 무엇합니까! 하나님의 말씀 안에 자신을 먼저 녹여야 합니다. '소금'이 녹아야 기능을 발할 수 있는 '염분의 효력'이 나타납니다. 이처럼 하나님의 말씀 안에 자신을 녹여서 연합을 이루지 못한 달란트는 아무런 가치를 발하지 못합니다. 맛을 내지 못해 버려질 소금과 같습니다. 자신을 하나님 말씀 안에 먼저 녹여야 합니다. 그리고 하나님과 연합을 이룬 말씀의 권세로 타락한 세상을 '치료하는 소금'이 되어야 합니다. 그리고 자신을 녹여 '희생'과 '봉사의 소금'이 되어 생명을 살리는 역할을 감당하는 자가 되어야 합니다. 이런 소금으로 하나님께 영광을 돌릴 때, 하나님은 그 영광을 기쁘게 받으십니다.

(14~15) 영적 흑암에 사로잡혀 갈 길을 알지 못하고 있는 세상의 영혼들을 선도(善導)하는 일에 앞장서는 말씀의 군사가 되어야 하며, 이 일에 헌신 된 모습으로 하나님께 영광을 돌리는 그리스도인이 되어야 합니다

　빛에도 두 종류의 빛이 있습니다. 하나는 '낮'을 밝히는 '태양의 빛'입니다. 다른 하나는 '밤'을 밝히는 '달'과 '별의 빛'입니다. 빛의 공통점은 자신을 통해 주변을 밝히는 적극적인 모습을 하고 있다는 점입니다. '소금'이 자신을 녹여 그 기능을 감당했다면, '빛'은 자신을 태워 어둠을 밝히는 역할을 합니다. 예수님께서는 '천국 시민권'을 가진 성도들을 가리켜 '세상의 빛'이라고 말씀하시면서 이 빛으로 인해 '산 위에 있는 동네가 숨겨지지 못할 것'이라고 말씀하셨습니다. 그런데 이런 역할을 감당해야 할 빛과 같은 자들이 '세상 풍조' 속에 묻혀있다면 심각한 문제가 발생하게 됩니다.

　불순종의 아들인 마귀가 행하는 모습을 따라 하다가 빛으로서 자신의 기능을 잃어버리게 되면 주변은 고사하고 '자신의 복'도 걷어차 버리는 어리석음에 빠지게 됩니다. (엡 5:9)에 의하면 '빛의 열매'는 '모든 착함'과 '의로움'과 '진실함'에 있습니다. (단 12:3)은 "지혜 있는 자는 궁창의 빛과

같이 빛날 것이요 많은 사람을 옳은 데로 돌아오게 한 자는 별과 같이 영원토록 빛나리라"라고 하였습니다. 빛과 같은 존재가 '등경' 위에서 온 집안을 밝히는 역할을 하지 못하고 땅 아래에 내려와 '말'(bushel - 곡식의 양을 측량하는 용기)과 같은 세상의 다양한 이유에 덮여 버린다면 어떻게 되겠습니까? 빛이 기능을 잃어버리고 역할을 제대로 하지 못하면 주변은 흑암에 사로잡히게 됩니다.

이 시대는 영적 흑암을 밝힐 빛과 같은 말씀의 군사가 필요합니다. 영적 흑암에 사로잡혀 갈 길을 알지 못하고 있는 세상의 영혼들을 선도하는 일에 앞장서는 말씀의 군사가 되어야 합니다. 그리고 세상을 말씀으로 밝히는 사역에 누구보다 헌신 된 모습으로 하나님께 영광을 올려드리는 그리스도인이 되어야 합니다.

(16) 갈 바를 알지 못하고 중심을 잃어 방황하고 있는 세상 사람들에게 영적으로 바른길을 제시하며 아들을 옳은 길로 인도하는 청지기의 모습으로 하나님께 영광을 올려드리는 그리스도인이 되어야 합니다

천국의 시민권을 가진 사람들은 천국 시민에 합당한 선

한 삶의 모습으로 자신의 빛을 드러내야 합니다. 세상에 동화되어 천국 시민의 정체성을 잃어버리게 된다면 세상이 함께 소망을 잃어버리게 되니 하나님이 슬퍼합니다. 세상 풍조 속에서도 빛으로서 삶의 자세를 잃어버리지 않아야 합니다. 그럴 때 세상 풍조에 빠진 사람들과 자신을 박해하던 자들에게도 영향을 끼치게 됩니다. 그들을 하나님께 영광을 올려드리는 반열에 세울 수 있습니다.

마가복음 15장 39절에 의하면 예수님의 십자가 현장에 있었던 백부장은 예수님이 숨지시는 모든 과정을 목격합니다. 그리고 그는 고백합니다. "이 사람은 진실로 하나님의 아들이었도다" 이 고백에 대해 마가는 미완료형의 시제를 사용하고 있습니다. 다른 기록에 의하면 백부장은 이 장면을 통해 예수님의 제자가 되었다고 전해지고 있습니다.

하나님의 자녀 된 자의 행동은 하나님의 위엄과 영광과 직접 관계를 가집니다. 그러니 성도가 잘못하면 성도가 욕을 듣는 것이 아니라 교회가 욕을 듣고, 결국은 하나님께 그 욕이 돌아갑니다. 빛으로서 역할을 감당해야 할 성도가 갈 바를 알지 못하고 그 중심을 잃어버린다면 세상은 희망을 잃어버리게 됩니다. 샬롬의 꿈은 깨어지고, 양심은 어디에서도 찾아볼 수 없는 흑암이 가득한 세상이 전개됩니다.

우리는 "세상이 죄악으로 가득 찼다"라고 지적합니다. 여기에 대해 우리는 되물어봐야 합니다. 세상으로 하여금 그 죄악을 깨달아 알도록 자신이 빛의 역할을 했는지 되물어 봐야 합니다. 우리는 빛입니다. 갈 바를 알지 못하고 중심을 잃어버린 세상을 지적하는 자가 아니라 빛으로서 세상을 바르게 인도하지 못한 영적인 책임을 통감하는 회개의 무릎으로 자신을 먼저 세워야 합니다. 그리고 타락의 웅덩이에 빠져 갈 바를 알지 못하는 세상의 영혼들을 불쌍히 여기고 그들에게 영적으로 바른길을 제시하는 청지기가 되어야 합니다. 이 모습으로 하나님께 영광을 올려드리는 그리스도인이 되어야 합니다.

(적용)

소금은 맛을 알 수 없는 음식에 맛을 내어 그 음식의 가치를 더 높이고, 부패를 방지하여 음식을 보존합니다. 그러니 소금은 귀합니다. 빛은 어둡고, 춥고, 그늘진 곳을 밝히는 역할을 하니 빛은 귀합니다. 삶의 진정한 샬롬의 맛을 잃어버린 세상! 음란과 타락에 물들어 빛을 잃어버린 모습을 하고 있는 불의한 세상! 무엇으로 그 모습을 회복시킬 수 있을까요? 하나님의 말씀 안에 자신을 먼저 녹여야 합니다. 그리고 말씀으로 세워진 '그리스도 문화'를 만들어가야 합니다.

　　하나님과 연합을 이룬 말씀으로 양심을 잃어버린 세상을 그리스도의 맛으로 깨워야 합니다. 혼과 영과 관절과 골수를 찔러 쪼개기까지 하는 '날선 양날의 검의 말씀'인 '빛의 말씀'으로 중심을 잃어버린 세상을 선도해야 합니다. 이 일에 청지기가 되어 하나님께 영광을 올려드리는 그리스도인이 되어야 합니다.

[생각하며 나누는 시간]

1. 예수님은 어떤 분인가요?

2. 본문을 통해 나에게 주시는 하나님의 말씀이 있다면 어떤 것이 있는지 적어봅시다.

3. 예수님을 생각하면서 나를 향한 3가지의 은혜를 적어봅시다.

하나님의 정의와 인간의 모순 (마 7:1~5)

7:1 비판을 받지 아니하려거든 비판하지 말라
7:2 너희가 비판하는 그 비판으로 너희가 비판을 받을 것이요 너희가 헤아리는 그 헤아림으로 너희가 헤아림을 받을 것이니라
7:3 어찌하여 형제의 눈 속에 있는 티는 보고 네 눈 속에 있는 들보는 깨닫지 못하느냐
7:4 보라 네 눈 속에 들보가 있는데 어찌하여 형제에게 말하기를 나로 네 눈 속에 있는 티를 빼게 하라 하겠느냐
7:5 외식하는 자여 먼저 네 눈 속에서 들보를 빼어라 그 후에야 밝히 보고 형제의 눈 속에서 티를 빼리라

하나님의 정의와 인간의 모순 (마 7:1~5)

(도입)

　하나님 나라의 영원한 법인 '하나님의 정의'는 무엇을 말하고 있을까요? 예수님께서는 가버나움 근처 어느 한 산에 이르러 하나님 나라의 영원한 법이 무엇을 말하고 있는지 그리고 천국의 시민권을 가진 자들이 어떤 믿음의 자세를 가져야 하는지 말씀합니다. 먼저 '팔복'을 통해 천국 시민이 지녀야 할 신앙과 삶의 원리를 제시합니다. 그리고 이어 천국 시민으로서 지녀야 할 실천적 규범에 대해 말씀합니다. 죄와 분리된 삶을 살아야 하며, 불의와는 어떤 타협도 행하지 말 것을 말씀합니다.

　우리는 죄와 허물로 이미 죽었던 자들입니다. 하나님께서는 예수 그리스도로 말미암은 십자가의 대속의 값으로 우리에게 '구원의 생명'을 주셨습니다. 이런 우리는 하나님의 정의 가운데 자신을 어떤 모습으로 세워 나가야 할까요?

(1~2) 죄악 된 인간의 본성을 따라 사람을 판단하고, 비판하고, 저울질하다가 스스로를 무너뜨리는 모순된 길을 걷지 않도록 그리스도의 사랑이라는 하나님의 정의로 하나님의 형상을 돌아보는 자가 되어야 합니다

판단하는 자는 다른 사람으로부터 자신 또한 판단 받지 않을 공정한 모습을 가지고 있어야 합니다. 왜냐하면! 공의롭지 못한 판결이 내려지게 된다면 그 판단은 정의가 아니라 상대를 무너뜨리는 죄악이 되기 때문입니다. (시 9:8)과 (시 17:2)의 말씀처럼 하나님의 판단은 '정직'하고 '공정'합니다. '하나님의 판단'은 어느 누구에게도 억울함을 주지 않기 때문에 '정의'가 되고 '공의의 심판 기준'이 됩니다. 반면 사람의 판단은 어떻습니까? (신 16:19)에서도 증거하고 있습니다. 죄의 본성을 지니고 있는 사람의 판단은 '외모'를 보고 판단하려는 경향이 있으며, '뇌물'을 받고 판단을 굽게 하려는 경향이 있습니다. 그러니 (요 7:24)은 "외모로 판단하지 말고, 공의롭게 판단하는 자가 되라"고 말씀하고 있습니다.

　죄악 된 인간의 본성을 따라 사람을 판단하고, 비판하고, 저울질하는 것은 죄입니다. 자기 생각을 앞세운 비판은 '영혼'을 죽이는 행위가 됩니다. 상대를 헐뜯는 비판은 자신이 재판관이 되어서 판결을 내리고 있는 모습입니다. 이것은 (롬 2:1~3)의 말씀처럼 다른 사람을 정죄하는 교만한 태도입니다. 자신이 하나님과 같은 위치에서 다른 사람을 정죄하는 모순된 인간의 정의를 앞세우지 말아야 합니다. 그리스도의 사랑이라는 하나님의 정의로 '하나님의 형상'을 바라볼 수 있어야 합니다. 이런 하나님의 정의를 세상 가운데 바로 세워나갈 때 하나님의 나라는 우리에게 속히 임하게 됩니다.

(3~4) 세속적인 관점에서 다른 사람을 정죄하다가 자신의 영혼이 병들어가는 것을 알지 못하는 영적 소경에 빠지지 않도록 하나님의 말씀 안에서 진리와 정의를 찾는 자가 되어야 합니다

　'티'는 조그마한 결정체라서 관심을 가지고 봐야 보일 정도로 작은 물체입니다. 그러나 '들보'는 안 보려고 해도 안 볼 수가 없는 큰 물체입니다. 하나님 나라를 살아가는 자들의 기본적인 골격은 다른 사람의 흠을 트집 잡아 정죄하는 모습이 되어서는 안 됩니다. 상대의 허물을 가슴으로 안아주고, 이웃의 슬픔을 가슴으로 아파할 줄 아는 '사랑하는 가슴'을 가져야 합니다. (잠 10:12)에 의하면 사랑은 모든 허물을 가린다고 하였습니다. 그러나 세속적인 관점으로 사람을 평가하고 판단하게 되면 그 판단은 자신의 허물을 보지 못하는 '영적 질병' 가운데 놓이게 만듭니다.

상대를 '판단'하는 '영적 질병'에 걸리게 되면 상대의 조그마한 잘못의 '티'는 얼마나 잘 보이는지 마치 현미경으로 물체를 보듯이 뚜렷하게 보입니다. 그러나 자신의 큰 허물은 보지 못합니다. '들보'와 같은 죄악에 대해 회개하는 것은 고사하고 자신을 합리화시키고, 정당화하기에 급급합니다.

세속적인 관점에서 다른 사람을 정죄하다가 자신의 영혼이 병들어가는 것을 알지 못하는 영적 소경에 빠져들지 않도록 하나님의 말씀 안에서 진리와 정의를 찾는 자가 되어야 합니다. 세속적인 관점에서 나를 보니 다른 사람보다 자랑할 것만 보이고, 다른 사람들이 나보다 뛰어난 것은 용납하지 못합니다. 영적 질병 가운데 놓여 있는 자신의 상태를 점검하고, 진단하고, 치료해야 합니다. 무엇으로 진단하고, 무엇으로 치료해야 할까요? 하나님의 말씀 안에서 진리와 정의를 찾는 자가 되어야 합니다. 성령께서 나를 진단하고, 성령께서 영적으로 치료하여 병든 나의 영을 새롭게 깨어나게 해야 합니다.

(5) 신앙을 자신의 유익을 만들어가는 수단으로 이용하며 외식의 게걸음 치는 모습이 되지 않도록 오른손이 하는 일을 왼손이 모르게 하는 하나님의 방법으로 하나님의 정의를 세우는 신앙의 자세를 가져야 합니다

신앙을 자신의 유익을 만들어가는 수단으로 이용하며 외식의 길을 걷는 바리새인과 같은 자들은 남들에게 보이기 위해 신앙을 합니다. (마 6장)에 보면 이들은 자신들이 무엇을 하는지 세상 사람들에게 나팔을 불듯 자신들의 행위를 드러냅니다. 구제하는 일에서부터 기도에 이르기까지 사람들에게 자신을 드러내 보입니다. 회당이나 큰 거리에서 기도하고, 서서 사람들의 눈에 뜨이게 행동합니다. 이와 같이 신앙이 '게걸음'(옆 걸음, 사 28:7)을 치고 있음에도 불구하고 신앙을 바르게 하고 있다라고 말하는 자들을 가리켜 '외식하는 자들'이라고 말합니다.

신앙이 '게걸음'을 치고 있는 외식하는 자들에게는 형제를 사랑하는 마음을 찾아볼 수 없습니다. 무책임하게 비난하며, 다른 사람의 태도를 지적합니다. 여기에 덧붙여 자기를 높이기까지 합니다. 신앙을 자신의 유익을 만들어가는 수단으로 여깁니다. 하나님의 방법으로 하나님의 정의를 세상 가운데 세우는 자가 되어야 합니다. 하나님의 형상인 형제를 사랑하는 마음을 가져야 합니다. 하나님의 정의에 걸맞은 신앙의 모습을 취해야 합니다. 오른손이 하는 일을 왼손이 모르게 하는 하나님의 방법으로 하나님의 정의를 세우는 자가 되어야 합니다.

(적용)

인간의 정의는 행동으로 잘못했을 때 잘못에 대해 값을 지불하도록 판결하고, 결정합니다. 문제는 그 판결의 기준이 시대에 따라 여러 조건에 따라 달리 해석되고, 다른 결정을 내리는 등 모순을 낳고 있습니다. 그러나 하나님의 정의와 공의는 완전합니다. 불변합니다. 이런 하나님의 정의와 공의는 사람의 정의와 공의가 죄로 여기지 않는 마음으로부터 품은 '탐심'과 '음란'과 '불의한 생각'조차 죄로 여기고 있습니다.

우리는 죄악 된 인간의 본성을 따라 판단하고, 저울질하는 자가 아니라 하나님의 정의로 자신의 행위뿐만 아니라 심령의 모순까지 바르게 세워 나가는 자가 되어야 합니다. 그리고 하나님의 형상을 그리스도의 가슴으로 돌아보는 하나님의 정의를 세워야 합니다. 신앙이 게걸음을 치지 않도록 하나님의 말씀 안에서 진리와 정의를 찾아야 합니다. 그리하여 세상을 참된 정의와 공의 가운데 세워 나가야 합니다.

[생각하며 나누는 시간]

1. 예수님은 어떤 분인가요?

2. 본문을 통해 나에게 주시는 하나님의 말씀이 있다면 어떤 것이 있는지 적어봅시다.

3. 예수님을 생각하면서 나를 향한 3가지의 은혜를 적어봅시다.

인도하는 문 (마 7:13~14)

7:13 좁은 문으로 들어가라 멸망으로 인도하는 문은 크고 그 길이 넓어 그리로 들어가는 자가 많고
7:14 생명으로 인도하는 문은 좁고 길이 협착하여 찾는 자가 적음이라

인도하는 문 (마 7:13~14)

(도입)

세상은 사람의 생명과 관련해 두 가지를 말합니다. 하나는 생명의 탄생을 알리는 '출생'이며, 다른 하나는 생명의 끝을 알리는 '죽음'입니다. 세상의 일반적인 시각으로 볼 때, 사람의 태어남과 죽음은 자연적인 이치에 속합니다. 세상은 사람이 태어나서 죽음에 이르는 것을 가리켜 '순리(順理)'라고 말합니다. 그러나 사람의 태어남과 죽음에 대한 진실을 바르게 안다면 그 사람은 삶의 방식과 살아가는 목적 그리고 목표가 달라질 것입니다. 사람은 하나님의 축복으로 창조되었습니다. 그러나 마귀의 유혹에 넘어가 하나님의 말씀에 대해 불순종이라는 죄를 범하게 됩니다. 그 결과 사람은 사망의 저주 가운데 놓입니다.

우리가 살아가는 세상이 한순간도 범죄로부터 조용할 날이 없는 것은 사람의 죄로 인한 결론이며, 산물이기 때문입니다. 그러나 하나님께서는 우리를 이런 저주 가운데 그대로 두길 원하지 않으셨습니다. '예수 그리스도'를 통해 '영생 복락의 문'을 열어주셨습니다. 그러나 환란 가운데 살아가고 있는 세상의 영혼들은 '영생 복락의 문'을 알지 못하고 있습니다. 알아도 제대로 그 '문'을 찾지 못하고 있습니다. 우리는 이런 영혼들을 바르게 인도하는 '또 하나의 문'이 되어야 합니다. 혼란 가운데 놓여 있는 세상의 영혼들을 '영생 복락의 길'로 인도하는 문으로서 우리는 어떤 역할을 감당해야 할까요?

(13) 탐욕을 따라가다가 멸망의 문에 들어서는 자가 되지 않도록 천국을 소망하며, 천국을 바라보는 실체가 되어야 합니다. 그리고 세상의 영혼들을 영생 복락의 길로 인도하는 그리스도를 닮은 문으로서 역할을 감당해야 합니다

산상수훈의 결론 부분에 이르게 됩니다. 예수님께서는 모여든 무리에게 '문'의 비유를 통해 '천국 시민'으로서 직시해야 할 가르침을 줍니다. '천국 문'은 탐욕의 모습으로는 들어갈 수 없는 문입니다. 세상적인 눈으로 볼 때는 그 길이 '번영의 길'이고, '성공의 길'인 것처럼 보일지라도 탐욕에 따른 것은 결국 '멸망의 문'에 들어서는 꼴이 됩니다. (눅 13:24)에 보면 예수님께서 이런 말씀을 합니다. "좁은 문으로 들어가기를 힘쓰라 내가 너희에게 이르노니 들어가기를 구하여도 못하는 자가 많으리라!" 세상의 탐욕을 좇아가는 자에게는 진정한 부귀와 영화가 임하지 않습니다. 천국을 소망하는 자가 누릴 수 있는 진정한 나라를 바라보는 성도가 되어야 합니다.

(눅 18:25)은 "낙타가 바늘귀로 들어가는 것이 부자가 하나님의 나라에 들어가는 것보다 쉽다"라고 하였습니다. 그 '문'에 들어가게 되면 '영생 복락'을 누릴 수 있다는 것을 알아도 죄악 된 것으로 가득 찬 모습으로는 그 문에 들어갈 수 없습니다. 이 '문'을 들어가려면 자신의 죄악 된 세상의 더러운 찌끼를 벗어야만 합니다. 회개를 통해 굳은살과 같고, 벗겨지지 않는 철갑과 같은 죄악 된 찌끼를 벗겨야 그 문이 자신에게 '좁은 문'이 아니라 '넓은 문'으로 다가오게 됩니다. 탐욕을 따라 '멸망의 문'에 들어서는 자가 되지 않도록 천국을 소망하는 모습으로 자신을 먼저 바르게 세워야 합

니다. 그리고 천국을 바라보는 실체가 되어 세상의 영혼들을 '영생 복락의 길'로 인도하는 '그리스도를 닮은 문'이 되어야 합니다.

(13) 세상으로 하여금 하나님의 뜻을 바르게 알게 하고, 예수 따르기를 거부하는 영혼들을 예수님께로 인도하는 문으로서 사명과 사역을 감당하는 자가 되어야 합니다

"좁은 문으로 들어가라!"라고 예수님께서 말씀합니다. 그러나 정작 많은 사람이 그 '문'으로 들어가지 않고, '넓은 문'으로 들어갑니다. 앞에서 '좁은 문'과 '넓은 문'이 '문'에 대한 성격을 설명하였다면 두 번째는 '진짜'와 '가짜'의 구별점을 말하고 있습니다. '좁은 문'이 예수님의 길을 따라가는 '제자의 삶'으로서 '진짜'를 말한다면, '넓은 문'은 '미혹을 따라' 살아가는 삶으로서 '가짜'를 말합니다. 그러나 죄 가운데 놓인 사람들은 이런 사실을 바르게 알지 못하고 있습니다. 진짜를 위장한 가짜인 '넓은 문'은 세상적인 관점에서 바라봤을 때 화려해 보이고, 있어 보입니다. 그런데 이것은 신기루에 비치는 가짜입니다.

(막 13:22)에 의하면 종말의 날이 다가오면 올수록 뚜렷하게 나타나는 현상이 있습니다. 그것은 '거짓'이라는 가짜에 의해 사람들이 분별력을 잃어버리는 현상입니다. "거짓 그리스도들과 거짓 선지자들이 일어나서 이적과 기사를 행하여 할 수만 있으면 택하신 자들을 미혹하려 하리라!" 사람들은 죄의 속성 가운데 놓인 자신의 모습을 알지 못하고 죄의 본성이 원하는 길을 쉽게 가려고 합니다. 그러니 눈에 가짜가 더 진짜같이 보이는 것입니다. 이럴수록 우리는 세상으로 하여금 하나님의 뜻을 바르게 알도록 해야 합니다. 그리고 영혼들을 예수님께로 인도하는 강력한 문으로서 사명과 사역을 감당하는 자가 되어야 합니다.

(14) 자신의 영혼이 마귀에게 팔려 가고 있다는 것을 알지 못하며 불나방처럼 살아가고 있는 영혼들을 생명의 길로 바르게 인도하는 문이 되어야 합니다

예수님께서 말씀합니다. "생명으로 인도하는 문은 좁고 길이 협착하여 찾는 자가 적음이라" 예수님께서는 '좁다'라는 것과 '넓다'라는 것에 대해 차이와 이유를 설명합니다.

"사람들이 보고, 느낄 때 형통이 아니라 고난이 보이고, 힘들어 보이고, 어려워 보이기 때문에 사람들은 이 문에 들어서려고 하지 않습니다. 그래서 찾는 자가 적습니다!" 원래 좁은 문이 아닙니다. 자신의 모습에 비춰 보니 좁게 보이는 것입니다. '생명으로 인도하는 문'을 찾는 사람들이 왜 적겠습니까? 마귀에 의해 영적 분별력을 잃어버린 혼탁한 시대를 살아가고 있기 때문입니다.

    마귀는 술책을 펼칩니다. 교회를 비방하도록 만들고, 교회를 거부하는 조건들을 만들어갑니다. 그러니 사람들이 예수 그리스도를 통한 십자가 복음을 기피하고 있는 것입니다. 자신의 영혼이 마귀에게 팔려 가고 있다는 것조차 알지 못하며 불나방처럼 살아 갑니다. 마치 한순간을 위해 살아가는 존재처럼 살아갑니다. 백보좌 심판대 이후 영생과 영벌이라는 진짜 삶이 있다는 것을 잊어버리고 있습니다. 영혼들을 깨워야 합니다. 이들을 영적으로 깨워 생명의 길로 바르게 인도하는 '십자가의 문'이 되어야 합니다. 우리는 (사 9:2)의 말씀처럼 흑암 가운데 행하던 백성이 '큰 빛'을 보도록 역할을 감당해야 합니다. 사망의 그늘진 땅에 거주하던 자들에게 '빛'이 비치도록 그들을 향해 '인도하는 문'이 되어야 합니다.

(적용)

'문'이 예수님을 따르고 영접하는 데 결정적인 역할을 한다면 '길'은 이전과 이후 계속되는 과정을 말하고 있습니다. 우리는 영적 전투 가운데 놓여 있습니다. 이 땅에 완전한 종말이 오기까지 마귀의 유혹에 따른 세속과 영적 전투는 계속됩니다. 이런 영적 전투의 출발은 에덴동산에서 일어났던 충격적인 사건으로부터 출발합니다. 에덴동산에 거하던 아담을 이긴 마귀의 권세 그러나 마귀의 권세는 영원하지 않았습니다. 마귀의 권세를 향해 십자가에서 승리가 선포됩니다. "다 이루었다"(요 19:30) 아담의 죄를 대속한 그리스도의 십자가가 승리의 증거물이 되고, 승리의 효과를 거두는 문이 됩니다.

예수님께서 우리의 죄를 대속하며 이루신 십자가는 사망 권세 가운데 놓인 영혼들을 인도하는 유일한 '열린 문'입니다. '택한 백성의 수'가 채워지는 날 열릴 '백보좌의 심판대'는 마귀와 그의 모든 세력을 총정리하는 날이 됩니다. 이 날이 속히 도래되지 못하도록 마귀는 온갖 수단과 방법을 동원하여 구원의 길로 인도하는 '십자가의 문'을 막고 있습니다.

생명으로 인도하는 문은 좁지 않습니다. 마귀가 쳐놓은

더러운 찌끼가 세상을 덮고 있으니 탐욕의 문은 넓어 보이고, 상대적으로 구원의 문은 좁아 보일 뿐입니다. 낙타가 바늘귀로 들어가는 것이 불가능한 것처럼 보이는 것과 같습니다. 종말의 시대와 함께 계속될 환란의 때는 십자가 신앙이 아니고는 이때를 이겨낼 수 없습니다. 세상의 영혼들은 마귀가 세속 가운데 뿌려놓은 마약과도 같은 유혹에 도취 되어 있습니다. 영혼들을 깨워야 합니다. 우리는 이들을 하나님의 영원한 처소인 '십자가의 문'으로 바르게 인도하는 '또 하나의 문'이 되어야 합니다.

[생각하며 나누는 시간]

1. 예수님은 어떤 분인가요?

2. 본문을 통해 나에게 주시는 하나님의 말씀이 있다면 어떤 것이 있는지 적어봅시다.

3. 예수님을 생각하면서 나를 향한 3가지의 은혜를 적어봅시다.

참된 행복의 가치를 찾자 (마 7:15~20)

7:15 거짓 선지자들을 삼가라 양의 옷을 입고 너희에게 나아오나 속에는 노략질하는 이리라
7:16 그들의 열매로 그들을 알지니 가시나무에서 포도를, 또는 엉겅퀴에서 무화과를 따겠느냐
7:17 이와 같이 좋은 나무마다 아름다운 열매를 맺고 못된 나무가 나쁜 열매를 맺나니
7:18 좋은 나무가 나쁜 열매를 맺을 수 없고 못된 나무가 아름다운 열매를 맺을 수 없느니라
7:19 아름다운 열매를 맺지 아니하는 나무마다 찍혀 불에 던져지느니라
7:20 이러므로 그들의 열매로 그들을 알리라

참된 행복의 가치를 찾자 (마 7:15~20)

(도입)

　　예수님께서 '산상수훈'을 통해 천국 시민의 요건에 대한 가르침을 줍니다. 어느덧 가르침이 마무리되고 있습니다. 이때 예수님께서 이런 말씀을 합니다. "그들의 열매로 그들을 알리라!" 열매는 그 나무가 어떤 나무인지 대변하고 있습니다. 포도 열매는 포도나무에서 열립니다. 복숭아나무에서 포도 열매 맺을 일은 없습니다. 예수님께서는 거짓 선지자들의 정체는 그 열매로 안다고 하셨습니다. 아무리 감언이설로 자신을 위장하고, 포장해도 나타나는 열매가 그 정체를 밝혀 줍니다. 이와 마찬가지로 그 사람이 어떤 것에서 행복을 누리고, 행복을 찾고 있는지 그 사람의 열매가 본질을 증명해 줍니다.

예수 그리스도는 인류를 향해 죄 사함이라는 참으로 복된 열매를 맺으셨습니다. 우리는 예수 그리스도에 속한 열매입니다. 예수 그리스도 안에서 참으로 복된 행복의 열매를 맺은 자들입니다. 그리스도에 속한 그리스도인으로서 우리는 어떻게 그리고 어떤 방식으로 자신의 참된 행복의 가치를 찾고, 그 가치를 누리는 자가 되어야 할까요?

(15~16) 자신에게 영광을 줄 것만 같은 세상의 거짓된 것에 마음을 빼앗기지 말고 "하나님이 보시기에 좋았더라"라는 모습 가운데서 자신의 참된 행복의 가치를 찾는 자가 되어야 합니다

죄악 된 세상은 거짓된 자들이 마치 정의로운 것처럼 위장하고 있고, 선한 것처럼 가면을 쓰며 살아가고 있습니다. 그 속은 '노략질하는 이리'이지만 겉은 양의 옷을 입고 있습니다. 사람들이 여기에 속고 있습니다. 거짓 선지자와 같은 자들은 눈에 쉽게 구별되지 않습니다. 그러나 본질과 본성은 속일 수 없습니다. 예수님께서는 속일 수 없는 그 열매로 구별하라고 가르침을 주고 있습니다. 나타나는 결과인 열매는 속일 수 없습니다. '좋은 나무'는 '좋은 열매'를 맺습니다. '나쁜 나무'는 '나쁜 열매'를 맺습니다. 거짓되고, 속이는 자들과 함께하는 가운데 맺혀지는 열매가 비록 풍성해 보일지라도 그것은 '썩은 열매'입니다.

썩은 것으로 인해 생겨날 다음 단계는 (딤후 2:17)의 말씀처럼 '악성 종양이 퍼져나감'과 같습니다. 세상의 거짓된 것에 마음을 빼앗기지 않으려면 세상의 거짓되고, 불의하고, 더러운 것들이 나에게 접근하지 못하도록 방어막을 펼쳐야 합니다. 내가 일확천금을 꿈꾸고 있으면 마귀는 그 틈을 밀물처럼 밀고 들어옵니다. 하나님의 일에 힘쓰는 신앙의 자세로 방어막을 펼쳐야 합니다. (고전 15:50 이하)의 말씀처럼 항상 '주의 일'에 힘쓰는 자세를 가져야 합니다. (롬 2:7)과 (벧후 1:4)의 말씀처럼 하나님의 선한 성품을 행하는 열매로 자신의 모습을 나타내야 합니다. 자신에게 영광을 줄 것만 같은 세상의 거짓된 것에 마음을 빼앗기지 말고 하나님이 보시기에 좋았더라의 모습 가운데서 자신의 참된 행복의 가치를 찾는 자가 되어야 합니다.

(17~18) 불완전한 세상에서 성취와 만족을 찾는 어리석은 자가 되지 않도록 완전하신 하나님 안에서 자신의 참된 행복의 가치를 찾는 자가 되어야 합니다

　　결과와 결실을 나타내는 열매는 그 나무가 어떤 나무인지 확인시켜 줍니다. 가짜를 가지고 진짜인 것처럼 위장해도 진실은 숨길 수 없습니다. 진실과 반대되는 길을 걷고 있는 거짓된 자의 걸음은 썩어짐의 종노릇을 하고 있을 뿐입니다. 어떤 영광도 없습니다. 참된 행복도 마찬가지입니다. 참된 행복이라는 열매는 거짓되거나, 부족함이 있거나, 완전하지 못한 상태에서는 맺을 수 없는 열매입니다. 세상은 불완전함 가운데 놓여 있습니다. 이것을 되짚어 말하면 세상의 가치관으로는 참된 행복의 열매를 맺을 수 없다는 것을 말합니다. '완전하신 하나님' 안에서만이 '아름다운 열매'인 '행복의 열매'를 맺을 수 있습니다. 그렇기 때문에 (시 144:15)은 "여호와를 자기 하나님으로 삼는 백성은 복이 있도다"라고 말씀을 줬던 것입니다.

　　부족함 가운데 놓인 세상의 것으로는 충만을 만들어갈 수 없습니다. 그러나 사람들은 이 땅의 것으로 만족을 찾고, 행복을 찾으려고 발버둥을 칩니다. 그러니 늘 공허함만 생길 뿐입니다. 행복의 비결은 (시 146:5)의 말씀처럼 '완전하신 하나님을 의지함'에 있습니다. 두 번째는 (신 10:12 이하)의 말씀대로 '완전하신 하나님께 순종함'에 있습니다. 세 번째는 (시 128:1)의 말씀처럼 '하나님을 경외함'에 있습니다. 불완전한 세상에서 성취와 만족을 찾는 어리석은 자가 되지 않아야 합니다. 완전하신 하나님 안에서 자신의 참된 행복의 가치를 찾는 자가 되어야 합니다.

(19~20) 자신이 하나님의 은혜로 살아가는 그리스도의 열매라는 것과 그리스도의 열매로 살아가는 것을 기뻐하는 참된 행복의 가치관으로 역경의 세월을 이겨나가야 합니다

그리스도인은 '그리스도의 열매'입니다. 그리스도인은 세상이 논할 수 없는 가치를 가지고 있습니다. 어떤 값으로도 측량할 수 없는 보물이고, 보석입니다. 반면 '불의한 값'으로 살아가면서 호의호식을 누리고, 권세와 명예를 누리고 있는 사람들이 있습니다. 세상 사람들이 볼 때는 부러움의 대상입니다. 그러나 하나님이 보시기에는 '나쁜 열매'를 맺는 자들입니다. 이들에게는 (계 20:14)의 '둘째 사망'인 '불못'이 기다리고 있습니다.

바울이 빌립보 교인들을 향해 증거했던 것처럼 '그리스도의 열매'로 살아가는 우리는 '하나님의 평강'이 우리의 모든 삶의 여정 가운데 이미 펼쳐져 있습니다. 그리고 (사 12:2)의 말씀과 같이 '하나님의 보호하심'이 함께 하고 있습니다. 이런 우리를 가리켜 '하나님의 은혜로 살아가는 자'라고 말합니다.

우리는 '그리스도의 열매'입니다. '그리스도의 열매'로 살아가는 것을 감사하고, 기뻐하는 참된 행복의 가치관으로 역경의 세월을 이겨나가야 합니다. (시 1:3)은 증거하기를 "시냇가에 심은 나무는 철을 따라 열매를 맺는다"라고 하였습니다. 그리고 "잎사귀가 마르지 않는다"라고 하였습니다. 그리스도의 열매는 두 가지의 큰 은혜가 함께 합니다. 첫 번째는 철을 따라 열매를 맺듯이 모든 환경에 하나님의 은혜가 가득할 것입니다. 두 번째는 잎사귀가 마르지 않는 것처럼 아무리 어렵고, 힘든 환경이 눈 앞에 펼쳐질지라도 하나님의 은혜가 모든 환경과 형편을 이겨나가게 할 것입니다. 이것이 '그리스도의 열매'이며, 이것이 '그리스도의 열매'로 살아가는 자에게 하나님께서 베푸시는 은혜의 선물입니다.

(적용)

　참된 행복의 가치를 바르게 알기 위해서는 하나님에 대한 바른 지식을 비켜 나가서는 그 답을 찾을 수 없습니다. 참된 행복은 '불완전성'을 가지고 있는 세상 가운데서는 찾을 수 없기 때문입니다. 참된 행복은 '완전성' 가운데서 발견되고, 그 가운데서 효력이 발해집니다. 하나님은 완전한 분입니다. 완전하다는 것은 그 안에 참된 가치관이 있다는 것을 말합니다.

　참된 행복을 어디에서 찾고 있나요? 거짓된 선지자들은 사람들을 미혹하면서 자신들의 감언이설과 거짓된 교리를 통해 그 안에 행복이 있다고 증거합니다. 그리고 세속화된 세상은 많은 것을 소유하고, 높은 자리에 오르면 행복한 것이라고 말하고 있습니다. 모두 틀렸습니다. 하나님 안에서 참된 행복의 가치를 찾아야 합니다. 예수 그리스도의 나무에서 결실을 맺는 열매로 살아가는 것이 답입니다. 예수 그리스도의 열매로 살아가는 것을 기뻐하며 참된 행복의 가치관으로 역경의 세월을 이겨나가는 복된 자가 되어야 합니다.

[생각하며 나누는 시간]

1. 예수님은 어떤 분인가요?

2. 본문을 통해 나에게 주시는 하나님의 말씀이 있다면 어떤 것이 있는지 적어봅시다.

3. 예수님을 생각하면서 나를 향한 3가지의 은혜를 적어봅시다.

하나님이 원하는 천국 백성의 모습 (마 7:21~27)

7:21 나더러 주여 주여 하는 자마다 다 천국에 들어갈 것이 아니요 다만 하늘에 계신 내 아버지의 뜻대로 행하는 자라야 들어가리라
7:22 그 날에 많은 사람이 나더러 이르되 주여 주여 우리가 주의 이름으로 선지자 노릇 하며 주의 이름으로 귀신을 쫓아 내며 주의 이름으로 많은 권능을 행하지 아니하였나이까 하리니
7:23 그 때에 내가 그들에게 밝히 말하되 내가 너희를 도무지 알지 못하니 불법을 행하는 자들아 내게서 떠나가라 하리라
7:24 그러므로 누구든지 나의 이 말을 듣고 행하는 자는 그 집을 반석 위에 지은 지혜로운 사람 같으리니
7:25 비가 내리고 창수가 나고 바람이 불어 그 집에 부딪치되 무너지지 아니하나니 이는 주추를 반석 위에 놓은 까닭이요
7:26 나의 이 말을 듣고 행하지 아니하는 자는 그 집을 모래 위에 지은 어리석은 사람 같으리니
7:27 비가 내리고 창수가 나고 바람이 불어 그 집에 부딪치매 무너져 그 무너짐이 심하니라

하나님이 원하는 천국 백성의 모습(마 7:21~27)

(도입)

　어느 한 날이었습니다. 예수님께로 많은 사람이 몰려듭니다. 이들은 예수님께서 귀신 들린 자에게서 귀신을 쫓아내고, 병든 자를 회복시킨 장면을 목격한 사람들이었습니다. 그리고 예수님에 관한 소문을 들은 사람들이었습니다. 이들은 예수님의 또 다른 기적을 보기 위해 모여듭니다. 그러나 예수님은 이런 무리를 향해 또 다른 기적을 보여주는 것이 아니라 천국 백성으로서 성도가 지녀야 할 자세에 대해 가르침을 줍니다. 왜냐하면! 예수님께서 이 땅에 오신 목적을 이루기 위해서입니다.

　예수님께서는 천국에 대한 가르침을 "심령이 가난한 자는 복이 있나니 천국이 그들의 것임이요"라는 것으로 시작합니다. 그리고 마지막은 천국에 들어갈 자는 '그 열매'로 알 수 있다며, 믿음의 신앙으로 자신들을 바르게 세우도록 가르침을 줍니다. 하나님은 천국 백성으로 이 땅을 살아가는 우리를 향해 천국 백성의 '좋은 열매'를 맺도록 말씀을 주고 있습니다. 여기에 대해 우리는 어떤 모습으로 하나님이 원하는 천국 백성의 모습을 만들어가야 할까요?

(21~23) 다른 사람의 눈에 자신을 부각시키는 가식적인 모습이 아니라 세상의 불법을 멀리하고, 가슴으로 하나님 나라를 믿음으로 그려가며 그 삶을 살아가는 천국 백성이 되어야 합니다

천국은 우리의 착한 행실 또는 공덕을 쌓은 모습으로 들어가는 곳이 아닙니다. 산상수훈을 통해 천국은 죄가 없는 곳이기에 죄의 문제를 해결하지 않고는 아무도 들어갈 수 없는 곳이란 가르침을 줍니다. 그리고 '천국 백성'은 '그 열매'로 알 것이라고 말씀합니다. 그러면서 천국에 마치 들어간 것처럼 착각하고 있는 세 분류의 사람들을 거론합니다. 첫 번째는 위선적이고, 이중 가면을 쓴 모습으로 신앙을 하고 있는 자들입니다. "나 더러 주여 주여 하는 자마다 천국에 다 들어갈 것이 아니요"라고 말씀합니다. 주님을 부르며, 열정적으로 기도하고 있지만 이들의 신앙은 가짜입니다.

 두 번째는 거짓된 삯꾼의 목자들입니다. "예수님의 이름으로 선지자 노릇을 하였지만 그들은 천국에 들어가지 못한다"라고 말씀합니다. 자신은 그 말씀에 대해 어떤 실천도 하지 않으면서 말씀 선포를 통해 사람들로 하여금 자신을 추종하게 만들고, 하나님의 영광을 차지하고 있습니다. 거짓된 삯꾼은 천국에 들어갈 수 없습니다. 세 번째는 불법을 행하는 자들입니다. "주의 이름으로 많은 능력을 행하는 거짓된 추종자들"은 천국에 들어가지 못합니다. 주님의 이름으로 여러 가지를 나타내 보입니다. 그러나 실상은 하나님의 뜻과 완전히 다른 것을 행하고 있습니다. 하나님은 이런 거짓된 자들을 가리켜 '불법을 행하는 자들'이라고 말씀합니다. '천국 백성'이라 칭함을 받지 못합니다. 불법을 멀리하고, 가슴으로 하나님 나라를 믿음으로 그려가며 그 삶을 살아가는 천국 백성이 되어야 합니다.

(24~25) 하나님의 말씀을 머리로만 아는 장식용의 신앙이 아니라 말씀대로 순종하고, 실천하는 신앙으로 환난의 때를 이겨나갈 집을 반석 위에 짓는 천국 백성이 되어야 합니다

순종함이 없고, 실천함이 없는 신앙은 그가 아무리 많은 은사를 받았다 할지라도 환난과 풍파 앞에 무너짐을 당하게 됩니다. 천국 백성으로서 바른 신앙의 모습을 갖추지 못한다면 자신이 세상 가운데 가지고 있는 능력과 재력, 심지어 그가 받았다고 하는 은사조차도 환난의 때를 이기지 못할 것입니다. 환난이 언제 올 것인지 알 수만 있다면 자신이 그 환난을 어떻게 견딜 것인지 계획이 나오고, 나름대로 준비도 할 수 있을 것입니다. 그러나 환란은 여전히 충격적입니다. 예상하지 못한 가운데 갑자기 불어닥칩니다. 피해와 충격이 상상을 초월합니다.

예상하지 못한 세 가지의 환난이 닥칩니다. 첫 번째는 피할 길이 없는 강력한 '폭우'와 같은 환난입니다. 두 번째는 갑자기 불어난 강물과 같은 '창수'의 환난입니다. 세 번째는 어디에서 불어닥치는지 알 수 없는 강력한 광풍을 수반한 '바람'의 환난입니다. (마 25:1~13)의 슬기로운 다섯 처녀처럼 환난의 때를 미리 잘 준비한다면 환난이 닥쳐올 때 눈물을 흘리며 슬피 울 일이 없을 것입니다. 예상할 수 없는 환난이 임할지라도 믿음의 반석 위에 신앙을 올려놓았다면 염려할 필요 없습니다.

홍수 심판을 하나님의 말씀대로 순종하며 방주를 예비했던 노아를 주목해야 합니다. 환난의 때에 쓰러짐을 당하지 않을 집을 하나님의 말씀에 순종하며 예비해야 합니다. 노아처럼 120년이라는 실천하는 사역을 통해 종말을 준비하는 자가 되어야 합니다. 하나님의 말씀을 머리로만 아는 장식용의 신앙이 되어서는 안 됩니다. 하나님의 말씀에 대해 순종하고, 실천하는 신앙으로 환난의 때를 이겨나갈 '반석 위에 세워진 집'을 짓는 '천국 백성'이 되어야 합니다.

(26~27) 하나님 나라 공동체를 건강하게 지켜나가는 일에 최선을 다하며 어떤 악조건이 내 앞에 놓여 있을지라도 희생과 헌신을 멈추지 않는 천국 백성이 되어야 합니다

죄에 대해서는 '징벌' 또는 '심판의 값'이 있습니다. 반대로 하나님 나라의 공동체를 건강하게 세워 나가는 일에 있어서 최선을 다하고 희생과 헌신을 아끼지 않은 자에게는

'공로의 값'이 있습니다. 이것이 '하나님의 공의'입니다. (고전 3:14)은 "누구든지 그 위에 세운 공적이 있으면 그 위에 세운 공적대로 상을 받을 것"이라고 말씀하고 있습니다. 그리고 (막 9:41)은 "누구든지 너희가 그리스도에게 속한 자라 하여 물 한 그릇이라도 주면 내가 진실로 너희에게 이르노니 그가 결코 상을 잃지 않으리라"라고 말씀하셨습니다. 하나님 나라의 공동체를 건강하게 지켜나가는 일은 상급만 있는 것이 아닙니다. 그 일은 곧 나를 영적으로 건강하게 지켜내는 지름길이 되기도 합니다.

'어리석은 자'는 자기만을 바라보지만 '천국 백성'은 하나님 나라의 공동체를 바라봅니다. '어리석은 자'는 자기의 의를 세우려고 발버둥을 치다가 결국은 환난에 쓰러짐을 당하지만 하나님 나라의 공동체를 건강하게 세우려는 자는 하나님께서 그를 보존합니다. 천국 백성으로서 책임을 다할 때 하나님이 그의 모든 것을 책임져줍니다. 세상의 어떤 환난이 와도, 예측할 수 없는 '폭우'와 '창수' 그리고 '폭풍'이라는 상상을 초월하는 환경이 와도 하나님 나라 공동체를 건강하게 지켜나가는 일에 최선을 다하고 희생과 헌신을 아끼지 않는 천국 백성이 되어야 합니다.

(적용)

내가 '천국 백성'이 되었다는 것은 하나님께서 간절히 원했던 구원의 성취가 이루어졌다는 것을 말하고 있습니다. 그리고 '하나님의 기업'이 된 나를 하나님께서 책임져주는 근거가 되기도 합니다. 그러니 (시 33:12)은 "하나님의 기업으로 선택된 백성은 복이 있도다"라고 말씀하고 있습니다. 이런 우리가 이 땅을 '천국 백성'으로 살아간다는 것은 '천국 백성'으로서 그 책임을 감당하는 길에 들어서야 한다는 것을 함께 말하고 있습니다. 하나님은 우리로 하여금 '천국 백성'으로서 자신의 책임과 의무를 잘 감당하는 자가 되길 원하고 계십니다.

하나님이 원하는 천국 백성의 모습으로 살아가기 위해서는 먼저 하나님 나라를 믿음으로 그려가며 그 삶을 살아가는 신앙의 자세를 가져야 합니다. 변화의 시작은 그 사람의 마음이라는 인격으로부터 일어나며 열매는 삶을 통해 맺혀집니다. 두 번째는 하나님의 말씀에 대한 순종과 그 말씀을 따르는 실천의 신앙으로 환난의 때를 견디고, 이겨나가는 반석의 집을 지어야 합니다. 세 번째는 항상 공동체의 영적 건강을 지켜나가는 일에 헌신과 자기희생을 아끼지 않는 '천국 백성'이 되어야 합니다. 그리하여 이 땅에서도, 그리고 영원한 천국에서도 그 상을 잃지 않는 하나님이 원하는 '천국 백성'이 되어야 합니다.

[생각하며 나누는 시간]

1. 예수님은 어떤 분인가요?

2. 본문을 통해 나에게 주시는 하나님의 말씀이 있다면 어떤 것이 있는지 적어봅시다.

3. 예수님을 생각하면서 나를 향한 3가지의 은혜를 적어봅시다.

참된 믿음 (마 8:5~13)

8:5 예수께서 가버나움에 들어가시니 한 백부장이 나아와 간구하여
8:6 이르되 주여 내 하인이 중풍병으로 집에 누워 몹시 괴로워하나이다
8:7 이르시되 내가 가서 고쳐 주리라
8:8 백부장이 대답하여 이르되 주여 내 집에 들어오심을 나는 감당하지 못하겠사오니 다만 말씀으로만 하옵소서 그러면 내 하인이 낫겠사옵나이다
8:9 나도 남의 수하에 있는 사람이요 내 아래에도 군사가 있으니 이더러 가라 하면 가고 저더러 오라 하면 오고 내 종더러 이것을 하라 하면 하나이다
8:10 예수께서 들으시고 놀랍게 여겨 따르는 자들에게 이르시되 내가 진실로 너희에게 이르노니 이스라엘 중 아무에게서도 이만한 믿음을 보지 못하였노라
8:11 또 너희에게 이르노니 동 서로부터 많은 사람이 이르러 아브라함과 이삭과 야곱과 함께 천국에 앉으려니와
8:12 그 나라의 본 자손들은 바깥 어두운 데 쫓겨나 거기서 울며 이를 갈게 되리라
8:13 예수께서 백부장에게 이르시되 가라 네 믿은 대로 될지어다 하시니 그 즉시 하인이 나으니라

참된 믿음 (마 8:5~13)

(도입)

(히 11:1)은 '믿음'에 대해 정의하기를 "믿음은 바라는 것들의 실상이요, 보이지 않는 것들의 증거다"라고 말씀합니다. '믿음'은 사실을 바탕으로 하고 있으며, 바라는 것에 대한 '실상'입니다. … 때는 예수님께서 갈릴리 지역을 중심으로 공생애 사역을 감당하고 계실 때입니다. 예수님이 계신 곳으로 한 사람이 황급히 찾아옵니다. 그 사람은 로마가 다스리고 있던 갈릴리 지역의 백부장이었습니다. 그는 유대인이 아닌 '이방인'이었습니다.

아브라함의 믿음을 이어받았다고 말하면서 예언의 말씀대로 이 땅에 오신 예수님을 그리스도로 받아들이지 않는 유대인들과 달리 이방인이었던 백부장은 예수님을 향한 믿음으로 나아옵니다. 믿음의 조상을 두었다고 말하는 아브라함의 후손인 유대인들의 거짓된 믿음과는 달리 비록 이방인이지만 예수님을 향한 참된 믿음으로 나아온 백부장을 통해 우리는 어떤 참된 믿음으로 이 땅의 삶을 살아가야 하는지 돌아볼 필요가 있습니다.

(5~9) 당면한 문제 앞에 불가능을 먼저 생각하거나 절망하지 말고 하나님 안에서 하나님을 향한 믿음을 바탕으로 그 답을 찾는 참된 믿음의 성도가 되어야 합니다

예수님 앞으로 황급히 나아온 백부장은 거두절미하고 자신이 예수님을 찾아온 이유를 말합니다. 백부장은 뇌출혈 등으로 전신이 마비된 자식과 같은 종의 문제를 해결하기 위해 예수님을 찾아옵니다. 친자식은 아니지만 자신의 '상속자'요, '자식'이나 다름없는 종을 치료하기 위해 세상에서 말하는 용하다는 방법은 다 사용해 봤음을 백부장이라는 위치는 짐작하게 합니다. 결론은 "그렇게 했음에도 불구하고"입니다. 회복 불능이었습니다.

백부장은 "예수님이라면!" 자신의 종을 회복시킬 수 있다는 믿음으로 나아옵니다. 이런 백부장을 향해 예수님께서 말씀합니다. "내가 가서 고쳐주리라!" 이때 백부장에게 놀라운 반응이 나타납니다. 예수님은 말씀만으로도 자신의 종을 치료할 수 있는 분이라고 고백합니다. "나는 주님이 저희 집에 들어오실 만한 가치조차도 없는 이방인입니다. 주님! 말씀으로만 하옵소서 그러면 내 하인이 낫겠사옵나이다" 백부장의 믿음 있는 이 한마디 말에 예수님의 마음이 움직입니다.

    자신에게 당면한 문제를 한 백부장처럼 믿음의 신앙으로 바라보고 있습니까? 이 땅에서 일어나는 일들을 자신의 능력으로 바라보면 분명히 불가능이 보입니다. 그러나 천지만물을 창조하신 하나님 안에서는 그렇지 않습니다. 하나님 말씀 안에서 그 답을 찾아야 합니다. 하나님의 말씀이 가라고 하면 가는 믿음이 있어야 합니다. 뿐만 아니라 하나님의 말씀이 서라고 하면 서는 믿음이 있어야 합니다. 하나님을 향한 신앙 안에서 답을 찾는 참된 믿음의 성도가 되어야 합니다.

(10~12) 껍데기만 믿음이라고 말하는 거짓된 믿음이 아니라 하나님의 말씀에 대한 확고한 믿음을 바탕으로 한, 참된 믿음으로 하늘나라의 주인 된 삶을 살아가는 자가 되어야 합니다

예수님은 이방인 백부장의 믿음을 보고 매우 놀라워합니다. 그는 예수님을 만물을 다스리는 권세자인 메시아로 믿고 있었습니다. 그리고 예수님의 말씀에 대한 권세와 권능을 믿고 있었습니다. 반면 믿음의 후손이라고 스스로를 자랑삼았던 이스라엘 자손들은 더 큰 표적을 구할 뿐 예수님을 메시아로 바라보지 않습니다. 예언의 말씀대로 이 땅에 오신 메시아를 눈앞에 두고도 믿지 못하고 더 큰 표적을 구하는 이스라엘 자손들과는 달리 이방인인 백부장은 예수님의 말씀에 대한 권세와 그 권능을 믿습니다. "말씀으로만 하옵소서! 그러면 내 하인이 낫겠사옵나이다!"

예수님께서 말씀합니다. "이스라엘 중 아무에게서도 이만한 믿음을 보지 못하였노라" 동서를 막론하고 이방인 백부장처럼 이런 믿음을 가진 자들이 천국에 임할 것입니다. 껍데기만 믿음의 후손이라고 일컫는 그들, 스스로를 가리켜 아브라함의 후손이라고 자처하면서 정작 눈앞에 있는 메시아를 믿지 못하는 '본 자손들'이라 일컫는 이들은 천국에 이르지 못할 것입니다(마 8:12). 껍데기만 믿음이라고 말하는 거짓된 믿음이 아니라 하나님의 말씀에 대한 확고한 믿음을 바탕으로 한, 참된 믿음으로 하늘나라의 주인 된 삶을 이 땅에서 살아가는 자가 되어야 합니다.

(13) 하나님은 나를 선한 목적 가운데 두셨다는 믿음과 함께 하나님을 신뢰하는 신앙의 걸음으로 이 땅을 살아가는 참된 믿음의 소유자가 되어야 합니다

믿음의 후손이라고 일컫는 자들은 예수님의 기적과 이적을 보고도 그분을 구원의 주님으로 보지 않습니다. '능력 있는 한 분'으로 봅니다. 그러나 이방인이었던 백부장은 달랐습니다. 그는 예수님을 메시아로 믿었을 뿐만 아니라 말씀에 대한 권세와 권능을 가지고 계시는 분으로 믿습니다. 이런 백부장을 향해 예수님께서 "네 하인의 병이 나았느니라!"라고 말씀하지 않으시고, "네 믿음대로 될지어다!"라고 말씀합니다. 그리고 나타난 결과입니다. "그 즉시 하인이 나으니라"

하나님은 본질이 '선'입니다. 하나님으로부터 나오는

것은 '악'이 없습니다. 그렇다면 분명합니다. 하나님께서 이 땅 위에 우리를 가장 선한 목적 가운데 두셨다는 사실입니다. 이런 하나님께서 나의 신앙 있는 기도를 분명히 들어주신다는 것을 믿으십니까? 주님께서 말씀합니다. "네 믿음대로 될지어다!" 하나님께서는 나를 가장 선한 목적 가운데 두셨다는 믿음과 함께 하나님을 신뢰하는 신앙의 걸음으로 이 땅을 굳건하게 살아가는 참된 믿음의 소유자가 되어야 합니다. 그리하여 "저 사람은 하나님을 향한 참된 믿음으로 세움을 받은 사람이다"라고 세상 사람들로부터도 인정받는 그리스도인이 되어야 합니다.

(적용)

복잡다단한 세상살이가 정말 힘이 듭니다. 언론을 통해 흘러나오는 소식은 연일 우리의 심정을 무너뜨리는 소식뿐입니다. 힘든 삶을 비관하면서 생을 포기하는 뉴스가 이제는 낯설지 않습니다. 부유하게 사는 것만을 보지 말고, 너무 욕심부리지 말고 살아갈 수는 없는지요! 그리고 땅의 일에 대해 불가능을 보지 말고, 하나님 안에서 그 답을 찾아가는 성도가 되어야 합니다. 겉으로는 믿음이 있다고 말하면서 정말로 믿음이 있는지? 돌이켜봅시다.

하나님의 말씀에 대한 확고한 신앙을 바탕으로 믿음 있는 자의 모습으로 세상을 살아가야 합니다. 주님께서 백부장인 이방인을 향해 말씀하셨던 것처럼 "네 믿음대로 될지어다! 하시니 그 즉시 하인이 나으니라!" 이런 역사가 일어나야 합니다. 믿음으로 자신을 스스로 노크하십시오! 껍데기만이 아니라 참된 믿음으로 하나님의 영광의 결실을 맺어가야 합니다.

[생각하며 나누는 시간]

1. 예수님은 어떤 분인가요?

2. 본문을 통해 나에게 주시는 하나님의 말씀이 있다면 어떤 것이 있는지 적어봅시다.

3. 예수님을 생각하면서 나를 향한 3가지의 은혜를 적어봅시다.

건강한 십자가 신앙 (마 8:18~22)

8:18 예수께서 무리가 자기를 에워싸는 것을 보시고 건너편으로 가기를 명하시니라
8:19 한 서기관이 나아와 예수께 아뢰되 선생님이여 어디로 가시든지 저는 따르리이다
8:20 예수께서 이르시되 여우도 굴이 있고 공중의 새도 거처가 있으되 인자는 머리 둘 곳이 없다 하시더라
8:21 제자 중에 또 한 사람이 이르되 주여 내가 먼저 가서 내 아버지를 장사하게 허락하옵소서
8:22 예수께서 이르시되 죽은 자들이 그들의 죽은 자들을 장사하게 하고 너는 나를 따르라 하시니라

건강한 십자가 신앙 (마 8:18~22)

(도입)

　예수님의 공생애 초기사역은 '가르치고', 병든 자를 '회복시키고', 귀신 들린 자들에게서 '귀신을 쫓아낸' 사건이 중심을 이룹니다. 인류를 죄악으로부터 해방 시킬 메시아로서 '죄 사함'의 사명을 이루어갑니다. 그러나 예수님에게 모여든 무리의 생각은 달랐습니다. 자신들을 로마 압제로부터 해방 시킬 '능력의 예수'를 생각하며 그 뒤를 따릅니다.

　이 시대를 돌이켜봅시다. 신앙이 다양한 모습을 취하고 있습니다. 기복적이고, 인본적인 자기중심적 신앙이 다양하게 나타나고 있습니다. 그러나 예수님이 원하는 신앙은 '죄 사함'을 이룬 '십자가의 건강한 신앙'입니다. 예수님께서 무리를 향해 주신 말씀을 되새겨 보면서 나는 그리고 우리는 어떤 건강한 십자가 신앙으로 예수님을 따르는 자가 되어야 하는지 되돌아봅시다.

(18~20) 눈에 보이는 능력을 따라가며 인간적 열심을 좇는 인본주의 신앙이 아니라 자기를 부인하며 주님의 길을 따라가는 건강한 십자가의 신앙이 되어야 합니다

예수님께서 자신을 에워싸고 있는 무리를 향해 명합니다. "건너편으로 가라!" 예수님은 사람들이 자신을 추앙하도록 내버려두지 않습니다. 하나님의 영광과 구원계획이 이루어지도록 그 자리를 '떠날 것'을 명령합니다. 이때 예수님의 능력 있는 '산상수훈'의 가르침에 반했고, 예수님의 능력 있는 권능에 매료된 '한 서기관'이 예수님의 명령에 반응합니다. "선생님이여! 어디를 가든지 저는 따르겠습니다" '죄 사함'을 이루기 위한 '십자가의 길'이 아니라 '그 능력이 함께 하는 길'을 그는 언제든지 함께 하겠다는 것입니다. 이 사실을 아셨던 예수님께서 이런 말씀을 합니다. "나를 따르는 길은 너의 영광을 만들어가는 길이 아니라 죄 사함을 위한 십자가의 길이기에 네가 편히 거할 자리조차 없을 것이다"

(벧전 5:8)에 의하면 마귀는 '우는 사자'처럼 '십자가 신앙'으로 세워진 자들을 공격합니다. '십자가 신앙'은 마귀를 대적하는 중요한 무기입니다. 그러나 '십자가 신앙'은 육신의 능력으로 싸우는 것이 아닙니다. 자기를 부인하며 (딤전 6:12)의 말씀처럼 믿음의 선한 싸움으로 마귀를 대적하는 것입니다. '한 서기관'처럼 눈에 보이고, 귀에 들려지는 판단으로 계산하는 인간적 열심을 좇는 신앙의 자리를 떠나야 합니다. 눈에 보이는 능력을 따라가는 인간적 열심을 좇는 인본주의 신앙이 아니라 자기를 부인하며 주님의 길을 따라가는 건강한 '십자가 신앙'으로 자신을 담금질하는 성도가 되어야 합니다.

(21) 세상이 주는 영광을 먼저 생각하고, 차선책(次善策)으로 신앙을 붙드는 불량품의 신앙이 아니라 주님의 일을 최우선에 두는 건강한 십자가 신앙이 되어야 합니다

사람들이 예수님을 더 높이려고 에워쌉니다. 그러자 예수님께서 무리를 향해 "건너편으로 가라!"라고 말씀합니다. '건너편'인 '가다라 지방' 쪽으로 가도록 명합니다. 여기에 대해 무리뿐만 아니라 예수를 따르던 제자들 또한 '건너편'에서 있을 또 다른 '능력'을 기대하며 그곳을 향해 나아갑니다. 이때 장시간 집을 비우는 것이 부담되었던 제자 중 '한 사람'이 예수님께 이렇게 말합니다. "내가 먼저 가서 아버지를 장사하게 허락하옵소서!" 예수님을 따르던 제자 중 '한 사람'의 이 말은 "지금은 예수님을 따를 수 없고, 부모님이 돌아가셔서 장사를 지낸 후에는 내가 주님을 따르겠으니 이해해 주시기 바랍니다"라고 양해를 구하고 있습니다. 이것은 당시의 풍습이나 율법적인 측면에서 볼 때 틀린 말이 아닙니다.

　(출 20:12)의 십계명도 제5계명에서 "네 부모를 공경하라"라고 말씀하였습니다. 십자가 신앙은 가정을 버리고, 부모도 버리며 '부도덕한 길'을 걷게 하는 신앙이 아닙니다. '십자가 신앙'은 부모의 공경을 통해 하나님을 바르게 알도록 합니다. 다만 '한 제자'처럼 세상이 주는 영광을 먼저 생각하고, 주님을 따르는 신앙을 '차선책'으로 올려놓는 신앙이 되어서는 안 됩니다. 주님의 일을 최우선에 두는 건강한 '십자가 신앙'이 되어야 합니다.

(22) 세상의 속된 것을 따라가는 죽은 자의 신앙이 아니라 하나님 나라와 그 영광을 위한 길을 주저하지 않고 따라가는 건강한 십자가의 신앙이 되어야 합니다

'한 서기관'이 예수님께 아룁니다. "선생님이여 어디로 가시든지 저는 따르리이다" 이 말에 대해 예수님께서는 자신을 따르는 길이 세상이 주는 영광이 함께하는 자리가 아니라 고난과 역경의 길이 될 것을 말씀합니다. 그러자 '한 제자'가 반응합니다. 그는 부모를 핑계 삼으면서 주님을 따르는 '십자가 신앙'을 차선책으로 돌립니다. 이 사실을 이미 꿰뚫어 보셨던 예수님께서 이렇게 말씀합니다. "죽은 자들이 그들의 죽을 자들을 장사하게 하고 너는 나를 따르라!"

예수님을 주인으로 섬기는 자는 예수님을 따르는 일이 차선책이 되어서는 안됩니다. 최우선의 일이 되어야 합니다. 말로는 "내가 주를 따르겠습니다"라고 하면서 정작 그 몸은 세상이 주는 유익이 우선이 되어 있는 경우가 있습니다. 예수님은 이것을 경계하도록 합니다. 세상의 속된 것이 주는 영광을 따라가는 '죽은 자의 신앙'은 소망이 없습니다. 주님의 나라와 영광을 위한 길을 주저함 없이 따라가는 '건강한 십자가의 신앙'이 되어야 합니다. 그리하여 주님으로부터

"참으로 수고한다! 나의 종아!"라는 음성을 들어야 합니다.

(적용)

십자가의 신앙을 '한 제자'처럼 육신의 눈으로 바라보고, 판단하는 자는 어떻게 해서든지 그곳을 벗어나려고 온갖 핑곗거리를 도모하게 됩니다. 이 사실을 사람은 몰라도 주님은 이미 보고 계시고, 알고 계십니다. '십자가의 신앙'은 육신의 눈으로 보고, 육신의 머리로 판단하는 것이 아닙니다. '십자가의 신앙'은 세상이 주는 영광을 먼저 생각하고 주님을 향한 신앙이 다음에 설정되는 차선책의 모습을 말하지 않습니다.

자신의 헛된 욕망을 부인하고 주님의 길을 따르는 '건강한 십자가 신앙', 주님의 영광을 먼저 생각하며 주님을 진정한 주인으로 섬기고 따르는 '건강한 십자가 신앙'으로 자신을 세워야 합니다. 타락한 세상이 주는 죽은 자의 영광이 아니라 하나님 나라와 그 영광이 주는 길을 주저함 없이 달려가는 '건강한 십자가 신앙'으로 자신을 세워 나가야 합니다. 그리하여 주님의 아름다운 열매들을 풍성하게 맺어가는 '건강한 십자가 신앙'으로 오늘을 살아가는 성도가 되어야 합니다.

[생각하며 나누는 시간]

1. 예수님은 어떤 분인가요?

2. 본문을 통해 나에게 주시는 하나님의 말씀이 있다면 어떤 것이 있는지 적어봅시다.

3. 예수님을 생각하면서 나를 향한 3가지의 은혜를 적어봅시다.

환난을 이겨내는 그리스도인 (마 8:23~27)

8:23 배에 오르시매 제자들이 따랐더니
8:24 바다에 큰 놀이 일어나 배가 물결에 덮이게 되었으되 예수께서는 주무시는지라
8:25 그 제자들이 나아와 깨우며 이르되 주여 구원하소서 우리가 죽겠나이다
8:26 예수께서 이르시되 어찌하여 무서워하느냐 믿음이 작은 자들아 하시고 곧 일어나사 바람과 바다를 꾸짖으시니 아주 잔잔하게 되거늘
8:27 그 사람들이 놀랍게 여겨 이르되 이이가 어떠한 사람이기에 바람과 바다도 순종하는가 하더라

환난을 이겨내는 그리스도인 (마 8:23~27)

(도입)

　예수님은 죄인인 우리를 구원하기 위해 사람의 몸으로 이 땅에 오신 성자 하나님입니다. 예수님께서 가버나움의 사역을 마치고 데가볼리 지역으로 가기 위해 배에 오릅니다. 이때 예상하지 못했던 큰 풍랑이 배를 덮칩니다. 혼비백산한 제자들은 어찌할 줄 모릅니다. 우리가 살아가는 세상은 죄악으로 가득합니다. 그뿐만 아닙니다. 환경을 통해 일어나는 어려움의 문제 그리고 사회 속에서 일어나는 각종 문제, 하루도 평안할 날이 없습니다.

　큰 풍랑 가운데 놓인 시대를 살아가고 있습니다. 그러나 이런 시대 또한 하나님이 주관하고 계십니다. 마치 하나님이 안 계시는 것처럼 악함이 판을 치고, 고난과 환난이 큰 풍랑으로 다가옵니다. 끝을 알 수 없을 정도로 고난과 환난이 휘몰아치는 그 순간도 하나님은 모든 상황을 주관하고 계십니다. 우리는 풍랑이 몰아치는 환난의 때를 어떤 신앙으로, 어떤 모습으로 이겨나가는 그리스도인이 되어야 할까요?

(23~24) 각종 환난이 세상 가운데 펼쳐질 뿐만 아니라 하나님이 정말 계시는지 의문이 던져지는 그 순간도 예수님을 향한 분명한 믿음의 자세로 환난의 때를 이겨내는 그리스도인이 되어야 합니다

데가볼리는 열 개의 성읍으로 구성되어 있었습니다. 그 중의 한 곳이 본문 28절에 등장하는 '가다라 지방'입니다. 예수님께서 데가볼리에 가기 위해 배에 오릅니다. 사역의 피곤함이 예수님의 육신에 엄습합니다. 비록 하나님이시지만 사람의 몸으로 이 땅에 계실 때의 예수님은 육신이 가지는 한계를 우리와 동일하게 겪고 계셨습니다. '큰 물결'이 일어나 배를 삼킬 것만 같은 그 순간도 피곤에 지친 예수님은 주무십니다. 그러나 만물은 예수님의 다스림 아래에 놓여 있기에 두렵고, 떨리는 풍랑 가운데서도 예수님은 평안히 잠을 이룰 수 있었습니다.

우리가 살아가는 세상은 인간의 죄로 인해 분명한 두 가지의 때를 이루어가고 있습니다. 첫 번째는 불의하고, 악한 두려움의 때를 이루어가고 있습니다. 그러나 (요 16:33)은 증거합니다. "예수님 안에서 평안을 누리십시오!" 그리고 증거합니다. "세상에서는 환난을 당하지만 담대하십시오!" "예수님께서 세상을 이기셨습니다." 예수님께서 마귀의 모든 권세를 이기셨으니 신앙 가운데 당하는 고통에 대해 무서워하거나 두려워할 필요가 없습니다.

두 번째는 주변에서 일어나는 환경으로 인해 두려움과 떨림의 때를 살아가고 있습니다. 그러나 이것조차 만물을 주관하시는 하나님을 향한 믿음의 신앙으로 극복할 수 있다는 것을 깨달아야 합니다. 여기에 대해 어중간한 신앙의 자세를 취하면 영적으로 침몰을 당합니다. 예수님을 향한 분명한 믿음의 자세로 환난의 때를 이겨내는 그리스도인이 되어야 합니다.

(25~26) 온 우주를 다스리는 창조주 하나님이신 예수님은 절망과 공포 가운데 놓인 자기 백성으로 하여금 소망과 희망을 잃어버리지 않도록 강력한 역사를 일으킵니다. 여기에 대한 분명한 믿음으로 세상의 환난을 이겨내는 그리스도인이 되어야 합니다

갑자기 몰아치는 예상하지 못한 풍랑 앞에 제자들은 자신들이 취할 수 있는 조치를 다 취합니다. 그러나 자신들이 타고 가는 배는 풍랑을 이기지 못합니다. 오히려 더 큰 위기에 봉착합니다. 어부로 잔뼈가 굵었던 이들이 당황하기 시작합니다. 멘붕에 빠집니다. 자신들이 할 수 있는 것은 더 이상 없었습니다. 제자들의 입에서 믿음이 아니라 탄식과 체념하는 음성이 들려옵니다. "주여 구해주세요! 우리가 죽게 되었습니다" 예수님께서 반응합니다. "어찌하여 두려워하느냐 믿음이 작은 자들아!" 믿음이 없는 제자들을 책망합니다.

우리가 살아가는 죄악 된 세상에는 크고, 작은 풍랑과 같은 인생의 문제가 늘 기다리고 있습니다. 믿음이 없으면 아무리 작은 풍랑도 큰 풍랑이 되어 그 사람을 덮치게 됩니다. 문제는 믿음입니다. 주님이 나와 함께하고 있다는 믿음이 있어야 합니다. 풍랑과 같은 문제를 해결할 수 있는 열쇠를 하나님께서 주신다는 믿음이 있어야 합니다.

죄는 반드시 그 값으로 응답을 받습니다. 공의의 값입니다. 그러나 그렇지 않은 상황 속에서 일어나는 환난과 고난에는 (고전 10:13)에서 말씀하고 있는바 '피할 길'이 있습니다. 온 우주를 다스리시는 예수님을 향한 믿음에는 길이 있습니다. 예수님은 절망과 공포 가운데 놓인 자기 백성으로 하여금 소망과 희망을 잃어버리지 않도록 강력한 역사를 일으킵니다. 여기에 대한 분명한 믿음으로 세상의 환난을 이겨내는 그리스도인이 되어야 합니다.

(27) 세상을 밝히는 하나님 나라의 여명은 예수님의 통치로 말미암는다는 것을 세상 가운데 바르게 증거하는 복음으로 환난을 이겨내고 세상을 이끌어가는 그리스도인이 되어야 합니다

예수님께서 바람과 바다를 꾸짖는 그 말씀에 바람이 잠잠해집니다. 방금까지 배를 삼킬 것만 같았던 파도가 마치 잠자는 어린아이와 같이 잠잠해집니다. 이 일은 하나님이 아니면 가능할 수 없는 일이었습니다. 예수님은 성자 하나님이셨습니다. 예수님께서 바람과 파도를 잠잠하게 하는 것은 너무나도 쉬운 일이었습니다. 제자들은 놀랍니다. 입이 다물어지지 않습니다. "도대체 이분이 누구이기에 바람과 바다도 순종하는가?"

지금 세계의 처처와 곳곳에 적그리스도화가 이뤄지고 있습니다. (요이 1:7)에 의하면 세상을 환난의 때로 만들어가고 있는 적그리스도는 예수님이 우리의 구세주로 이 땅에 오신 것을 부인하도록 조장합니다. 이런 적그리스도에 대해 (요일 2:18)과 (요일 4:3)은 증언하기를 "많은 적그리스도가 일어날 것"을 말하고 있으며, "적그리스도는 지금 벌써 세상에 있다"라고 증언합니다.

세상을 밝히는 하나님 나라의 여명은 예수님의 통치로 말미암는다는 것을 세상은 믿으려 하지 않습니다. 의심하고, 부인하고 있습니다. 이와 같이 소망과 희망이 사라진 것과 같은 모습을 하고 있는 세상을 복음으로 일깨워야 합니다. 복음으로 환난을 이겨내고 세상을 그리스도께로 이끌어가는 그리스도인이 되어야 합니다.

(적용)

세상의 모든 사람은 환난의 때를 맞이하게 됩니다. 길이 보이지 않는 종말의 대환난, 그리고 자신의 삶을 살아가며 겪는 끝을 알 수 없는 고난과 환난이 있습니다. 그러나 여기에도 길이 있고, 답이 있습니다. 이스라엘의 분열왕국 시대를 살아갔던 유다의 제12대 왕이었던 히스기야는 앗수르에 의해 나라가 멸망할 위기에 놓인 것을 봅니다. 이때 히스기야의 선택은 위기 가운데 놓인 나라를 구하기 위해 사람의 손과 다른 나라의 협조를 구하는 것이 아니었습니다. 하나님을 향한 신앙으로 엎드립니다.

그리고 온 나라의 백성으로 하여금 하나님께 엎드리도록 합니다. 이것을 보신 하나님께서 하룻밤 사이에 앗수르 군대의 185,000명을 쓸어버립니다. 이런 경험이 있었던 히스기야가 알지 못하는 병에 걸려 죽을 위기에 처합니다. 그는 하나님을 향한 강력한 신앙으로 은혜를 구합니다. 지금까지 그의 신앙을 지켜봤던 하나님께서 회복으로 동일하게 응답합니다. 그리고 보너스로 자녀가 없는 그에게 자녀(므낫세)까지 허락합니다.

당하는 환난과 세상의 환난을 예수님을 향한 믿음으로 이겨내는 그리스도인이 되어야 합니다. 큰 풍랑을 잠잠하게 하시는 주님의 능력의 손길로 환난을 이겨내는 그리스도인은 세상을 향한 승리자이기도 합니다. 환난의 때는 위기의 순간이 아닙니다. 복음을 더욱 강력하게 전할 기회의 순간입니다. 절망을 소망과 희망으로 바꿀 예수 그리스도를 힘 있게 증거하며 환난의 때를 이겨나가고, 이겨내는 그리스도인이 되어야 합니다.

[생각하며 나누는 시간]

1. 예수님은 어떤 분인가요?

2. 본문을 통해 나에게 주시는 하나님의 말씀이 있다면 어떤 것이 있는지 적어봅시다.

3. 예수님을 생각하면서 나를 향한 3가지의 은혜를 적어봅시다.

요동치는 악한 권세 (마 8:28~34)

8:28 또 예수께서 건너편 가다라 지방에 가시매 귀신 들린 자 둘이 무덤 사이에서 나와 예수를 만나니 그들은 몹시 사나워 아무도 그 길로 지나갈 수 없을 지경이더라
8:29 이에 그들이 소리 질러 이르되 하나님의 아들이여 우리가 당신과 무슨 상관이 있나이까 때가 이르기 전에 우리를 괴롭게 하려고 여기 오셨나이까 하더니
8:30 마침 멀리서 많은 돼지 떼가 먹고 있는지라
8:31 귀신들이 예수께 간구하여 이르되 만일 우리를 쫓아 내시려면 돼지 떼에 들여 보내 주소서 하니
8:32 그들에게 가라 하시니 귀신들이 나와서 돼지에게로 들어가는지라 온 떼가 비탈로 내리달아 바다에 들어가서 물에서 몰사하거늘
8:33 치던 자들이 달아나 시내에 들어가 이 모든 일과 귀신 들린 자의 일을 고하니
8:34 온 시내가 예수를 만나려고 나가서 보고 그 지방에서 떠나시기를 간구하더라

요동치는 악한 권세(마 8:28~34)

(도입)

　예수님은 우리의 죄를 대속하기 위해 이 땅에 오신 목적과 자신이 하나님의 아들이라는 것을 초자연적인 역사를 일으켜 알도록 합니다. 예수님이 가는 곳마다 사람들이 무리를 지어 모여들기 시작합니다. 나병환자를 깨끗하게 하고, 중풍 병자를 회복시키고, 바람과 바다를 잔잔하게 하는 초자연적인 역사는 예수님이 하나님이라는 것을 증명하기에 부족함이 없었습니다. 이런 예수님께서 '가다라 지방'을 찾아갑니다. 그곳에는 '귀신 들린 자들'이 주변 사람들에게 두려움을 주고 있었습니다.

　예수님은 자신의 유명세를 펼치기 위해 사람들로부터 추앙받을 만한 곳을 찾지 않습니다. 아무도 찾지 않는 곳, 두려움의 장소, '귀신 들린 자들'이 있는 장소, 무덤이 있는 곳을 찾아갑니다. 예수님께서 '가다라 지방'을 친히 찾아갔던 장면과 그곳에서 펼쳤던 사역을 돌아보면서 우리의 시대와 환경을 돌아봅니다. 악한 권세가 판을 치고 있는 세상 앞에 우리는 어떤 사역을 펼쳐나가는 그리스도인이 되어야 할까요?

(28~29) 흑암에 사로잡혀 있는 영혼들의 구원을 위해 다른 사람들이 알아주지 않는 곳 그리고 험악한 곳이라 할지라도 말만 앞세우는 사역이 아니라 실천하는 사역을 펼쳐나가는 그리스도인이 되어야 합니다

'귀신'은 '마귀의 사자들'(마 25:41)이며, '더러운 영'(계 18:2)의 존재입니다. '귀신'은 (계 12:4)에 의하면 타락한 천사장이었던 마귀(사탄)를 추종하는 '타락한 천사들'입니다. 그 수가 전체 천사들의 '삼분의 일'에 해당할 정도로 많았다라고 요한계시록은 증거합니다. 이런 '타락한 천사'가 사람의 몸에 들어가서 그 사람을 지배하고, 다스리는 상태를 '귀신이 들렸다'라고 말합니다.

귀신은 영적인 존재로서 사람을 지배할 뿐만 아니라 강력한 힘을 발하여 자신이 다스리는 사람을 날뛰게 만들고, 일반적인 상식을 벗어난 행동을 하도록 만듭니다. 그리고 그 자신과 주변을 파괴하는 역할을 하도록 합니다. 예수님은 '가다라 지방'의 소문에 대해 알고 계셨습니다. 그곳에는 '귀신 들린 자들'이 사람들에게 강력한 위협이 되고 있었습니다. 이 사실을 아셨던 예수님께서 그곳을 회피하지 않고 친히 찾아갑니다.

　　요동치는 악한 권세가 세상에 판을 치고 있습니다. 흑암에 사로잡혀 있는 영혼들의 구원을 위해 다른 사람들이 알아주지 않는 곳 그리고 험악한 곳이라며 회피하는 곳이라도 예수님처럼 친히 그곳을 찾는 발걸음이 되어야 합니다. 흑암의 세력이 강력하게 역사할지라도 빛을 이기지는 못합니다. 말만 앞세우는 사역은 죽은 호랑이에 불과합니다. 예수님처럼 흑암을 밝히기 위해 친히 등불이 되어주고, 친히 찾아가는 실천하는 사역을 펼쳐나가는 그리스도인이 되어야 합니다.

(30~32) 악한 세상을 공의롭게 만들어가기 위해 지식을 앞세운 사역이 아니라 예수 그리스도의 이름으로 권세를 발하는 사역을 펼쳐나가야 합니다

'귀신'은 예수님이 '가다라 지방'에 무엇 때문에 오셨는지 알고 있었습니다. 그리고 자신의 능력으로 '하나님의 아들'이신 예수님을 이길 수 없다는 것 또한 잘 알고 있었습니다. '귀신들'은 '불못'에 던짐 당하는 심판을 모면하기 위해 예수님께 타협안을 긴급히 제시합니다. 자신들이 사람의 몸에서 나와 '돼지 떼'로 들어가도록 타협안을 제시합니다. '돼지'는 (신 14:8)에 의하면 '부정한 짐승'으로 여김을 받았습니다. '귀신들'은 부정한 짐승으로 여기고 있는 '돼지 떼' 안에 들어가는 것을 심판으로 삼도록 합니다. 이렇게 예수님께 타협안을 제시합니다.

예수님께서 명합니다. "가라!" 이것은 '귀신의 영'이 '돼지 떼'에 들어가는 것으로 합의했다는 말이 아닙니다. '귀신의 영'이 들어갔던 '돼지 떼'가 모두 '바다'에 빠져 몰살합니다. 예수님은 마귀의 세력과 불의한 타협을 한 것이 아닙니다. 이들을 '공의'로 심판하셨던 것입니다. 본문의 '바다'는 '음부'이며 심판을 상징하고 있습니다. '바로의 군사들'을 물로 덮어 심판했던 '홍해 사건'과 같은 심판의 장면이었습니다.(출 14:28) 악한 세상을 공의롭게 만들어가기 위해서는 지식과 방법을 앞세우는 사역이 우선순위가 되면 안 됩니다. (히 2:8)의 말씀처럼 만물을 그 발아래 두신 '예수 그리스도의 이름'으로 권세를 발하는 사역을 펼쳐나가야 합니다.

(33~34) 자신의 유익을 추구하기 위해 불의도 마다하지 않는 세상의 영혼들을 영적으로 바르게 인도하기 위해 하나님 나라의 정의와 공의를 세워 나가는 사역을 세상 가운데 펼쳐나가야 합니다

'귀신 들린 자들'에게서 나온 귀신이 '돼지 떼'에 들어갔다는 것과 그 '돼지 떼'가 바다에 빠져 몰살했다는 것을 전해 들은 사람들에게 나타난 반응입니다. 이들은 '귀신 들린 자들'로 인해 늘 공포와 두려움 가운데 삶을 살아가고 있었습니다. '귀신 들린 자들'이 지키는 길목은 아무도 지나갈 수 없었습니다. 이런 '귀신 들린 자들'의 문제가 해결되었지만 사람들에게는 기쁨이 없었습니다. 예수님을 향한 감사는 찾아볼 수 없었습니다. 자신들의 재산에 손실이 발생했기 때문입니다. 더 큰 재산의 손실이 발생하지 않도록 예수님이 자신들이 있는 곳으로부터 떠나주길 원합니다.

세상의 평강은 힘의 세력과 협상하고, 타협하면서 생겨나는 것이 아닙니다. 타협과 협상도 하나님의 관점에서 공의롭지 못하면 그 타협과 협상은 아름다운 결실을 맺지 못합니다. 자신의 유익을 추구하기 위해 불의도 마다하지 않는 세상의 영혼들을 영적으로 바르게 인도해야 합니다. 이를 위해 하나님 나라의 정의와 공의를 세워 나가는 사역을 세상 가운데 힘있게 펼쳐나가야 합니다. 이런 사역이 때로는 외롭고, 고달프고, 고난이 있기도 합니다. 외면을 당하기도 합니다. 그러나 예수 그리스도를 닮은 그리스도인의 모습으로 이 모든 사역을 감당하는 그리스도인이 되어야 합니다.

(적용)

악한 권세가 요동치면 요동칠수록 더욱 분명해지는 것은 종말을 확정 짓는 '심판의 날'이 다가왔다는 것입니다. 자신의 끝 날이 다가온 줄 알고 마귀가 '악한 권세'를 총동원시켜 발악합니다. 마귀는 영적인 존재입니다. '귀신 들린 자'가 예수님이 '하나님의 아들'이라 것을 알아본 것처럼 마귀는 우리가 보지 못하고, 알지 못하는 영적인 부분을 더욱 잘 알고 있습니다. 그러나 우리는 이런 마귀보다 더 큰 권세를 가진 예수 그리스도에 속한 권세자들입니다. 우리가 이 땅에서 영적인 전투를 치룰 때, 우리의 능력으로 마귀의 권세를 이길 수는 없습니다. 요동치는 악한 권세를 이길 수 있는 권세는 오직 하나입니다. '다 이루신'(요 19:30) 예수님의 권세로 이길 수 있습니다.

비록 험악한 곳이라 할지라도 예수님처럼 친히 그곳을 찾아가는 사역을 펼쳐나가는 권세자가 되어야 합니다. 하나님 나라의 정의와 공의를 세워 나가는 사역을 펼치면서 물질만능 속에 빠져 있는 세상의 영혼들을 영적으로 바르게 인도해야 합니다. 이런 사역을 예수님처럼 펼쳐나가는 '예수님의 살아 있는 그림자'와 같은 그리스도인이 되어야 합니다.

[생각하며 나누는 시간]

1. 예수님은 어떤 분인가요?

2. 본문을 통해 나에게 주시는 하나님의 말씀이 있다면 어떤 것이 있는지 적어봅시다.

3. 예수님을 생각하면서 나를 향한 3가지의 은혜를 적어봅시다.

나를 향한 하나님의 마음 (마 9:9~13)

9:9 예수께서 그 곳을 떠나 지나가시다가 마태라 하는 사람이 세관에 앉아 있는 것을 보시고 이르시되 나를 따르라 하시니 일어나 따르니라

9:10 예수께서 마태의 집에서 앉아 음식을 잡수실 때에 많은 세리와 죄인들이 와서 예수와 그의 제자들과 함께 앉았더니

9:11 바리새인들이 보고 그의 제자들에게 이르되 어찌하여 너희 선생은 세리와 죄인들과 함께 잡수시느냐

9:12 예수께서 들으시고 이르시되 건강한 자에게는 의사가 쓸 데 없고 병든 자에게라야 쓸 데 있느니라

9:13 너희는 가서 내가 긍휼을 원하고 제사를 원하지 아니하노라 하신 뜻이 무엇인지 배우라 나는 의인을 부르러 온 것이 아니요 죄인을 부르러 왔노라 하시니라

나를 향한 하나님의 마음 (마 9:9~13)

(도입)

　성자 하나님인 예수님께서 이 땅에 오신 이유와 목적은 오직 한 가지입니다. 우리의 죄를 대속하기 위해서입니다. 그 어떤 영광도 취하지 않고, 높고 높이 계시는 분이 낮고 낮은 몸으로 이 땅에 오셨습니다. 오직 우리의 죄를 대속하기 위해 고난의 길을 친히 걸으시고, 십자가에 달려 우리의 죄를 대속하셨습니다. 예수님께서는 우리의 죄를 대속하기 위해 자신이 누릴 자기의 생애를 살아가지 않았습니다. 대속에 따른 공생애의 삶을 살아가셨습니다.

　예수님의 공생애 걸음은 유대인들이 부정하다고 여겼던 사람들과도 거리낌 없이 함께합니다. 심지어 유대인들이 민족의 반역자로 여기고 있었던 세리와 같은 자를 찾아갑니다. 그리고 그들과 함께 식사도 합니다. 예수님께서 마태를 제자로 부르시기 위해 그를 찾아간 장면이 대표적인 장면이었습니다. 우리는 이 장면을 통해 하나님의 마음이 마태를 향한 것처럼 나를 향하고 있다는 것을 잊지 않아야 합니다. 과연! 나를 향한 하나님의 어떤 마음을 잊지 않아야 할까요?

(9) 세상 사람들의 편견으로 버림받았던 나를 쓸모없는 자로 여기지 않고 아버지의 마음으로 품어주시고, 하나님 나라를 세우는 일에 귀한 제목으로 사용하신 분이 하나님이었다는 것을 잊지 않아야 합니다

마태의 직업은 '세관'에서 일하는 '세리'였습니다. 세관의 '징수원'이었습니다. 유대인들은 '세관'에서 일하는 '징수원'을 로마 감독관의 지시를 따른다고 하여 '매국노'로 여기고 있었습니다. 그리고 로마의 힘을 빌려 자신의 부를 취하는 '악한 자'로 여기고 있었으며, 이방인의 화폐를 취급한다고 하여 '부정한 자'로 여겼습니다. (레 20:7)과 (8절)의 '정결 예식법'은 하나님 나라 백성으로 하여금 자신을 세속적인 것들로부터 구별해내며 거룩을 지키라고 명하고 있습니다. 유대인들은 이것을 자신들의 견해에 비추어 새롭게 도색합니다. 이들이 주장하는 '정결 예식법'에 따르면 같은 동족이지만 마태와 같은 '세리'는 '악한 자'였고, '부정한 자'가 됩니다. 그리고 이들과 함께하는 식탁의 교제도 부정하게 여겨지고 있었습니다.

　예수님께서는 유대인들이 '부정한 자'로 여겼던 '세관원' 마태에게 이렇게 말씀합니다. "나를 따르라!" 동족들로부터 '부정한 자'로 여김을 받았던 마태를 제자 삼으셨습니다. 이처럼 세상 사람들의 편견으로 버림받은 자와 같은 모습을 하고 있을지라도 하나님은 나를 편견하고, 멀리하지 않습니다. 마태를 직접 찾아갔고, 그를 제자 삼으셨던 것처럼 나를 하나님 나라를 위한 귀한 제목으로 부르셨습니다. 아버지의 마음으로 나를 품으셨고, 아버지의 마음으로 나를 세상 가운데 세우셨습니다. 이 사실을 한순간도 잊지 않아야 합니다. 하나님의 은혜로 지금의 내가 있다는 것을 잊지 않아야 합니다. 이런 나는 주님께서 은혜 가운데 부르신 이 시대의 또 하나의 마태라는 것을 잊지 않아야 합니다.

(10~11) 세상 사람들이 자신의 기준으로 판단하고 저울질할 때도 하나님은 아버지의 마음으로 나를 돌아보셨습니다. 그리고 나를 귀하고 존귀한 자로 여기셨다는 것을 잊지 않아야 합니다

예수님께서 마태의 초청으로 그의 집에서 함께 식사를 합니다. 식탁에는 마태와 예수님, 제자들 그리고 유대인들이 부정하다고 여겼던 사람들이 함께합니다. 바리새인들의 관점에서 볼 때 충격적인 일이 벌어지고 있었습니다. 유대인들이 부정하게 여겼던 세리와 '율법의 과녁'을 벗어났다고 여겨졌던 죄인들이 함께 식탁의 교제를 가집니다. 바리새인들이 이 장면을 인정할 수 없다는 듯 예수님의 제자들에게 되물어봅니다. "어찌 너희 선생은 세리와 죄인들과 함께 잡수시느냐" 바리새인들이 자신들의 잣대로 저울질합니다.

바리새인들처럼 신앙에 대해 자신들이 가지고 있는 얄팍한 지식으로 판단하고 저울질하며 갑론을박하는 자들이 곳곳에 있습니다. 자신의 기준으로 다른 사람을 판단하고, 저울질하면서 심지어 저주하고, 무시하기까지 합니다. 그러나 하나님은 이런 나를 아버지의 마음으로 돌아봅니다. 그리고 나를 품었을 뿐만 아니라 세상 가운데 존귀한 자로 여겨주셨습니다. 기득권 세력에 짓밟히고, 멸시당하고, 무시당할지라도 나를 세우신 분은 만물의 주관자 되시는 하나님입니다. 하나님이 아버지의 마음으로 나를 귀하고, 존귀한 자리에 세우셨습니다. 여기에 대한 확신을 가지고 세상 가운데 당당하고, 담대하게 자신을 세워 나가는 그리스도인이 되어야 합니다.

(12~13) 죄악 된 세상은 자기의 유익을 위해 발버둥을 치지만 하나님은 고통과 사망 가운데 놓인 우리를 건져내기 위해 아버지의 마음으로 독생자를 십자가에 내놓으셨다는 것을 잊지 않아야 합니다

바리새인들은 자신들이 가지고 있는 얄팍한 신앙의 사고로 예수님께 접근합니다. 그리고 자신들이 부정하다고 여기는 자들과 식탁의 교제를 나누는 충격적인 일을 멈추도록 합니다. 왜냐하면 유대 사회 속에서는 용납될 수 없는 사건이었기 때문입니다. 여기에 대해 예수님은 이렇게 반응합니다. "건강한 자에게는 의사가 쓸 데 없지만 병든 자에게는 의사가 필요하느니라" 죄 사함이라는 구원은 율법을 지켜서 이루어지는 것이 아닙니다. 하나님께서 죄인을 불쌍히 여기시고, 그들에게 은혜를 베풀어주심으로 이루어진다는 것을 말하고 있습니다. 여기에는 우리를 향한 아버지의 마음이 새겨있습니다.

(빌 2:7 이하)의 말씀처럼 예수님은 우리의 구원을 위해 자기를 비워 스스로 종의 모습을 취합니다. 하나님은 고통과 사망이라는 저주 가운데서 우리를 건지기 위해 자신의 독생자 예수 그리스도를 친히 십자가에 내놓으셨습니다. 우리를 향한 하나님의 마음은 이렇게 예수 그리스도의 십자가를 통해 증명됩니다. 여기에 반해 세상 사람들은 바리새인들처럼 자기의 유익을 위해 편 가르기를 하고, 자기주장 중심으로 모든 것들을 만들어가려고 합니다. 자신들이 처해 있는 저주와 사망의 근원과 해결에 대해서는 알려고도 하지 않습니다. 관심조차 두지 않습니다. 자기만 잘되면 되는 이기적 사고에 짓눌려 있습니다. 이런 세상 가운데 놓인 우리를 향해 하나님은 오늘도 아버지의 간절한 마음으로 다가오고 계신다는 것을 잊지 않아야 합니다.

(적용)

아브라함, 이삭, 야곱, 요셉, 사무엘, 다윗뿐만 아니라 성경에 나타나는 인물들의 공통점은 처음부터 유명하고, 능력 있는 자들이 아니었다는 점입니다. 하나님께서 세워주셨기 때문에 세워진 자들입니다. 이들보다 귀한 것이 덜한 사람은 아무도 없습니다. 모두를 하나님은 기억하고 있습니다. 우리 모두 한 사람도 예외 없이 하나님이 세우신 귀한 제목들입니다.

여기에는 공통 분모가 있습니다. "나를 향한 하나님의 마음"입니다. 나를 향한 아버지의 마음이 작용하고 있습니다. 나를 사랑하사 자신의 독생자까지 십자가에 내놓으셨습니다. 나는 세상이 줄 수 없는 값으로, 예수님의 생명으로 사신 바 된 자입니다. 존귀한 자입니다. 하나님은 세상을 다 준다고 해도 사랑하는 나를 세상과 바꾸지 않습니다. 이것이 나를 향한 하나님의 마음입니다. 아버지의 마음입니다.

[생각하며 나누는 시간]

1. 예수님은 어떤 분인가요?

2. 본문을 통해 나에게 주시는 하나님의 말씀이 있다면 어떤 것이 있는지 적어봅시다.

3. 예수님을 생각하면서 나를 향한 3가지의 은혜를 적어봅시다.

신앙의 바른 관점 (마 11:2~6)

11:2 요한이 옥에서 그리스도께서 하신 일을 듣고 제자들을 보내어
11:3 예수께 여짜오되 오실 그이가 당신이오니이까 우리가 다른 이를 기다리오리이까
11:4 예수께서 대답하여 이르시되 너희가 가서 듣고 보는 것을 요한에게 알리되
11:5 맹인이 보며 못 걷는 사람이 걸으며 나병환자가 깨끗함을 받으며 못 듣는 자가 들으며 죽은 자가 살아나며 가난한 자에게 복음이 전파된다 하라
11:6 누구든지 나로 말미암아 실족하지 아니하는 자는 복이 있도다 하시니라

신앙의 바른 관점 (마 11:2~6)

(도입)

　세례요한은 (사 40:3)에서 예언한 대로 예수님보다 약 6개월 앞서 태어납니다. 그는 주의 길을 예비하기 위해 '오실 메시아'보다 '앞서 보내어진 자'입니다. 세례요한은 백성들로부터 존경받았으며, 선지자로 여김을 받았습니다. 이런 세례요한이 헤롯 안디바에 의해 감옥에 갇힙니다. 이유는 왕의 불법에 대해 책망했기 때문입니다. 헤롯 안디바는 자신의 이복 동생인 헤롯 빌립의 아내이자 자신의 조카였던 헤로디아와 불법적으로 결혼을 합니다. 이것을 책망했던 요한이 옥에 갇힙니다.

　옥에 갇힌 세례요한이 자신의 제자를 예수님께 보냅니다. 그리고 이런 질문을 합니다. "당신이 우리가 기다렸던 그 메시아가 맞습니까?" 세례요한은 예수님이 어떤 분인지 누구보다 잘 알고 있었습니다. 그런 그가 무슨 이유로 예수님께 이런 질문을 던졌을까요? 여기에 대해 예수님께서는 어떻게 반응하셨을까요? 우리는 예수님의 반응을 통해 신앙의 바른 관점을 발견할 수 있어야 합니다.

(2~3) 자신의 생각을 앞세운 왜곡된 신앙관으로 자신을 오류 속에 빠뜨리지 말고, 오신 주님을 믿음의 눈으로 바라보며 다시 오실 주님의 날인 종말을 믿음으로 기다리는 신앙의 바른 관점을 가져야 합니다

옥에 갇힌 세례요한이 자신의 제자들로부터 예수님께서 행하신 가르침과 병든 자를 치료하고, 귀신 들린 자에게서 귀신을 쫓아낸 사건 등의 소식을 듣습니다. 그러던 세례요한이 자신의 제자들을 예수님께 보내어 이런 질문을 합니다. "오실 그이가 당신이오니이까 우리가 다른 이를 기다리오리이까?" (요 1:29~36)에 의하면 세례요한은 예수님을 메시아로 확신하고 있었습니다. 이런 세례요한이 무엇 때문에 예수님을 자신들이 기다리던 그 메시아가 맞는지 확인했을까요? 요한의 반문에는 당시 유대인들이 가지고 있었던 잘

못된 메시아관이 자리를 하고 있었습니다. 예수님이 메시아가 맞다면 옥에 억울하게 갇힌 자신을 해방시키고, 불의한 헤롯과 같은 자를 멸해야 합니다. 그러나 예수님을 통해 이런 일들이 일어나지 않았던 것입니다.

세례요한을 비롯한 유대인들은 (사 53장)에 예언되었던, 죄인인 우리를 대속할 메시아에 대해 깨달음을 가지지 못하고 있었습니다. 십자가에서 죽으실 '대속의 값'을 깨닫지 못했던 것입니다. 이런 주님이 이제 '은혜의 때'를 뒤로 하고, '심판의 때'를 위해 곧 오실 것입니다. (계 1:7)은 말씀합니다. "볼지어다 그가 구름을 타고 오시리라 각 사람의 눈이 그를 보겠고, 그를 찌른 자들도 볼 것이요, 땅에 있는 모든 족속이 그로 말미암아 애곡하리니 그러하리라 아멘!" 오신 주님을 믿음의 눈으로 바라보며 다시 오실 주님의 날이라는 종말의 날을 기다릴 줄 아는 신앙의 바른 관점을 가져야 합니다.

(4~5) 기록된 말씀의 바른 해석으로 믿음을 굳건하게 지켜나가며, 하나님의 뜻을 바르게 알아가는 신앙의 바른 관점으로 믿음의 부요한 길을 걸어가야 합니다

　　세례요한을 비롯한 유대인들의 잘못된 메시아관을 꼬집으며 예수님께서 세례요한의 제자들에게 이렇게 말씀합니다. "너희가 듣고, 보는 것을 요한에게 알리라" 과연! 그들이 '듣고', '본 것'은 무엇일까요? 그것은 예수님께서 행하신 '산상수훈'의 가르침과 나병환자를 치유하고, 귀신 들린 사람들로부터 귀신을 물리친 사건뿐만 아니라 중풍 병자를 고치고, 죽은 자를 살린 그 사건, 그리고 (마 9:35)에 나타나고 있는 것처럼 소망을 잃은 자들에게 천국 복음을 전한 일들입니다. 이 일들을 요한에게 알리도록 합니다. 비록 사람의 눈으로 볼 때는 악을 향한 하나님의 심판이 즉각적으로 이루어지지 않은 것처럼 보입니다. 그러나 악을 향한 심판은 이미 시작되었다는 것을 요한에게 암시적으로 답변하고 있었습니다.

　　초림의 메시아가 '평강의 왕'으로서 죄악 가운데 놓인 우리를 회복시키기 위해 오셨다면, 다시 오실 주님은 죄악을 심판할 '심판의 주'로서 '판결의 왕'의 모습으로 이 땅에 옵니다. 기록된 말씀의 바른 해석은 우리의 영을 더욱 풍요롭게 만들어갑니다. 그리고 우리의 영육을 건강하게 만들어갑니다. 하나님을 똑바로 바라볼 수 있는 말씀의 바른 해석을 통해 믿음을 굳건하게 지켜나가야 합니다. 그리고 이런 신앙의 바른 관점으로 믿음의 부요한 길을 걸어가는 그리스도인이 되어야 합니다.

(6) 예수 그리스도가 구원의 반석이라는 것에 대해 흔들리지 않는 신앙의 바른 관점을 가져야 합니다. 그리고 이 신앙의 확신으로 환난을 이겨나가는 성도가 되어야 합니다

예수님께서는 세례요한을 비롯한 유대인들에게 중요한 메시지를 던져줍니다. 지금 당장 눈에 보이는 불의한 것들을 척결하고, 죄인을 심판하며, 고난 가운데 놓인 의인을 건져내지 못한다고 해서 예수님을 메시아로 확신하지 못하는 불신앙의 길을 걷지 않도록 경고합니다. 잘못된 메시아관으로 예수님을 의심하는 자는 하나님 나라의 백성이 누리는 복을 누리지 못할 것입니다. 예수 그리스도가 유일한 구원의 반석임을 확신하는 신앙은 세상의 어떤 금은보화와도 비교할 수 없는 가치를 지니고 있습니다.

성경에 대한 바른 해석과 이해가 바탕이 되지 않으면 예수님을 바로 아는 믿음의 탑을 온전히 세울 수 없습니다. 늘 가짜와 씨름하다가 세상의 삶을 끝맺게 됩니다. 그림은 실체가 아닙니다. 예수님이 구세주요, 심판의 주가 된다는 것은 가상적이거나 자신이 소망하고, 희망한 것을 그려보는 그림과 같은 것이 아닙니다. 예수 그리스도가 유일한 구원의 반석이라는 것에 대해 흔들림이 없는 신앙의 바른 관점을 가져야 합니다. 그리고 이런 신앙의 확신으로 환난의 때를 실족 당하지 않고 이겨나가는 성도가 되어야 합니다.

(적용)

예수님이 메시아가 맞는지? 세례요한의 의문을 전하는 그의 제자들에게 예수님께서 이런 말씀을 합니다. "가난한 자에게 복음이 전파된다 하라!" 가난한 자에게는 정말로 필요한 것이 있다면 현실적으로 복음이 아니라 '빵'입니다. 이것을 알고 계셨던 예수님께서 무엇 때문에 이런 말씀을 하셨을까요? '빵'은 일시적인 기쁨을 상징합니다. 그러나 '복음'은 영원한 기쁨을 상징합니다. 이것을 몰랐을 때는 육신의 배고픔이라는 순간의 문제를 해결할 '빵'을 찾거나 택할 것입니다. 그러나 이것이 무엇을 말하는지 알았을 때 나는 어떤 것을 택해야 할까요? 두말할 필요가 없습니다. 복음입니다.

신앙의 바른 관점을 가진다는 것은 매우 중요한 일입니다. 자신의 생각을 앞세운 뜬구름의 신앙은 정말 위험합니다. 아무리 믿음이 좋은 사람이라 할지라도 신앙의 여정 가운데서 넘어지지 않기 위해서는 신앙의 바른 관점을 가져야 합니다. 하나님의 말씀 안에서 바른 신앙관을 세워 나가는 그리스도인이 되어야 합니다.

[생각하며 나누는 시간]

1. 예수님은 어떤 분인가요?

2. 본문을 통해 나에게 주시는 하나님의 말씀이 있다면 어떤 것이 있는지 적어봅시다.

3. 예수님을 생각하면서 나를 향한 3가지의 은혜를 적어봅시다.

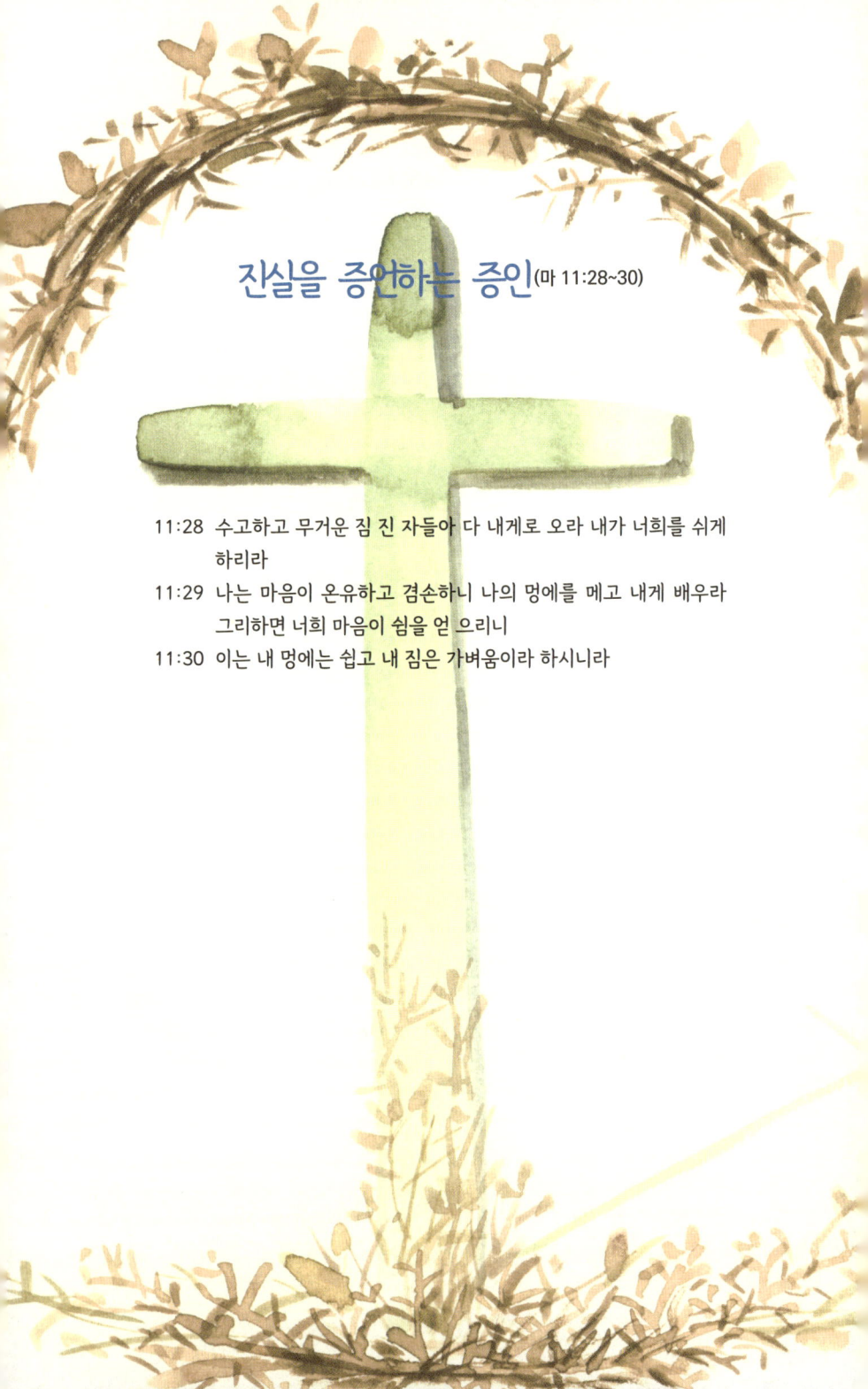

진실을 증언하는 증인 (마 11:28~30)

11:28 수고하고 무거운 짐 진 자들아 다 내게로 오라 내가 너희를 쉬게 하리라
11:29 나는 마음이 온유하고 겸손하니 나의 멍에를 메고 내게 배우라 그리하면 너희 마음이 쉼을 얻 으리니
11:30 이는 내 멍에는 쉽고 내 짐은 가벼움이라 하시니라

진실을 증언하는 증인 (마 11:28~30)

(도입)

　요한계시록은 완전한 종말이 임하기 전, 이 땅과 온 우주를 통해 나타날 대표적인 사건들을 예언하고 있습니다. 특히 '일곱인'의 재앙은 봉인된 두루마리의 인을 하나씩 떼면서 두루마리가 펼쳐지기 전에 일어날 사건들입니다. '일곱 나팔재앙'은 두루마리가 펼쳐진 후에 나타나는 강력한 재앙입니다. (계 14:16)에 의하면 하나님께서 택한 백성 가운데 강퍅한 자들은 이 재앙을 통해 마지막으로 회개하고 돌아오게 됩니다. 그리고 구원의 문이 완전히 닫힌 상태에서 임하는 '진노의 일곱 대접재앙'은 사탄의 무리를 향한 심판입니다. 공중권세를 잡으며 누렸던 사탄의 모든 세력 위에 부어지는 재앙입니다. 그러나 사탄은 우리로 하여금 이런 사실을 허황된 것으로 여기며 현실에 만족하며 살아가도록 만들고 있습니다.

예수님께서는 종말을 살아가는 우리를 향해 종말과 관련한 중요한 사건들을 계시해 주고 있습니다. 우리는 종말과 관련한 사건에 대해 분명한 것을 알아야 합니다. 그리고 우리는 여기에 대해 진실을 증언하는 증인으로 부름을 받았다는 것을 잊지 않아야 합니다. 우리는 과연! 어떤 진실을 세상 가운데 증언하는 증인이 되어야 할까요?

(28) 예수님은 죄악으로 무거운 짐을 지고 있는 세상을 향해 완전한 안식을 주려고 이 땅에 오셨습니다. 우리는 부인할 수 없는 이 진실을 세상 가운데 증언하는 증인이 되어야 합니다

사탄의 미혹에 넘어가 죄를 범한 인류의 조상인 아담의 죄는 모든 인류로 하여금 죄인의 길에 들어서게 합니다. 죄의 결과는 처참했습니다. 생명은 죽음에 이르게 되었고, 평생을 고난의 세월을 살아가야만 하는 '가시와 엉겅퀴'의 저주를 받습니다. 에덴동산에서 노동이 '예배'와 연결된 '기쁨'이었다면 죄를 지은 이후, '고통'과 '삶의 수단'으로 변화합니다. 예수님께서 이런 인류를 향해 말씀합니다. "수고하고 무거운 짐 진 자들아! 다! 내게로 오라! 내가 너희를 쉬게 하리라!" 세상은 '가시와 엉겅퀴'라는 저주 가운데 놓여 있습니다. 어떤 모습으로도 우리에게 완전한 안식을 줄 수 없습니다. 예수님께서 말씀합니다. "다! 내게 오라! 내가 너희를 쉬게 하리라!"

(창 2:2~3)에 의하면 예수님께서 말씀하신 '쉼'은 '안식'을 말합니다. 죄 사함에 따른 인간의 영육간의 완전한 회복의 역사를 말하고 있습니다. 우리는 여기에 대해 진실을 알지 못하는 세상을 향해 그리고 이와 같은 사실을 알지 못하도록 방해하고 있는 사탄의 세력 앞에 증인의 삶을 살아가야 합니다. (약 5:10)과 (11절)은 증인의 삶을 살아가는 자를 향해 이렇게 말합니다. "형제들아! 주의 이름으로 말한 선지자들을 고난과 오래 참음의 본으로 삼아라!" "보라! 인내하는 자를 우리가 복되다 하나니 너희가 욥의 인내를 들었고 주께서 주신 결말을 보았거니와 주는 가장 자비하시고 긍휼히 여기시는 이시니라"

우리는 진실을 증언할 증인으로 부름을 받았고, 세움을 받았습니다. 예수님은 죄로 인해 고난의 세월을 살아가고 있는 인류의 무거운 짐을 죄 사함을 통해 내려주려고 이 땅에 오셨습니다. 죄 사함을 통해 완전한 안식을 주려고 이 땅에 오신 부인할 수 없는 이 진실을 세상 가운데 증언하는 증인이 되어야 합니다.

(29) 그리스도는 십자가의 멍에를 통해 세상의 영혼들이 메고 있는 죄악 된 고통의 멍에를 벗긴 대속의 주가 됩니다. 이 진실을 세상 가운데 증언하는 증인이 되어야 합니다

'멍에'는 수레나 쟁기를 끌기 위해 소나 말의 목에 얹은 구부러진 막대기입니다. 통제하는 기능을 가지고 있습니다. '멍에'는 자유함을 주는 것이 아니라 이끄는 자의 통제 가운데 두기 위해 만든 '족쇄'라고 볼 수 있습니다. 예수님께서 우리의 죄를 대속하기 위해 친히 '십자가'라는 멍에를 메셨습니다. 주님께서 말씀합니다. "나의 멍에를 메고 내게 배우라! 그리하면 너희 마음이 쉼을 얻으리라!" 사탄은 미혹을 통해 사람에게 '사망의 멍에'를 씌웠다면 예수님은 십자가의 멍에를 통해 사망의 권세를 깨뜨렸습니다. 주님께서 말씀합니다. "세상이 주는 고통의 멍에를 십자가의 멍에를 통해 깨뜨려라!" '십자가의 멍에'를 맨다는 것은 (마 28:20)에서 말씀하고 있는 것처럼 주님이 함께 동행한다는 것을 의미합니다.

'십자가의 멍에'는 (눅 13:34)의 말씀처럼 암탉이 새끼를 그 날개 아래 품듯 주님의 지키심과 보호하심의 역사를 일으킵니다. (마 6:34)의 말씀처럼 염려와 괴로움으로부터 해방의 역사를 일으킵니다. "나의 멍에를 메고 내게 배우라!" 주님께서는 '십자가의 멍에'를 증언하는 증인의 삶을 살아가는 자를 향해 (마 10:32)을 통해 말씀합니다. "누구든지 사람 앞에서 나를 시인하면 나도 하늘에 계신 내 아버지 앞에서 그를 시인할 것이니라!" 그리스도는 십자가의 멍에를 통해 세상의 영혼들이 메고 있는 고통의 멍에를 벗긴 '대속의 주'입니다. 우리는 이 진실을 죄악 된 세상 가운데 바르게 증언하는 증인이 되어야 합니다.

(30) 구원은 종교적인 행위와 인간의 선한 행위로 이루어지는 것이 아니라 그리스도를 향한 믿음과 하나님의 전적인 은혜로 이루어진다는 이 진실을 세상 가운데 증언하는 증인이 되어야 합니다

그리스도의 '십자가 멍에'는 영원한 안식을 얻게 합니다. 문제는 이런 그리스도의 멍에를 어떻게 멜 수 있는가?라는 것입니다. 거짓된 신을 섬기고 있는 세상의 종교들은 절차와 규제라는 행위를 통해 사람들로 하여금 자신들의 신 앞으로 나아오도록 합니다. 그러나 (행 4:12)에 의하면 유일한 신이요, 참 신이신 하나님께서는 그리스도 외에는 어떤 구원의 길도 허락한 일이 없습니다. 이런 주님께서 말씀합니다. "내 멍에는 쉽고, 내 짐은 가벼움이라!"

구원은 '완전한 의'를 요구합니다. 그러나 사람은 죄인이기에 그 행위로는 '완전한 의'를 이룰 수 없습니다. 구원은 인간의 어떤 선한 행위로도 이루어질 수 없습니다. '내 멍에는 쉽다'라는 말씀은 구원은 사람의 행위가 아니라 "예수 그리스도를 믿는 믿음으로 이루어진다"는 것을 말하고 있습니다. 그리고 '내 짐은 가볍다'라는 말씀은 예수 그리스도를 믿는 믿음은 어떤 제도 또는 사람의 능력으로 이루어지는 것이 아니라 하나님의 전적인 은혜로 이루어진다는 것을 조명하고 있습니다. 우리는 이런 진실에 대한 증인이 되어야 하고 그 길을 걸어가는 증인이 되어야 합니다.

(적용)

세상에서 추구하고 있는 욕망과 정욕 그리고 명예라는 '세상의 멍에'는 우리를 더욱 타락의 길로 인도하는 역할을 합니다. 그러나 '그리스도의 멍에'는 우리로 하여금 죄악 된 길에 들어서지 못하도록 할 뿐만 아니라 세상이 줄 수 없는 참된 안식의 길로 인도합니다. '세상의 멍에'는 우리를 사망과 고통 가운데로 이끌고 갑니다. 그러나 '그리스도의 멍에'는 두 가지에 대해 분명한 증거물이 되어줍니다. 첫 번째로 '그리스도의 멍에'는 은혜의 증거물이 되어줍니다. 우리를 둘러싸고 있는 '사망의 멍에'를 벗기고 우리가 '새 하늘과 새 땅의 열매'가 되는데 증거물이 되어줍니다. 두 번째로 '그리스도의 멍에'는 이 땅을 살아가는 우리로 하여금 수고와 무거운 고통의 짐을 벗겨주는 역할을 합니다. 죄악으로 인한 인류의 짐을 벗겨줍니다.

'그리스도의 멍에'는 죄악의 옷을 벗기고 하나님의 은혜 가운데 안식을 누리며 살아가도록 샬롬이라는 '은혜의 열매'를 맺는 증거물이 되어줍니다. 우리는 이런 진실을 세상을 향해 널리 증언하는 증인이 되어야 합니다. 그리고 구원은 종교적인 행위와 인간의 선한 행위로 이루어지는 것이 아니라 주님을 향한 믿음과 하나님의 전적인 은혜로 이루어진다는 것을 증언하는 진실의 증인이 되어야 합니다.

[생각하며 나누는 시간]

1. 예수님은 어떤 분인가요?

2. 본문을 통해 나에게 주시는 하나님의 말씀이 있다면 어떤 것이 있는지 적어봅시다.

3. 예수님을 생각하면서 나를 향한 3가지의 은혜를 적어봅시다.

결실을 맺기 위한 추수 (마 13:24~30)

13:24 예수께서 그들 앞에 또 비유를 들어 이르시되 천국은 좋은 씨를 제 밭에 뿌린 사람과 같으니
13:25 사람들이 잘 때에 그 원수가 와서 곡식 가운데 가라지를 덧뿌리고 갔더니
13:26 싹이 나고 결실할 때에 가라지도 보이거늘
13:27 집 주인의 종들이 와서 말하되 주여 밭에 좋은 씨를 뿌리지 아니하였나이까 그런데 가라지가 어디서 생겼나이까
13:28 주인이 이르되 원수가 이렇게 하였구나 종들이 말하되 그러면 우리가 가서 이것을 뽑기를 원 하시나이까
13:29 주인이 이르되 가만 두라 가라지를 뽑다가 곡식까지 뽑을까 염려하노라
13:30 둘 다 추수 때까지 함께 자라게 두라 추수 때에 내가 추수꾼들에게 말하기를 가라지는 먼저 거두어 불사르게 단으로 묶고 곡식은 모아 내 곳간에 넣으라 하리라

결실을 맺기 위한 추수 (마 13:24~30)

(도입)

한해의 농사를 결정짓는 추수는 너무나도 중요합니다. 추수의 결실은 힘들었던 농부의 노고를 기쁨으로 바꿔주며, 힘들었던 농부의 어깨를 한층 가볍게 만들어줍니다. 하나님께서는 이런 추수의 기쁨을 자녀와 노비와 성 중에 거주하는 레위인과 객과 고아와 과부와 함께 즐거워하라고 (신 16:14)을 통해 말씀하신 바 있습니다. 그리고 추수의 기쁨을 나타내는 절기를 '초막절'을 통해 지키도록 이스라엘 백성들에게 명하셨습니다.

한해의 결실을 맺는 추수의 기쁨을 통해 이 땅에 있을 종말의 마지막 추수를 기억해야 합니다. 천국의 마지막 결실을 맺을 심판의 추수를 기억하며, 그때를 잘 준비하는 신앙의 자세를 가져야 합니다. 천국 잔치인 추수의 결실을 아름답게 맺기 위해 우리는 어떤 신앙의 모습으로 추수의 때를 준비해야 할까요?

(24~26) 추수의 좋은 결실을 맺기 위해서는 좋은 땅에 좋은 씨앗이 뿌려져야 합니다. 이처럼 종말에 좋은 결실을 맺도록 바른 말씀과 바른 교리를 배우는 일에 힘쓰고, 애쓰는 신앙의 걸음으로 추수의 때를 잘 준비해야 합니다

자신들이 천국 시민권자임을 스스로 자랑삼았던 바리새인과 서기관들을 비롯한 유대인들을 향해 예수님께서 일침을 가합니다. 천국은 아브라함의 혈통과 할례의 흔적 그리고 율법을 가졌다는 이유로 가는 곳이 아님을 여러 가지 비유를 통해 깨닫게 합니다. 그러자 예수님의 말씀을 못마땅하게 여겼던 이들이 위협적인 자세로 예수님께 응대합니다. 종말에 새롭게 열릴 '새 하늘과 새 땅'은 아무나 가는 곳이 아닙니다. 종말은 농사의 마지막을 알리는 '추수의 날'과 같습니다. 추수하는 날 알곡은 곳간으로 옮겨지고, 가라지와 쭉정이는 불에 태워집니다.

예수님께서 비유를 들어 말씀합니다. "천국은 좋은 씨를 제 밭에 뿌린 사람과 같으니" 그러나 대적자인 마귀는 천국의 결실을 맺지 못하도록 다양한 방법으로 훼방합니다. 결실을 맺을 밭에 몰래 들어옵니다. 그리고 '비 성경적'이고, '비 진리'라는 '가라지'를 뿌리며 미혹합니다. 거짓된 말씀인 '미혹의 거름'을 뿌려 '씨'가 병들거나 썩어서 결실을 맺지 못하도록 합니다. 죄로 물든 음란과 타락을 바탕으로 하고 있는 세상의 '땅'과 죄인의 모습을 하고 있는 사람의 '씨'로는 추수 때에 좋은 결실을 맺을 수 없습니다.

종말이라는 추수의 때에 좋은 결실을 맺기 위해서는 좋은 땅이라는 진리의 말씀이 텃밭을 이루고 있어야 합니다. 그리고 좋은 씨앗인 '바른 신앙의 씨앗'이 뿌려져야 합니다. 마귀가 뿌린 죄악 된 환경의 '가라지'에 넘어짐을 당하지 않도록 하나님의 바른 말씀과 바른 교리를 통해 신앙이라는 '씨앗'을 건강하게 지켜야 합니다. 오염되고, 이물질이 섞여 있는 말씀으로는 좋은 결실을 맺을 수 없습니다. 종말에 좋은 결실을 맺도록 바른 말씀과 바른 교리를 배우는 일에 힘쓰고, 애쓰는 신앙의 걸음으로 추수의 때를 잘 준비하는 종말의 성도가 되어야 합니다.

(27~29) 겉과 속이 다른 거짓된 열매인 가라지들의 음성에 넘어가지 않도록 예수님 한 분만을 바라보는 믿음의 신앙으로 추수의 때를 준비해야 합니다

　　추수를 맞이하는 농부가 게을러서 밭을 잘 관리하지 못하였다면 그 농부는 좋은 추수의 결실을 얻을 수 없습니다. 추수의 좋은 결실을 맺기 위해서는 곡식이 잘 자라도록 농부는 '거름'과 '물'을 충분히 공급해 줘야 합니다. 곡식이 병충해 또는 다른 잡초로부터 피해 입지 않도록 관리를 잘해야 합니다. 종들이 주인에게 묻습니다. "밭에 좋은 씨앗만 뿌렸고, 우리가 그 밭을 관리를 잘했는데 어떻게 그곳에 가라지가 자랐는지 모르겠습니다." 주인이 말합니다. "원수가 밤에 몰래 가라지의 씨를 뿌리고 갔느니라!"

　　'가라지'는 겉과 속이 다른 것으로, 속임과 거짓됨의 대명사이기도 합니다. (고후 11:14)과 (15절)의 말씀처럼 마치 '광명한 천사'처럼 그 모습을 위장하기도 하고, '의의 일꾼'으로 자신을 가장하기도 합니다. (계 12:9)도 말하기를 사탄은 '온 천하를 꾀는 자'라고 말하고 있습니다. 사람의 능력을 바라보고 신앙하는 자는 그 사람의 '가라지'라는 능력에 넘어짐을 당하게 됩니다. 사람의 잘난 모습을 바라보고 신앙하는 자는 그 사람의 잘난 모습이라는 '가라지'에 동화되어 넘어집니다. 겉과 속이 다른 '가라지들'의 다양한 모습에 넘어지지 않도록 예수님 한 분만을 바라보는 믿음의 신앙으로 종말의 추수 때를 잘 준비하는 성도가 되어야 합니다.

(30) 종말의 결실을 맺는 그날 하나님 나라의 곳간에 모아둘 축복의 열매가 되도록 이 땅에서도 세속과 함께하기를 거부해야 합니다. 그리고 하나님 나라의 결실을 맺는 일에 충성을 다하는 신앙의 자세로 추수의 때를 준비해야 합니다

'밭'은 크게 두 가지에 대한 비유를 담고 있습니다. 하나는 '교회'이며, 또 다른 하나는 복음이 전해지는 '세상'입니다. 밭의 곳간이 '교회'라고 한다면 일하는 밭은 '세상'입니다. 그리고 '추수의 날'은 세상의 '종말'을 말합니다. 종말의 추수가 있는 그날에 대해 (계 20:14)은 말합니다. 하나님의 법을 떠나 세상에서 번성과 온갖 부귀와 영화를 누렸던 불의한 자들의 최후에 대해 증거하고 있습니다. 불에 태워지는 죽음의 고통이 영원히 함께하는 심판이 단행될 것을 경고합니다. '가라지'와 같은 자들이 갈 곳은 '둘째 사망' 곧 '불못'입니다. 그러나 하나님 나라의 결실을 맺기 위해 '씨 뿌리는 자'는 복이 있습니다. (시 126:6)은 "울며 씨를 뿌리러 나가는 자는 반드시 기쁨으로 그 곡식 단을 가지고 돌아오리로다"라고 말씀합니다.

하나님으로부터 은혜를 받은 축복의 열매인 우리는 세속과 함께하기를 거부해야 합니다. 그리고 하나님 나라 결실을 맺는 일에 충성을 다해야 합니다. 추수의 결실을 맺기 위해 추수의 때를 잘 준비해야 합니다. 복음의 씨를 뿌리는 일에 앞장서는 자가 되어야 합니다. (마 28:19~20)에서 증거하고 있는 것처럼 '지상대위임령'의 결실을 맺도록 말씀을 가르치고, 지키게 하는 양육 사역에도 충성을 다하는 신앙의 자세로 추수의 때를 잘 준비해야 합니다.

(적용)

종말의 날을 바른 말씀과 바른 교리 가운데 세워 겉과 속이 다른 거짓된 가라지들의 신앙에 미혹 당하지 않아야 합니다. 예수님 한 분만을 바라보는 믿음의 신앙으로 추수의 때를 잘 준비해야 합니다. 한해의 추수가 풍년으로 결실을 맺을 때 그 풍년을 바라보는 농부의 기쁨은 세상의 모든 고통을 잊게 만듭니다. 우리는 이 땅을 살아가면서 두 가지의 중요한 농사를 지어야 합니다. 하나는 '이 땅'에서 이룰 '삶의 농사'이며, 또 다른 하나는 '새 하늘과 새 땅'에서 이룰 '하나님 나라의 농사'입니다.

이 두 가지 농사는 서로 다른 것 같지만 다르지 않습니다. 왜냐하면 이 땅의 삶이 하늘에서 이루어질 것을 바라보는 그림자로서의 삶이기 때문입니다. 그러므로 두 가지 농사에는 결실을 맺기 위한 공통점이 있습니다. "하나님 나라와 그의 의를 구하는 일"(마 6:33)입니다. 세상에서 얻을 것을 위해 동분서주 움직이는 자가 되지 말고 이 땅에서 하나님 나라를 굳건하게 세워 나가는 일에 힘을 다하며 종말이라는 추수의 날을 잘 준비하는 성도가 되어야 합니다.

[생각하며 나누는 시간]

1. 예수님은 어떤 분인가요?

2. 본문을 통해 나에게 주시는 하나님의 말씀이 있다면 어떤 것이 있는지 적어봅시다.

3. 예수님을 생각하면서 나를 향한 3가지의 은혜를 적어봅시다.

천국 백성의 진짜 모습 (13:31~33)

13:31 또 비유를 들어 이르시되 천국은 마치 사람이 자기 밭에 갖다 심은 겨자씨 한 알 같으니

13:32 이는 모든 씨보다 작은 것이로되 자란 후에는 풀보다 커서 나무가 되매 공중의 새들이 와서 그 가지에 깃들이느니라

13:33 또 비유로 말씀하시되 천국은 마치 여자가 가루 서 말 속에 갖다 넣어 전부 부풀게 한 누룩과 같으니라

천국 백성의 진짜 모습(13:31~33)

(도입)

　천국은 어떤 곳일까요? 여기에 대해 사람들은 다양한 결론을 내어놓습니다. 천국은 어떤 곳일까요? 천국의 특징은 '영원함'이 존재하는 곳입니다. 그 '영원함'은 부족한 것이 없는 영원함이며, 죽음에 이르지 않는 '생명'이 영원한 곳입니다. 인간의 죽음이 죄의 결론이었다면 천국에서 '영원함'은 죄가 없는 하나님의 영광이 가득한 곳입니다. 이런 '천국'을 사람들은 믿으려 하지 않습니다.

　불신자들은 말하기를 "천국을 당신은 가봤느냐? 종교에서 말하는 허무맹랑한 소리에 현혹되지 말라!"라며 오히려 자신들의 허무맹랑한 논리로 반박하고 있습니다. 그러나 우리는 곧 다가올 '천국'을 알고 있습니다. '새 하늘과 새 땅'

이라는 천국이 실현되기까지 이 땅은 나그네로 살아가는 터전인 것도 알고 있습니다. 그리고 세상 사람들이 볼 때는 우리가 보잘것없어 보이지만 우리는 분명한 천국 백성이며, 앞으로 천국을 살아갈 자인 것을 확신합니다. 영원한 나라 천국이 도래하기까지 우리는 나그네로서 이 땅을 어떤 모습으로 살아가야 할까요? 우리는 이 땅을 살아가면서 천국 백성의 진짜 모습을 어떻게 실천하며 살아가야 할까요?

(31) 세상 사람들이 볼 때는 보잘것없고, 하찮은 것이라 할지라도 작은 것 하나도 하찮게 여기지 않는 성실한 신앙의 자세로 살아가는 천국 백성이 되어야 합니다

제자들에게 '비유'를 통해 천국에 대한 가르침을 줍니다. 예수님께서 '겨자씨'와 '누룩'의 예를 들면서 이 땅에서 '천국 복음'이 어떻게 확장될 것인지 가르침을 줍니다. '겨자씨'는 아주 작습니다. 눈으로 볼 때 '가치 없어 보이고', '하찮아 보이는 것'의 대명사가 '겨자씨'입니다. 세상적인 눈으로 볼 때 확실하게 비교가 됩니다. '천국 백성'인 우리는 세상 사람들의 관점으로 볼 때 분명히 '겨자씨'와 같이 볼품없고, 가치 없어 보입니다. 그럴지라도 우리가 살아가는 모습은 세상 사람들의 방식과 달라야 합니다. 하나님 나라를 이루어가는 일에 있어서 작은 것 하나도 하찮게 여기지 않고 하나님의 말씀을 따라 실천하는 예수를 닮은 '천국 백성'의 모습으로 세상을 살아가야 합니다.

(눅 16장)에 등장하는 '거지 나사로'를 기억합니까? 그는 세상 사람들의 눈으로 볼 때는 보잘것없고, 가치 없는 거지였습니다. 그러나 그는 작은 것 하나도 하나님의 말씀을 따라 살아가는 '천국 백성'의 진짜 모습을 하고 있었습니다. 불의한 방법으로 부자가 되는 것보다 하나님의 말씀을 따라 바르게 살아가는 '진짜 천국 백성'의 모습을 더 귀하게 여겼습니다. 아무리 배가 고파도 주인이 허락하지 않은 것은 상 위에 남아 있는 찌꺼기조차 먹지 않았습니다. 주인의 허락 없이 먹는 것은 곧 훔쳐 먹는 것이 되기 때문입니다. 그는 배고픈 것을 빙자하여 음식 훔쳐 먹는 것을 합당화 시키지 않았습니다.

세상 사람들이 볼 때는 거지 나사로처럼 보일지라도, 보잘것없고, 부족함이 많을지라도 우리는 천국 백성의 참된 가치관을 가지고 살아가야 합니다. 하나님 나라를 이루어가는 일에 있어서 작은 것 하나도 하찮게 여기지 않고 성실하게 실천하며 살아가야 합니다. 사람들이 나를 어떻게 생각하느냐가 기준이 되면 안 됩니다. 하나님 앞에 자신을 바르게 세워야 합니다. 그리고 하나님 나라의 '정의'와 '공의'를 성실하게 실천하며 살아가는 '진짜 천국 백성'의 모습으로 살아가는 자가 되어야 합니다.

(32) 지식으로만 알고 외우는 형식의 신앙, 결실을 맺지 못하고 그릇에 담겨 있는 겨자씨의 신앙이 되어서는 안 됩니다. 겨자씨를 땅에 뿌리고 겨자씨의 결실을 맺어 가는 일에 쓰임을 받는 천국 백성의 모습을 가져야 합니다

예수님께서는 '겨자씨'의 비유를 통해 깨달음을 줍니다. '천국 복음'이 온 세상을 뒤덮을 것과 '천국 복음'이라는 숲으로 하나님 나라의 백성들이 모여들 것을 말씀합니다. 여기서 우리는 중요한 한 가지 발견해야 합니다. '겨자씨'가 '큰 숲'을 이루기 위해서는 선결되어야 할 것이 있습니다. '겨자씨'가 땅에 뿌려져야 합니다. 그릇에 담겨 있는 '겨자씨'는 늘 씨앗의 모습으로만 남아 있습니다. 어떤 효력도 나타내지 못하는 잠자는 신앙의 모습입니다. 마귀는 오늘도 우리의 신앙을 알고만 있는 '지식의 신앙', 외우기만 하는 '머리의 신앙'으로 남아 있도록 유인하고 있습니다. 그릇에 담겨 있는 '겨자씨'의 신앙입니다. 이런 신앙은 마귀가 차려 놓은 밥상 위에 올려진 신앙의 모습입니다.

또 하나 '겨자씨'가 '천국 복음'이라면 '겨자씨'를 뿌리는 자는 이 땅에 남겨진 '그리스도인'이라 칭함을 받고 있는 우리들의 모습입니다. 그리고 '공중의 새들'은 '천국 복음'을 듣고 모여들게 될 또 다른 하나님 나라의 백성들입니다. 지식으로만 알고, 외우는 '겨자씨'의 신앙은 생명력이 없습니다. 뿌려진 '겨자씨'의 신앙은 결실을 맺는 역사를 일으킵니다. 하나님께서 나를 이 땅에 둔 것은 세상의 가치로 경쟁해서 이기는 자가 되라는 것이 아닙니다. 하나님 나라의 뜻을 이루기 위해 이 땅에 나를 두셨다는 것을 잊지 않아야 합니다. 뿌려진 겨자씨의 신앙은 성령께서 결실을 맺도록 역사를 일으킵니다.

'천국'은 소망하는 것으로 끝나는 것이 아닙니다. 오늘도 우리가 이루어가야 할 사역입니다. 하나님의 백성들을 불러 모으는 일에 뿌려진 신앙 즉, 사명의 길을 걷는 자가 되어야 합니다. 그렇게 뿌려진 신앙의 겨자씨가 울창한 신앙의 숲을 이루게 되고, 택한 백성들이 부름을 받게 될 뿐만 아니라 함께 신앙 안에서 은혜를 나누는 찬양의 숲을 이루게 됩니다. 이런 일꾼, 사명자로 쓰임을 받고, 결실을 맺어가는 일에 수고를 아끼지 않는 천국 백성의 진짜 모습이 나의 모습이 되어야 합니다.

(33) 주변과 환경을 핑계 삼는 것이 아니라 내가 먼저 변하고, 내가 먼저 영적으로 살아 움직이는 천국 백성으로 살아가야 합니다

예수님께서는 '천국 복음'의 확장이 어떻게 일어날 것인지 말씀합니다. "천국은 마치 여자가 가루 서 말 속에 갖다 넣어 전부를 부풀게 한 누룩과 같다!" '천국'이 하나님의 택한 백성이 장차 살아갈 '나라'라고 말한다면, '여자'는 '일하는 자'를 칭하고 있습니다. 그리고 '누룩'은 '확장되는 효과'를 의미합니다. 이 땅에서 이루어지는 '천국 복음'의 효과는 첫 번째, '일하는 자'의 수고가 있어야 합니다. 두 번째는 '누룩'과 같이 녹아드는 것이 있어야 합니다. 누룩이 밀가루 안에 들어갔지만 녹지 않는다면 누룩은 그 밀가루를 부풀게 할 수 없습니다.

'천국 복음'이 세상에 영향을 끼치기 위해서는 먼저 '누룩'이 녹듯이 내가 먼저 녹아야 합니다. 천국 백성의 삶을 살아가야 합니다. 불의를 버리고, 천국의 기쁨으로 살아가야 합니다. 날마다의 삶이 감사로 일어나야 합니다. 이렇게 나의 삶이 녹지 않고 말만 하는 '천국 복음'은 녹지 않은 누룩이 되어 효과를 나타내지 못합니다. 에덴동산에서 흘렀던 '비손'과 '기혼', 그리고 '힛데겔'과 '유브라데'는 주변과 환경을 바꿉니다. 주변과 환경을 핑계 삼는 것이 아니라 내가 먼저 말씀 따라 변하고, 말씀 안에서 녹아야 합니다. 영적으로 살아 움직이는 변화된 누룩이 되어 세상의 영혼들을 살리고, 하나님 나라를 속히 실현하는 데 쓰임을 받는 천국 백성이 되어야 합니다.

(적용)

우리는 세상 사람들이 볼 때 보잘것없고, 부족해 보이는 겨자씨와 같습니다. 그러나 여기에 낙심하지 말아야 합니다. 보잘것없는 나의 모습이 뿌려진 신앙의 '겨자씨'가 되고, 녹여진 '신앙의 누룩'이 되면 하나님이 기뻐합니다. 성령의 놀라운 역사가 일어나게 됩니다. '겨자씨'는 땅에 뿌려졌을 때 그 생명력이 '변화'와 '확장'으로 나타납니다. '누룩'은 녹았을 때, '변화'와 '확장'을 일으킵니다. 세상 사람들이 말하는 방식이 아니라 하나님이 원하는 '천국 백성'의 진짜 모습으로 자신을 만들어가는 '겨자씨'가 되어야 합니다. 그리고 '누룩'과 같은 신앙의 길을 걸어가는 자가 되어야 합니다.

천국 복음이 숲을 이루기 위해서는 그림으로써는 효력을 발할 수 없습니다. 복음이 효력을 발하기 위해서는 우리가 먼저 복음 안에서 참 기쁨으로 살아가는 열매가 되어야 합니다. 입술은 복음을 전하지만 실상은 세상의 삶을 쫓아가는 방식이 된다면 우리의 복음과 우리의 신앙은 그릇 안에 담겨 있는 '겨자씨'이며, 밀가루 안에서 녹지 않은 누룩이라는 것을 잊지 않아야 합니다.

[생각하며 나누는 시간]

1. 예수님은 어떤 분인가요?

2. 본문을 통해 나에게 주시는 하나님의 말씀이 있다면 어떤 것이 있는지 적어봅시다.

3. 예수님을 생각하면서 나를 향한 3가지의 은혜를 적어봅시다.

서 말 속의 비밀 (마 13:33)

13:33 또 비유로 말씀하시되 천국은 마치 여자가 가루 서 말 속에 갖다 넣어 전부 부풀게 한 누룩과 같으니라

서 말 속의 비밀(마 13:33)

(도입)

성경에서 '누룩'과 관련하여 설명할 때 대부분은 부정적인 의미를 나타내고 있습니다. 죄 또는 잘못된 교훈 그리고 이단의 사설과 부패성 등을 말하고 있습니다. 이런 '누룩'이 긍정적인 의미로 사용될 때도 있습니다. '천국'(천국 복음)에 관한 비유를 설명할 때입니다. 비유는 어떤 현상이나 사물을 직접 설명하지 않고 다른 비슷한 현상이나 사물에 빗대어서 설명하는 것을 말합니다.

예수님께서는 무엇 때문에 천국을 비유로 말씀하셨을까요? 예수님께서는 비유를 통해 "천국은 마치 여자가 가루 서 말 속에 갖다 넣어 전부를 부풀게 한 누룩과 같다"라고 말씀하셨습니다. 예수님께서는 누룩을 비유로 하여 '천국'을 설명합니다. 특히 '천국'을 이 땅에서 증거하는 복음의 효력을 나타낼 때 누룩의 비유를 사용하고 있습니다. 과연 천국 복음은 어떤 효력을 가지고 있기에 누룩의 비유를 통해 설명하고 있을까요?

(33) 천국의 복음은 처음에는 주목을 받지 못하는 누룩과 같습니다. 그러나 나중에는 그 사람의 부패한 본성을 새 마음으로 변화시키는 놀라운 효력을 발하는 능력을 가지고 있습니다

예수님께서는 '천국'(천국 복음)을 가루 '서 말' 속에 갖다 넣어 전부를 부풀게 한 누룩과 같다라고 말씀합니다. '말'을 뜻하는 '사톤'은 곡식을 재는 도량형입니다. 히브리어 '스아'의 헬라어 음역입니다. '한 스아'가 약 7.3리터이니 '서 말'은 약 22리터에 해당하는 양입니다. 한 번에 반죽하기에 적당합니다. 그러나 반죽하고 난 후 적당한 시간이 지나면 누룩에 의해 부푼 반죽은 처음의 몇 배가 됩니다. 빵을 만들기 위해서는 밀의 가루를 빵을 만들 수 있도록 발효를 시켜야만 합니다. 문제는 밀은 스스로 자신을 발효시킬 수 있는 능력을 가지고 있지 못합니다. 반드시 '누룩'이 있어야 합니다.

누룩은 세 가지 주요한 특징을 가지고 있습니다. 첫 번째는 적은 양으로 많은 것을 변화시키는 능력을 가지고 있습니다. 두 번째는 자신을 녹여 내면에서부터 소리 없이 전체를 변화시키는 특징을 가지고 있습니다. 세 번째는 전체 변화된 모습을 외부의 변화를 통해 볼 수 있도록 합니다.

천국은 예수 그리스도를 통해 이루어지는 '하나님 나라'입니다. 이런 천국이 가루 '서 말'을 변화시키는 '누룩'에 비유되고 있습니다. 이것은 예수 그리스도를 통해 부패한 인간의 본성이 '새 마음'으로 바뀌는 것을 의미하고 있습니다. 세상의 고상한 지식과 정보로는 사람의 본질을 개조할 수 없습니다. 오직 예수 그리스도만이 사람의 본질을 변화시킬 수 있습니다.

'천국'을 예수 그리스도를 향한 '믿음'으로, '가루 서 말'을 우리 내면의 '인격'에 비유해 봅시다. 예수 그리스도를 구세주로 믿는 믿음인 천국 복음은 '가루 서 말' 속에 던져진 '누룩'과 같아서 우리의 마음속 내면을 변화시킵니다. 처음에는 눈에 보이지 않은 것처럼 서서히 일어나던 '인격'의 변화가 사람들의 눈에 뜨일 정도로 놀랍게 변화합니다. 어떤 죄인이라도 천국 복음을 통해 구세주인 예수 그리스도를 만나게 되면 그 마음에 근본적인 변화가 일어나게 됩니다. 모든 죄를 멀리하고 하나님의 뜻에 순종하는 사람으로 바뀌는 인격적 변화가 일어납니다. 그리고 그 변화는 마치 누룩이 가루 속에 들어가 전체를 부풀게 하는 것처럼 주위 사람들에게까지 영향을 끼치는 놀라운 역사를 일으키게 됩니다.

(33) 천국의 복음은 누룩과 같아서 처음에는 아무것도 아닌 것처럼 보이지만 그 사회와 역사(歷史)의 큰 흐름을 바꾸어 놓는 역사(役事, 하나님의 일하심)를 일으킵니다

'누룩'은 밀을 빵으로 만들 수 있도록 밀의 성분을 바꾸어 놓습니다. 누룩의 역할은 여기서 끝나지 않습니다. 조그마한 양의 누룩은 밀을 몇 배의 양으로 부풀게 합니다. 예수 그리스도의 누룩으로 변화된 그리스도인은 자신도 모르게 사회를 변화시키는 누룩의 구실을 감당하게 됩니다. 고대 로마의 비인간적인 검투 시합을 중단시킨 사람들이 누구인지 아십니까? 예수 그리스도로 말미암아 또 다른 누룩이 된 그리스도인들이었습니다. 그리고 영국에서 흑인 노예제도를 폐지 시키는 원인을 제공한 사람이 누구입니까? 예수 그리스도의 누룩으로 말미암아 또 다른 누룩이 된 윌리엄 윌버포

스라는 그리스도인입니다.

(롬 5:12~21)에 의하면 예수 그리스도는 자신이 죽어 세상의 누룩이 됩니다. 그리고 사망과 죄의 권세가 왕 노릇을 하는 이 땅을 생명과 의의 권세가 다스리는 세계로 변혁시키셨습니다. 우리는 천국의 누룩인 예수 그리스도로 말미암아 또 다른 천국의 누룩이 되었습니다. 자신의 한 사람을 통해 소수가 변화되고, 그 소수를 통해 세상이 하나님 앞에 거룩한 모습으로 서도록 역할을 감당해야 합니다. 이 사회가 변화되는 일에 누룩으로서 자신의 사명을 감당해야 합니다. 예수님의 또 다른 제자들로서의 누룩이 되어야 합니다.

(33) 천국 복음은 누룩과 같이 그 시작은 미미하지만 하나님의 통치 영역을 확장시켜 나가는 놀라운 역사를 일으킵니다

누룩이 가루 '서 말' 속에 들어가니 그 밀의 가루는 더 이상 단순한 밀이 아니었습니다. 가루 '서 말' 속에 들어간 누룩은 처음에는 보잘것없었습니다. 그러나 밀에 들어간 누룩은 자신보다 더 많은 '밀'을 완전히 통제합니다. 우리는 누룩입니다. 사회의 각 분야에서 최선을 다하며 아름다운 성도의 모범을 보여 줄 때, 우리는 그리스도인으로서 존재와 가치를 발하게 됩니다. 그리고 이것이 복음의 능력이 됩니다. 우리를 통해 예수 그리스도가 보이도록 우리의 삶을 신앙의 가치관으로 녹여야 합니다. 자신의 삶이 누룩처럼 복음으로 드러나야 합니다.

천국 복음을 전하는 사역은 우리가 누룩으로서 마땅히 해야 할 하나님 나라의 사명입니다. (고전 9:27)은 말합니다. "내가 내 몸을 쳐 복종하게 함은 내가 남에게 전파한 후에 자신이 도리어 버림을 당할까 두려워함이로다" 복음을 증거하는 일에 조건을 내걸지 말아야 합니다. 그저 누룩처럼 자신을 녹여야 합니다. 그 효력의 시작은 미미할지라도 하나님의 통치 영역을 확장시켜 나가는 놀라운 역사를 일으킵니다. 자신을 천국 복음을 전하는 누룩의 가치관으로 세워 나가야 합니다.

(적용)

우리 모두 가루 '서 말' 속의 '누룩'이 됩시다. 그래서 가정과 직장에서 그리고 학업 하는 현장에서, 사회 곳곳에서, 그리스도의 능력과 권세가 드러나도록 해야 합니다. 그러기 위해서는 가루 '서 말' 속의 비밀을 알아야 합니다. 누룩은 가루 '서 말' 속에서 자신을 드러내지 않았습니다. 예수 그리스도께서 그렇게 하셨던 것처럼 '십자가의 삶'을 살아가야 합니다. 하나님 나라를 위해 자신을 먼저 하나님 말씀 안에 쳐서 복종시켜야 합니다. 그리고 자신이 천국을 전하는 복음의 전도지가 되어야 합니다. 이를 위해 자신의 삶을 말씀의 삶에 녹이도록 해야 합니다. 변화 받은 사람은 다른 사람을 변화시키는 요인이 됩니다. 천국을 전하는 진정한 누룩이 되어 하나님의 기쁨이 되어야 합니다.

[생각하며 나누는 시간]

1. 예수님은 어떤 분인가요?

2. 본문을 통해 나에게 주시는 하나님의 말씀이 있다면 어떤 것이 있는지 적어봅시다.

3. 예수님을 생각하면서 나를 향한 3가지의 은혜를 적어봅시다.

종말의 시대를 이끌어가는 교회 (마 13:36~43)

13:36 이에 예수께서 무리를 떠나사 집에 들어가시니 제자들이 나아와 이르되 밭의 가라지의 비유를 우리에게 설명하여 주소서
13:37 대답하여 이르시되 좋은 씨를 뿌리는 이는 인자요
13:38 밭은 세상이요 좋은 씨는 천국의 아들들이요 가라지는 악한 자의 아들들이요
13:39 가라지를 뿌린 원수는 마귀요 추수 때는 세상 끝이요 추수꾼은 천사들이니
13:40 그런즉 가라지를 거두어 불에 사르는 것 같이 세상 끝에도 그러하리라
13:41 인자가 그 천사들을 보내리니 그들이 그 나라에서 모든 넘어지게 하는 것과 또 불법을 행하는 자들을 거두어 내어
13:42 풀무 불에 던져 넣으리니 거기서 울며 이를 갈게 되리라
13:43 그 때에 의인들은 자기 아버지 나라에서 해와 같이 빛나리라 귀 있는 자는 들으라

종말의 시대를 이끌어가는 교회 (마 13:36~43)

(도입)

　천국은 존재하는가? 천국은 어떤 곳인가? 천국은 어떤 사람들이 거주하는 곳인가? 천국이 있다면 그곳에서 우리는 어떤 모습으로 존재할 것인가?라는 질문으로 사람들은 천국에 대한 관심을 표현합니다. 천국은 '죄'와 '악'이 공존할 수 없는 완전한 하나님 나라입니다. 병마(病魔)가 없고, 죽음이 없는 샬롬의 나라입니다. 예수님께서 이런 천국에 대한 가르침을 줄 때 가라지의 비유를 등장시킵니다. 겉으로는 곡식의 모습을 하고 있지만 속이 비어 있는 가라지는 천국이라는 곳간에 들어갈 수 없습니다. 풀무 불에 던짐을 당할 것이라고 말씀합니다.

　천국과 지옥으로 갈라지는 그날 백보좌 심판대가 열립

니다. 알곡은 천국의 곳간으로, 가라지는 풀무 불이라는 지옥에 던짐을 당하는 그날이 도래하게 됩니다. 우리는 그날을 향해 살아가고 있습니다. 종말의 시대를 살아가고 있습니다. 이런 시대 앞에 교회는 매우 중요한 기능과 역할을 감당하게 됩니다. 주님의 피 값으로 세워진 교회는 종말의 시대를 어떻게 이끌어가며, 어떻게 주어진 기능과 역할을 감당해야 할까요?

(36~40) 타락과 거짓된 무리가 판을 치는 가라지가 난무한 세상 가운데서도 알곡을 맺어가는 사역을 포기하지 않는 추수꾼으로서 기능과 역할을 감당하는 교회가 되어야 합니다

바닷가에서 배에 올라 천국에 대한 가르침을 주시던 예수님이 무리를 떠납니다. 제자들이 집으로 돌아온 예수님께 가라지의 비유에 대한 참뜻을 묻습니다. "예수님 밭의 가라지의 비유가 무엇을 의미하는지 설명해 주십시오" 여기에 대해 예수님께서는 가라지 비유와 관련된 여섯 가지 상황을 말씀합니다. 첫 번째는 '좋은 씨를 뿌리는 이'를 소개합니다. '좋은 씨'를 뿌리는 이는 '인자'입니다. 두 번째는 '밭'입니다. '밭'은 '세상'입니다. 세 번째는 '좋은 씨'입니다. '좋은 씨'는 '천국의 아들들'입니다.

'좋은 씨'가 '천국의 아들들'이라는 것은 예수 그리스도를 구세주로 믿는 믿음으로 구원받은 자들을 말합니다. 그러면서 예수님께서는 가라지 비유와 관련한 것을 말씀합니다. 네 번째는 "가라지는 악한 자의 아들들이요!" (창 4:16 이하)와 (창 6:1 이하)에서 '악한 자의 아들들'은 하나님을 대적하는 자들의 모습입니다. 다섯 번째는 하나님의 선한 창조 세계 가운데 '가라지'라는 '악한 아들들'을 만든 원흉이 누구인지 밝힙니다. "가라지를 뿌린 원수는 마귀요!" 여섯 번째는 하나님께서 창조하신 세상을 선함으로 회복할 것에 대해 말씀합니다. "추수꾼은 천사들이요!" 그리고 종말에 추수의 과정을 통해 악한 마귀가 뿌린 가라지는 최종적으로 풀무 불에 던짐 당할 것을 말씀합니다.

세상에 가라지가 난무한 것은 마귀의 유혹으로 세상이 죄악 가운데 놓여 있기 때문입니다. 세상이 가라지로 가득합니다. 타락과 거짓된 것이 '위장된 참'을 이루고 있습니다. 세상이 이렇다고 한탄하고 포기하는 것은 하나님의 목적 가운데 세워진 교회와 성도의 모습이 아닙니다. 종말에 맡겨진 교회의 기능과 역할은 매우 중요합니다. 가라지가 타락한 세상을 이끌어가며 요동을 치고 있습니다. 이럴수록 교회는 추수꾼의 기능과 역할을 더욱 강화시켜야 합니다. 종말의 시대 위에 세워진 교회는 방주이면서 동시에 추수꾼의 기능과 역할을 감당해야 할 위치에 있습니다. 알곡을 맺어가는 사명과 사역을 포기하지 않는 추수꾼으로서 종말의 시대를 이끌어가는 교회가 되어야 합니다.

(41~42) 하나님 앞에 불법하고도 그 죄를 깨닫지 못하고 있는 시대를 영적으로 일깨우는 영적 지도자로서의 역할을 충성스럽게 감당하는 교회가 되어야 합니다

계속해서 예수님께서 가라지와 관련하여 말씀을 줍니다. 종말에 따른 심판의 도래와 관련된 말씀입니다. "풀무 불에 던져지리라!" 예수님께서는 풀무 불에 던져질 두 분류의 대상을 말씀합니다. 첫 번째는 '그 나라에서 넘어지게 하는 자들'입니다. '넘어지게 하는 것'은 '덫'과 같고, '올무'와 같은 것들입니다. '넘어지게 하는 것'은 믿음에 대한 확신과 신앙의 결단이 아직 분명하지 못한 자들을 바른 신앙관을 가지지 못하도록 훼방하고, 유혹하여 넘어지게 하는 자들입니다. 두 번째는 '불법을 행하는 자들'입니다. 구원의 복음을 다르게 가르치는 이단들과 같은 무리 그리고 하나님 나라의 의로운 통치를 흔드는 불법한 자들은 마귀에 속한 자들입니다. 풀무 불의 심판이 기다려지고 있습니다.

세상이 하나님 앞에 불법하고도 죄를 깨닫지 못하는 것은 흑암에 사로잡혀 있기 때문입니다. 이런 흑암을 영적으로 깨우라고 이 시대 앞에 교회가 세워졌고, 성도가 존재하고 있습니다. 존재의 가치를 발해야 합니다. (마 21:19)에 보면 열매를 맺어야 할 시기에 열매를 맺지 못한 무화과나무는 저주로 메말라 버립니다. 존재할 가치가 사라졌기 때문입니다. 하나님 앞에 불법하고도 그 죄를 깨닫지 못하고 있는 시대를 영적으로 일깨우는 사역을 멈추는 교회는 더 이상 무화과나무가 아닙니다. 하나님 앞에 불법하고도 그 죄를 깨닫지 못하고 있는 시대를 영적으로 깨우는 사역을 멈추지 않는 영적 지도자로서 종말의 시대를 이끌어가는 교회가 되어야 합니다.

(43) 흑암과 같은 시대 앞에 해와 같이 빛나는 사명으로 하나님이 통치하는 나라를 세워 나가야 합니다. 그리고 이 사역에 대해 포기를 모

르는 자세로 종말의 시대를 이끌어가는 교회가 되어야 합니다

종말의 심판대에서 심판이 단행될 때입니다. 불의하고, 불법한 자들은 풀무 불에 던져지는 판결이 내려집니다. 이 때 예수 그리스도를 구세주로 믿는 믿음 가운데 세워진 자들은 예수 그리스도가 십자가에서 모든 죄를 대속한 것으로 확인됩니다. (계 20:12~15)에 의하면 그 이름이 '생명책'에 기록이 됩니다. "귀 있는 자는 들으라!" 하나님의 말씀에 귀를 기울이는 자는 그 영혼이 살아납니다. (사 55:3)은 증거합니다. "너희는 귀를 기울이고 내게로 나아와 들으라 그리하면 너희의 영혼이 살리라"

귀는 있지만 하나님의 말씀을 들으려 하지 않는 자는 (딤후 4:4)의 말씀처럼 세상의 허탄한 이야기를 좇아갑니다. 흑암의 세력은 하나님의 말씀을 막는 '독'과 같습니다. (시 58:4)의 말씀처럼 '귀를 막은 귀머거리 독사'입니다. 흑암과 같은 시대 앞에 해와 같이 빛나는 사명으로 하나님을 향해 닫혀 있는 세상의 귀를 열어야 합니다. 그리고 하나님이 통치하는 나라를 세워 나가는 사역에 대해 포기를 모르는 자세로 종말의 시대를 이끌어가는 교회가 되어야 합니다.

(적용)

세상은 하나님의 절대 주권 아래에 있습니다. 하나님을 향해 귀가 열려 있어야 합니다. 하나님의 말씀에 대해 '열린 귀'가 되어야 종말을 이끌어가는 교회와 성도의 자리에 설 수 있습니다. 세상이 거꾸로 돌아가고 있어도 그 가운데 하나님의 일하심이 비밀히 작용하고 있다는 것을 깨달아야 합니다. 하나님을 향해 '열린 귀'가 되었을 때 이것이 깨달아집니다. 종말의 시대 앞에 세상이 음란으로 가득하고, 가라지가 춤을 추고 있습니다. 이런 순간도 우리는 하나님 나라의 사역을 멈추지 않아야 합니다. 추수하는 교회로서 역할을 충성스럽게 감당해야 합니다. 왜냐하면! 이것이 교회가 세워진 이유이기 때문입니다. 종말의 시대를 바른 말씀과 바른 교리로 이끌어가는 빛으로 세워진 교회가 되어야 합니다.

[생각하며 나누는 시간]

1. 예수님은 어떤 분인가요?

2. 본문을 통해 나에게 주시는 하나님의 말씀이 있다면 어떤 것이 있는지 적어봅시다.

3. 예수님을 생각하면서 나를 향한 3가지의 은혜를 적어봅시다.

천국이란? (마 13:44~50)

13:44 천국은 마치 밭에 감추인 보화와 같으니 사람이 이를 발견한 후 숨겨 두고 기뻐하며 돌아가서 자기의 소유를 다 팔아 그 밭을 사느니라

13:45 또 천국은 마치 좋은 진주를 구하는 장사와 같으니

13:46 극히 값진 진주 하나를 발견하매 가서 자기의 소유를 다 팔아 그 진주를 사느니라

13:47 또 천국은 마치 바다에 치고 각종 물고기를 모으는 그물과 같으니

13:48 그물에 가득하매 물 가로 끌어 내고 앉아서 좋은 것은 그릇에 담고 못된 것은 내버리느니라

13:49 세상 끝에도 이러하리라 천사들이 와서 의인 중에서 악인을 갈라 내어

13:50 풀무 불에 던져 넣으리니 거기서 울며 이를 갈리라

천국이란? (마 13:44~50)

(도입)

　성경은 천국을 대략 10가지 정도로 우리에게 소개하고 있습니다. 천국은 '영원함'이 있는 곳입니다. 흑암의 권세에서 건져낸 '사랑하는 아들이 거하는 나라'이며, '사망과 슬픔과 고통이 없는 나라'입니다. 천국은 상상의 나라가 아닙니다. 이곳은 이리와 어린 양 그리고 사자가 소처럼 풀을 먹으며 살아가는 곳이며, 해함도 없고, 상함도 없는 나라입니다.(사 65:25)

　(계 21:21)에 의하면 천국에는 '열두 진주 문'이 있습니다. 이 문은 아무에게나 열려 있는 문이 아닙니다. 오직 어린 양의 생명책에 기록된 자들만 들어갈 수 있는 열린 문입니다.(계 21:27) 불신자들은 결코 들어갈 수 없는 문입니다.

영생과 복락이 있는 나라, 천국은 어떤 이에게는 열린 문으로 다가오지만 어떤 이들에게는 열리지 않는 닫힌 문이 됩니다. 과연 천국은 어떤 나라일까요?

(44) 천국은 예수 그리스도의 철저한 순종과 십자가 보혈이라는 희생으로 이루어진 예수 그리스도의 값으로 이루어진 나라입니다

예수님께서 밭에 감춰진 보화의 비유를 통해 천국이 어떤 곳인지 깨달음을 줍니다. 눈으로 볼 때는 아무런 가치가 없는 한 '땅'이 있습니다. 얼마나 가치가 없는 땅인지 주인이 헐값에 내놓아도 팔리지 않습니다. 그러나 그 땅속에 굉장한 보물이 묻혀있다는 것을 알게 되었다고 가정해 봅시다. 성경은 말합니다. "사람이 이를 발견한 후 숨겨 두고 기뻐하며, 돌아가서 자기의 소유를 다 팔아 그 밭을 사느니라!" 사탄은 천국에 대해 알고 있었지만 천국을 어떻게 해야 소유하는지 그 비밀을 속속들이 알지 못합니다. 그러나 예수님은 천국의 감추어진 비밀의 모든 것을 알고 계셨습니다.

예수님은 우리를 위해 천국의 밭을 삽니다. 그 비밀한 일을 순종과 십자가에서 이루신 자기희생을 통해 이룹니다.

마귀는 이 비밀을 알지 못했습니다. "기뻐하며, 돌아가서 자기의 소유를 다 팔아 그 밭을 사느니라!" 예수님께서 십자가에 달리신 사건은 마지못해, 어쩌다 보니 일어난 사건이 아닙니다. 우리에게 천국의 기쁨을 주기 위해 자신의 전부를 팔아서 우리의 소유가 되게한 사건입니다. 천국은 예수님의 철저한 순종과 십자가에서 자신을 드린 보혈의 값으로 이루어진 나라입니다. 그리고 우리에게 그 값으로 열어준 나라입니다. 우리는 깨달아야 합니다. 그리고 천국의 모든 것을 이뤄 주신 예수님의 은혜를 반드시 기억해야 합니다.

(45~46) 천국의 문은 오직 예수 그리스도 한 분만을 구세주로 믿는 믿음을 가진 자에게만 열리는 구원의 문입니다

예수님은 한 영혼의 구원을 위해 자신의 전부를 드리셨습니다. 그리고 천국 문을 '열린 문'이 되게 하셨습니다. 예수님께서는 이런 천국을 가장 값이 비싼 진주를 구하는 장사에 비유합니다. 세상에서 구할 수 있는 최고의 진주를 발견한 장사꾼은 자신의 전부를 팔아 최고의 진주를 차지하려 합니다. 오늘날 수많은 종교와 이단들을 비롯한 사이비 종교집

단들이 잡상인들처럼 판을 치고 있습니다. 서로 자신들이 최고의 진주요, 보화라고 큰소리칩니다. 사람들은 영적 갈급함을 채우기 위해 최고의 진주라고 말한 곳을 찾아갑니다. 처음에는 그 진주가 최고의 제품인 줄 알았습니다. 그러나 말씀의 거울에 비춰 보니 가짜였고, 거짓말이었습니다.

사도 요한은 (요일 1:9)에서 우리의 죄를 사하시고, 우리를 모든 불의에서 깨끗하게 하실 분은 오직 예수님 한 분뿐임을 밝힙니다. 예수 그리스도를 구세주로 믿는 믿음을 세상의 가치와 비교하지 말아야 합니다. 세상의 물질은 잠시 있다가 사라지는 '아침 이슬'과 같습니다. '가짜 진주'인 세상의 물질을 위해 자신의 신앙과 삶을 던지는 어리석은 자리에 서지 않아야 합니다. 그리고 이단과 같은 '가짜 진주'에 속지 않아야 합니다. 천국의 문은 오직 예수 그리스도를 구세주로 믿는 믿음을 가진 자에게만 열리는 구원의 문입니다. 이런 복된 천국의 문이 나를 향하고 있다는 이 기쁨으로 오늘도 세상을 힘 있게 살아가는 천국 백성이 되어야 합니다.

(47~50) 천국은 하나님께서 택한 백성들에게는 열린 문으로 작동하지만 유기된 자들(불신자들)에게는 닫힌 문이라는 이중문으로 다가옵니다

　예수님은 천국을 '그물'에 비유합니다. "또 천국은 마치 바다에 치고 각종 물고기를 모는 그물과 같으니" 예수님은 천국의 비유를 세 가지 동사와 연결하여 가르침을 줍니다. '물가로 끌어내고', '그릇에 담고', '내버리느니라'라는 이 세 동사를 '그물'과 연결을 시킵니다. 그리고 천국을 무엇 때문에 '그물'에 비유하셨는지 그 뜻을 명확하게 알게 합니다. '물가로 끌어내고'와 '담고'라는 동사는 죄 가운데 놓인 자들을 회복시키셔서 다시 천국으로 데려간다는 것을 비유하고 있습니다. 택한 백성을 향한 '하나님의 은혜'를 말하고 있습니다.
　'내버리느니라'라는 말씀은 천국 복음을 훼방하는 자와 같이 유기된 자들(불신자들)에게는 '천국의 문'이 닫히는 이중의 성격을 가지고 있다는 것을 비유로 말하고 있습니다. 회개와 용서는 그물에 물고기가 잡히기 전까지의 시기입니다. 그물이 던져졌다는 것은 '심판이 시작되었다'는 것을 말합니다. (계 20:11)의 '백보좌의 심판'이라는 그물이 던져지는 그날은 오직! '천국'과 '지옥'의 두 갈림길을 판결할 뿐입니다.

'그물'의 비유는 심판이 있는 그날, 천국의 문은 하나님의 택한 백성들에게는 '은혜의 문'이 되고, 유기된 자들(불신자들)에게는 저주로 그 모습이 나타나는 '닫힌 문'으로 작용한다는 것을 잊지 않아야 합니다. 우리는 이 진리의 복음을 세상 사람들에게 알려야 합니다. 천국은 '나만의 것'이 아닙니다. 천국은 우리 모두를 향한 '하나님의 은혜 터'라는 것을 잊지 맙시다. 그리고 이 사실을 증거합시다.

(적용)

천국은 그냥 이루어진 나라가 아닙니다. 천국은 사탄이 사람을 미혹하여 죄로 짓밟은 나라를 예수님께서 십자가의 보혈로서 새롭게 그 문을 열게 된 나라입니다. 천국은 '예수 그리스도의 드려짐'이라는 '값'을 통해 완성된 나라입니다. 이런 천국에는 '열두 문'이 있습니다. 그 문은 오직! 예수 그리스도를 믿는 믿음으로 그 이마에 인 침을 받은 자만이 들어갈 수 있습니다.

천국은 마치 밭에 감추어진 보화와 같다라고 하였습니다. 이것은 하나님 나라의 백성 된 자들만이 천국의 비밀을 알도록 하나님께서 은혜를 베푸셨다는 것을 말하고 있습니다. 이런 천국의 문이 닫힐 날이 곧 도래합니다. 그물이라는 심판의 날이 도래하고 있습니다. 천국의 비밀을 알게 된 우리는 창세기의 에녹처럼, 노아처럼 그리고 예수님의 제자도의 길을 걸었던 사도들처럼 이 비밀을 세상 가운데 강력하게 증거하는 천국의 증인이 되어야 합니다.

[생각하며 나누는 시간]

1. 예수님은 어떤 분인가요?

2. 본문을 통해 나에게 주시는 하나님의 말씀이 있다면 어떤 것이 있는지 적어봅시다.

3. 예수님을 생각하면서 나를 향한 3가지의 은혜를 적어봅시다.

믿음과 은혜의 문 (마 14:24~33)

14:24 배가 이미 육지에서 수 리나 떠나서 바람이 거스르므로 물결로 말미암아 고난을 당하더라
14:25 밤 사경에 예수께서 바다 위로 걸어서 제자들에게 오시니
14:26 제자들이 그가 바다 위로 걸어오심을 보고 놀라 유령이라 하며 무서워하여 소리 지르거늘
14:27 예수께서 즉시 이르시되 안심하라 나니 두려워하지 말라
14:28 베드로가 대답하여 이르되 주여 만일 주님이시거든 나를 명하사 물 위로 오라 하소서 하니
14:29 오라 하시니 베드로가 배에서 내려 물 위로 걸어서 예수께로 가되
14:30 바람을 보고 무서워 빠져 가는지라 소리 질러 이르되 주여 나를 구원하소서 하니
14:31 예수께서 즉시 손을 내밀어 그를 붙잡으시며 이르시되 믿음이 작은 자여 왜 의심하였느냐 하 시고
14:32 배에 함께 오르매 바람이 그치는지라
14:33 배에 있는 사람들이 예수께 절하며 이르되 진실로 하나님의 아들이로소이다 하더라

믿음과 은혜의 문 (마 14:24~33)

(도입)

　예수님께서 갈릴리 지역을 중심으로 공생애 사역을 2년째 계속하고 있을 때입니다. 수많은 사람의 입에 예수님에 관한 소문이 꼬리에 꼬리를 물더니 그 소문이 유대 분봉왕이었던 헤롯의 귀에 들어갑니다. 그는 예수님에 관한 소문을 듣고 자신이 죽였던 세례요한이 다시 살아난 것으로 착각합니다. 그러나 "회개하라! 천국이 가까이 왔느니라!"라는 '죄사함'과 '회개'의 외침과 함께 예수님께서 펼쳤던 오병이어와 병든 자를 고치고, 귀신 들린 자를 회복시킨 수많은 이적과 기적의 사건은 세례요한과는 차원이 달랐습니다.

　예수님께서 일으키신 수많은 이적과 기적은 예수님이 하나님이란 것을 증명하기에 부족함이 없었습니다. 그러나 영적 흑암에 가려있던 당시의 사람들은 예수님이 하나님이 아니라 '탁월한 능력을 가진 자' 정도로 여기고 있었습니다. 예수님을 향한 바른 믿음이 있어야 바른 은혜의 문에 들어설 수 있습니다. 우리는 예수님에 대해 어떤 믿음을 가져야 할까요? 어떤 믿음으로 은혜의 문에 들어서서 자신에게 닥친 환경을 이겨나가는 성도가 되어야 할까요?

(24~27) 예수님은 참 평강을 주시는 하나님이라는 것을 믿어 의심치 않는 믿음으로 예수님께서 열어주시는 은혜의 문을 통해 세상의 두려움을 이겨나가는 성도가 되어야 합니다

'공생애'가 무르익어갑니다. 예수님은 자신이 어떤 분인지 더욱 집중적으로 가르칩니다. 남자 장정 '오천 명'이 먹고도 '열두 바구니'가 남은 '오병이어'의 기적을 일으킵니다. 이런 예수님께서 자신에 대해 여전히 이해가 부족한 제자들이 군중심리에 우쭐하지 않도록 무리로부터 격리합니다. "배를 타고 건너편으로 가라!" 제자들이 배를 타고 예수님과 다시 만날 장소인 가버나움을 향해 약 4~5km 정도 갔을 때입니다.

제자들은 쉴 새 없이 불어닥치는 풍랑과 물결로 인해 인사불성이 됩니다. '밤 사경'인 새벽 3시부터 6시 사이쯤 되었을 때입니다. 제자들이 완전히 탈진합니다. 이때, 정체불명의 물체가 풍랑이 일고 있는 바다 위를 걸어오는 것을 봅니다. 제자들은 혼비백산합니다. "유령이다!" 예수님께서 말씀합니다. "안심하라! 나니! 두려워하지 말라!"

아담의 후손으로 태어난 인류의 모든 사람은 '죄'로 인한 두려움으로부터 해방될 길이 없었습니다. 그러나 하나님께서는 이런 우리를 향해 길을 열어주셨습니다. 참 평안의 주님이신 예수님이 길이 됩니다. 예수님을 진정으로 바라보는 신앙만이 우리를 세상의 두려움으로부터 이기게 합니다. 예수님은 참 평강을 주시는 하나님이라는 것을 믿어 의심치 않는 믿음의 자세를 가져야 합니다.

(히 11:1)은 "믿음은 바라는 것들의 실상이요, 보이는 것들의 증거"라고 하였습니다. 믿음은 예수님께서 열어주시는 또 다른 은혜의 문으로 들어가는 길이 됩니다. "믿음이 겨자씨 한 알 만큼만 있어도 이 산을 명하여 여기서 저기로 옮겨지라 하면 옮겨질 것이요"(마 17:20)라고 예수님께서 말씀하셨습니다. 믿음으로 예수님께서 열어주시는 은혜의 문을 통해 세상의 두려움을 이겨나가는 성도가 되어야 합니다.

(28~30) 예수님은 우리를 옳은 길로 인도하는 하나님이라는 것을 의심치 않는 믿음으로 주님께서 열어주시는 은혜의 문을 통해 주변과 환경을 이겨나가는 성도가 되어야 합니다

　　예수님께서는 칠흑과 같은 암흑 속에서 갈 바를 찾지 못하고, 씨름하고 있는 제자들을 향해 나아갑니다. 이때! 물 위를 걸어오는 예수님을 유령으로 착각하며, 공포의 도가니에 빠진 제자들을 향해 말씀합니다. "안심하라! 나니 두려워하지 말라!" 제자들에게 믿음을 촉구합니다. 예수님의 말씀에 한 사람이 반응합니다. "주여! 만일 주님이시거든 나를 명하사 물 위로 오라 하소서!" "오라!" 예수님께서 허락하신 그 권능으로 베드로가 물 위를 걷는 놀라운 사건이 일어납니다.

　　예수님의 권능에 이끌려 첫발을 내디딘 베드로가 물 위를 걷고 있습니다. 베드로는 자신이 어디에 있는지 돌아봅니다. 그 순간 물 위를 걷고 있는 자신의 모습을 봅니다. 그리고 삼켜 먹을 듯한 거친 풍랑을 발견하고 깜짝 놀랍니다. 그 순간 베드로는 거친 풍랑이 일고 있는 바닷속으로 빠집니다. "주님 나를 살려주세요!"

　　예수님의 권능으로 물 위를 걸었던 베드로가 무엇 때문에 갑자기 물속에 빠졌을까요? 믿음이 문제가 되었기 때문입니다. 예수님은 우리를 가장 옳은 길로 인도하는 하나님입니다. 예수님께서 인도하는 길을 세상의 가치관으로 바라보고, 판단하는 순간 거친 풍랑과 같은 현실에 먹힘을 당하게 됩니다. 예수님의 인도하심을 믿어 의심치 않는 신앙으로 주님께서 열어주시는 은혜의 또 다른 문을 열어야 합니다. 그리고 그 믿음으로 주변과 환경을 이겨나가는 성도가 되어야 합니다.

(31~33) 예수님은 은혜의 손길로 나를 향해 다가오는 하나님이라는 것을 의심치 않는 믿음으로 예수님께서 열어주시는 은혜의 문을 통해 혼탁한 세상을 이겨나가는 성도가 되어야 합니다

물에 빠진 베드로는 자신이 살 수 있는 길은 자신의 능력이 아니라 자신을 향한 주님의 은혜의 손길이라는 것을 깨닫습니다. "주여! 나를 구원하소서!" 어부였던 베드로는 자신의 능력과 힘을 다해 그 풍랑에서 빠져나오려고 발버둥을 칩니다. 그러나 물속으로 계속해서 빠져듭니다. 그의 최후의 외침은 "주여! 나를 구원하소서!" 이 한마디였습니다. 베드로는 자신의 손으로 무언가를 잡아보려고 안간힘을 쓰지만 잡히는 것은 잡히지 않는 물뿐이었습니다.

"주여! 나를 구원하소서!" 베드로의 외침에는 주님께서 건져주시면 살 수 있다는 믿음이 함께하고 있었습니다. 주님의 능력을 믿는 믿음의 고백이 그 외침 속에 묻어납니다. 이때 베드로에게 주님의 은혜의 손길이 다가갑니다. 그리고 베드로가 주님의 손을 잡은 것이 아니라 주님께서 베드로의 손을 붙잡습니다. 주님께서 그 손을 놓지 않습니다. 베드로를 붙드신 주님께서 말씀합니다. "믿음이 작은 자여! 왜! 의심하였느냐!" 그때 베드로만 물속에서 건져진 것이 아닙니다. 지금까지 일어났던 모든 풍랑까지 거짓말처럼 잠잠해집니다.

오늘도 내가 세상을 이기기 위해 발버둥 치는 모습이 아니라 예수님을 온전히 바라보는 믿음으로 나아가는 신앙의 자세를 가져야 합니다. 믿음으로 나아가는 나에게 예수님은 또 다른 '은혜의 손길'로 다가오고 계십니다. 나를 향하고 있는 손길은 전능하신 하나님의 손길이라는 것을 믿어 의심치 않아야 합니다. 이 믿음의 신앙으로 예수님께서 열어주시는 '은혜의 문'을 열어야 합니다. 그리고 그 능력의 손길에 붙들려서 혼탁한 세상을 은혜롭게 이겨나가는 성도가 되어야 합니다.

(적용)

(히 11:1)은 말합니다. "믿음은 바라는 것들의 실상이요, 보이지 않는 것들의 증거입니다" 우리를 죄로부터 구원하기 위해 이 땅에 오신 예수님에 대해 우리는 분명한 믿음을 가지고 주님께서 열어주시는 또 다른 은혜의 문을 열어야 합니다. 그리고 그 은혜로 세상을 이기는 자가 되어야 합니다. 첫 번째는 예수님은 우리를 향해 '평강을 주시는' 하나님이라는 것을 믿어 의심치 않아야 합니다.

두 번째는 예수님은 말씀을 통해 우리를 오늘도 '가장 옳은 길'로 인도하는 하나님이라는 것을 믿어 의심치 않아야 합니다. 세 번째는 예수님은 오늘도 '은혜의 손길'을 펼치며 우리를 향하고 계신다는 것을 믿어 의심치 않아야 합니다. 이런 믿음으로 나아가는 우리에게 주님께서는 '세상의 두려움'을 이겨나가는 은혜의 문을 열어줍니다. '주변과 환경을' 이겨나가는 은혜의 문을 열어줍니다. '혼탁한 세상을' 이겨나갈 은혜의 문을 열어줍니다.

[생각하며 나누는 시간]

1. 예수님은 어떤 분인가요?

2. 본문을 통해 나에게 주시는 하나님의 말씀이 있다면 어떤 것이 있는지 적어봅시다.

3. 예수님을 생각하면서 나를 향한 3가지의 은혜를 적어봅시다.

반석 위에 세워진 교회 (마 16:13~20)

16:13 예수께서 빌립보 가이사랴 지방에 이르러 제자들에게 물어 이르시되 사람들이 인자를 누구라 하느냐
16:14 이르되 더러는 세례 요한, 더러는 엘리야, 어떤 이는 예레미야나 선지자 중의 하나라 하나이다
16:15 이르시되 너희는 나를 누구라 하느냐
16:16 시몬 베드로가 대답하여 이르되 주는 그리스도시요 살아 계신 하나님의 아들이시니이다
16:17 예수께서 대답하여 이르시되 바요나 시몬아 네가 복이 있도다 이를 네게 알게 한 이는 혈육이 아니요 하늘에 계신 내 아버지시니라
16:18 또 내가 네게 이르노니 너는 베드로라 내가 이 반석 위에 내 교회를 세우리니 음부의 권세가 이기지 못하리라
16:19 내가 천국 열쇠를 네게 주리니 네가 땅에서 무엇이든지 매면 하늘에서도 매일 것이요 네가 땅 에서 무엇이든지 풀면 하늘에서도 풀리리라 하시고
16:20 이에 제자들에게 경고하사 자기가 그리스도인 것을 아무에게도 이르지 말라 하시니라

반석 위에 세워진 교회 (마 16:13~20)

(도입)

　우리의 죄를 대속하기 위해 인간의 몸으로 이 땅에 오신 성자 하나님이신 예수님께서 말씀의 권세를 통해 자신을 따르던 제자들을 가르칩니다. 그리고 바리새인과 서기관, 사두개인과 같은 종교 지도자들의 잘못된 신앙에 대해 경계하고, 징책합니다. 그뿐 아닙니다. 병든 자들의 병을 치료하고, 귀신 들린 자들에게서 귀신을 쫓아내며 공생애를 이어갑니다. 이런 가운데 제자들과 함께 가이사랴 빌립보 지방에 도착합니다.

　예수님께서 제자들을 가르치실 때 잘못된 가르침을 주고 있는 바리새인과 사두개인들의 누룩을 지적하며 주의하도록 합니다. 그리고 제자들에게 질문합니다. "사람들이 인

자를 누구라 하느냐?", "너희는 나를 누구라 하느냐?" 우리는 이 질문에 대해 어떤 근거를 가지고 대답해야 할까요? 그리고 우리는 어떤 근거를 가지고 예수님에 대한 것을, 그리고 하나님 나라에 대한 것을 가르쳐야 할까요? 우리는 어떤 근거를 바탕으로 신앙의 걸음을 걸어가야 할까요?

(13~14) 세상 사람들이 보편적으로 느끼고 있는 것과 세상적인 논리를 근거로 한 가르침과 신앙이 아니라 진리의 말씀을 믿는 믿음을 바탕으로 가르치고, 신앙을 증거하는 반석 위에 세워진 교회가 되어야 합니다

이방인들이 주로 거주했으며, 우상숭배가 만연했던 빌립보 가이사랴 지방으로 제자들을 이끌고 갑니다. 목적은 그 지역에 '하나님 나라의 복음'을 증거하기 위해서입니다. 이 과정에서 제자들에게 신앙의 바른 견인이 필요하다는 것을 느꼈던 예수님께서 한 가지 질문을 던집니다. 질문은 "어떻게 생각하느냐?"라는 내용이었습니다. 사람들이 자신을 어떻게 생각하는지 질문합니다. "사람들이 인자를 누구라 하느냐?" 그리고 제자들의 생각에 대해 다시 질문합니다. "너희는 나를 누구라 하느냐?"

　천국에 대한 놀라운 예수님의 가르침에 대해 어떤 분류의 사람들은 죽은 세례 요한을 떠올립니다. 어떤 분류의 사람들은 예수님의 놀라운 권능을 통해 죽지 않고 하늘로 승천한 엘리야를 생각합니다.(왕하 2:11) 어떤 분류의 사람들은 예레미야라고 생각합니다. 바리새인과 서기관 그리고 사두개인과 같은 종교 지도자들과 유다의 죄악을 꾸짖는 모습이 예레미야를 연상시키고 있었습니다.

　사람들은 예수님이 인간의 죄를 대속하기 위해 이 땅에 오신 '인자'라는 것을 모른 채 예수님의 일면만을 보고 판단합니다. 하나님 나라에 관한 예수님의 가르침에 대해 세상 사람들이 보편적으로 느끼고 있고, 알고 있는 논리로는 진정한 깨달음을 얻지 못합니다. 진리의 말씀에 대한 믿음이 있어야 합니다. 우리가 예수님에 대해 바르게 알 수 있는 것은 논리가 아닙니다. 진리의 말씀이 조명해 준 만큼 알 수 있습니다. 우리가 먼저 진리의 말씀에 대해 믿음을 가져야 합니다. 그리고 그 믿음을 바탕으로 가르치고, 그 믿음으로 신앙을 증거하는 반석 위에 세워진 교회가 되어야 합니다.

(15~18) 성령의 입술이 되어야 하며, 음부의 권세를 이긴 예수 그리스도의 보혈의 십자가가 반석이 된 신앙을 가르치고 이를 증거하는 교회가 되어야 합니다

세상 사람들은 자신이 처한 고통과 비참을 돌아볼 때 환경적 요소를 먼저 생각합니다. 고통과 비참이 죄로부터 왔다는 것과 죄의 문제를 해결할 예수 그리스도를 구세주로 믿는 믿음의 신앙을 먼저 생각하지 않습니다. 마귀가 원하는 대로 어떻게 하면 환경의 고통과 비참으로부터 피할 수 있는지 수단과 방법을 찾는 데 혈안이 됩니다. 진정 자신에게 참된 복락의 길을 열어주는 예수 그리스도는 찾지 않습니다.

예수님께서 제자들에게 묻습니다. "너희는 나를 누구라 하느냐?" 이때 베드로가 제자들을 대표하여 입을 엽니다. 성령께서 베드로의 입을 열어 고백하게 합니다. "주는 그리스도요, 살아 계신 하나님의 아들입니다!" 베드로가 예수님을 '그리스도'라고 고백한 것은 "예수님은 하나님께서 옛 선지자들을 통해 오실 것을 예언했던 왕이요, 선지자요, 제사장으로서 그 메시아가 맞습니다!"라는 고백을 담고 있습니다. 그리고 "살아 계신 하나님의 아들입니다"라는 고백은 "예수님은 영원토록 자존하시는 하나님입니다"라는 것을 말하고 있습니다.

　우리는 하나님의 영에 녹여진 성령의 입술이 되어야 합니다. "주는 그리스도시요, 살아계신 하나님의 아들입니다"라고 고백했던 베드로의 성령의 입술은 교회를 세우는 기초가 됩니다. 그리고 예수 그리스도의 십자가의 영광을 바라보게 합니다. 그러나 (마 16:22)에 의하면 성령의 입술이 되지 못한 베드로의 입술은 "주여! 그리하지 마옵소서"라며 예수님께서 이루고자 하는 대속의 길을 막는 마귀에 속한 입술이 됩니다.

　하나님의 영에 녹여진 성령의 입술은 십자가에서 대속의 주님이 이루신 승리에 따른 권세와 영광을 얻게 됩니다. 우리는 예수 그리스도의 보혈의 십자가를 믿음으로 부여잡은 성령의 입술이 되어야 합니다. 그리고 음부의 권세를 이긴 예수 그리스도의 보혈의 십자가가 반석이 된 신앙을 가르치고 이를 증거하는 교회요, 성령의 입술이 되어야 합니다.

(19~20) 구원의 유일한 문이 되시는 예수 그리스도를 세상의 영혼들에게 바르게 증거하며, 바른 교리를 가르쳐나가는 일에 사력을 다하

는 반석 위에 세워진 교회가 되어야 합니다

　예수님께서는 성령의 입술이 된 베드로를 향해 두 가지의 영광을 말씀합니다. 첫 번째는 죽음이라는 음부의 권세를 이긴 '승리의 영광'입니다. 두 번째는 천국의 열쇠를 가진 복음 증거에 따른 '권세자로서의 영광'입니다. 이것은 베드로만의 영광이 아닙니다. 제자 모두를 향한 승리와 영광에 관한 것이며, 장차 임할 성도들을 향한 승리와 영광에 관한 약속의 말씀이기도 합니다. '천국 열쇠'와 함께 등장한 "땅에서 매는 것"과 "푸는 것"은 복음 증거에 따른 것을 결론적으로 말하고 있습니다. 이 땅에 속한 모든 사람에게 천국의 문을 열어주는 열쇠의 역할은 오직 '복음 증거'뿐이라는 것을 말하고 있습니다.

　바른 교리와 진리의 말씀 가운데 세워진 우리는 구원의 문을 세상 가운데 활짝 열어주는 역할을 소홀함 없이 행해야 합니다. 구원의 유일한 문이 되시는 예수 그리스도를 세상의 영혼들에게 바르게 증거하는 교회가 되어야 합니다. 바른 교리를 가르쳐나가는 반석 위에 세워진 교회가 되어야 합니다. 그 역할을 충성스럽게 감당하는 역할자로서 교회가 되어야 합니다.

(적용)

종말의 날을 예고하고 있습니다. 환난의 때를 이겨나가는 단단한 반석의 신앙이 필연적입니다. 세상 사람들이 이해하는 신앙이 아니라 하나님께서 말씀하신 반석의 신앙이 되어야 합니다. 우리가 말씀에 대해 믿지 못하면서 어찌 말씀의 반석을 이룰 수 있겠습니까!

십자가를 부여잡은 성령의 입술, 회개를 이끌어가는 성령의 입술이 되어야 합니다. 이런 가운데 바른 교리로 세워진 복음은 천국 문으로 인도하는 열쇠가 됩니다. 주님이 기뻐하는 반석 위에 세워진 교회로서 역할을 충성스럽게 감당하는 사명의 길을 기쁨으로 걸어가야 합니다.

[생각하며 나누는 시간]

1. 예수님은 어떤 분인가요?

2. 본문을 통해 나에게 주시는 하나님의 말씀이 있다면 어떤 것이 있는지 적어봅시다.

3. 예수님을 생각하면서 나를 향한 3가지의 은혜를 적어봅시다.

그리스도인의 삶 (마 16:21~28)

16:21 이 때로부터 예수 그리스도께서 자기가 예루살렘에 올라가 장로들과 대제사장들과 서기관들에게 많은 고난을 받고 죽임을 당하고 제삼일에 살아나야 할 것을 제자들에게 비로소 나타내시니
16:22 베드로가 예수를 붙들고 항변하여 이르되 주여 그리 마옵소서 이 일이 결코 주께 미치지 아니 하리이다
16:23 예수께서 돌이키시며 베드로에게 이르시되 사탄아 내 뒤로 물러가라 너는 나를 넘어지게 하는 자로다 네가 하나님의 일을 생각하지 아니하고 도리어 사람의 일을 생각하는도다 하시고
16:24 이에 예수께서 제자들에게 이르시되 누구든지 나를 따라오려거든 자기를 부인하고 자기 십자가를 지고 나를 따를 것이니라
16:25 누구든지 제 목숨을 구원하고자 하면 잃을 것이요 누구든지 나를 위하여 제 목숨을 잃으면 찾으리라
16:26 사람이 만일 온 천하를 얻고도 제 목숨을 잃으면 무엇이 유익하리요 사람이 무엇을 주고 제 목숨과 바꾸겠느냐
16:27 인자가 아버지의 영광으로 그 천사들과 함께 오리니 그 때에 각 사람이 행한 대로 갚으리라
16:28 진실로 너희에게 이르노니 여기 서 있는 사람 중에 죽기 전에 인자가 그 왕권을 가지고 오는 것을 볼 자들도 있느니라

그리스도인의 삶 (마 16:21~28)

(도입)

　예수님께서 일으키셨던 표적과 기사는 예수님이 하나님인 것을 증명하는 사건들이었습니다. 그리고 예수님의 공생애 사역은 예수님께서 이 땅에 오신 목적이 아담의 원죄를 대속하기 위한 것임을 증거하고 있었습니다. 그러나 바리새인과 사두개인들을 비롯한 종교 지도자들은 이런 예수님을 자신들의 기득권을 흔드는 존재로 여깁니다. 그리고 예수님을 제거하기 위해 온갖 음모를 만들어냅니다.

　한편, 표적과 기사를 보고 예수님을 따랐던 무리는 죄에서 구원할 메시아를 바라보는 것이 아니라 자신들이 처한 환경을 회복시킬 능력자 또는 로마 압제로부터 자신들을 해방시켜 줄 메시아로 여기고 따릅니다. 이런 모습이 제자들에게도 어김없이 나타나고 있었습니다. 조금 전까지만 해도 "주는 그리스도시요 살아계신 하나님의 아들이시니이다"라고 고백한 베드로가 '십자가의 수난사'를 예고하는 예수님을 붙들고 항변합니다. "주여 그리 마옵소서 이 일이 결코 주께 미치지 아니하리이다" 진정한 제자로 거듭나기까지 제자들에게도 과정이 있었습니다. 제자들의 과정에 담긴 한 사건을 통해 우리는 어떤 그리스도인의 삶을 살아가야 하는지 되짚어 볼 필요가 있습니다.

(21~24) 헛된 영광을 버리고 십자가의 길을 걸으셨던 주님, 죽음 가운데서 다시 살아나신 주님을 세상 가운데 증언하며, 하나님의 영광을 더 높이는 그리스도인의 삶을 살아가야 합니다

예수님을 따랐던 열두 명이 제자로 선택받은 것은 그들의 신앙이 남달랐기 때문이 아닙니다. 그들의 신앙은 오병이어와 칠병이어를 통해 예수님을 바라봤던 무리와 크게 다르지 않았습니다. 베드로를 비롯한 열두 명을 예수님께서 참된 제자로 만들어 갑니다. 이 과정에서 있은 일입니다. 제자들에게 자신을 누구라고 생각하는지 질문을 합니다. 베드로가 제자들을 대표하여 대답합니다. "주는 그리스도시요 살아계신 하나님의 아들이시니이다!" 이 고백은 예수님을 따랐던 자들의 최초 고백이면서 동시에 그리스도인으로서 행한 최초의 신앙고백이었습니다. 이런 신앙고백 위에 '천국 열쇠'에 대한 권세가 베드로에게 주어집니다.

'천국 열쇠'는 교회를 좌지우지하는 권한이 담긴 열쇠가 아닙니다. 복음을 전할 사도직의 중요성과 청지기로서 사역을 말하고 있었습니다. 이런 일이 있고 난 뒤 예수님께서 자신이 고난을 받고, 십자가에서 죽으실 것과 제삼 일에 살아날 것을 말씀합니다. 그러자 베드로가 돌변합니다. 예수님을 붙들고 항변합니다. "주여! 그러시면 안 됩니다!" 예수님께서 이루시려는 것을 가로막습니다. 예수님께서 호통을 칩니다. "사탄아! 내 뒤로 물러가라!"

(엡 2:3)에 나타나고 있는 것처럼 '본질상 진노의 자녀'는 타락한 육체의 욕심을 따라 자신의 마음이 원하는 바를 이루고, 누리는 것을 인생의 성공이라고 말합니다. 그리고 그 목표를 향해 달려갑니다. 목표를 이루기 위해 세상의 불의와 결탁하고, 부와 명예를 쌓기 위해 부정한 길을 걸어가기도 합니다. 이런 헛된 영광을 버려야 합니다. 우리는 증인입니다. 죽음의 저주로 부터 다시 살아나신 주님을 세상 가

운데 증언하는 증인입니다. 증인 된 우리의 삶은 세상의 가치관에서 살아가는 모습이 아니라 하나님의 영광을 더 높이는 삶이 되어야 한다는 것을 잊지 않아야 합니다.

(25~26) 진정한 성공을 이 땅에서 잠시 누리는 안개와 같은 것에서 찾지 말고 주님의 일에 사력을 다하며 십자가의 흔적을 남기는 것에서 찾아야 합니다. 그리고 이런 그리스도인의 삶을 살아가는 증인이 되어야 합니다

예수님께서는 계속해서 베드로를 비롯한 제자들에게 참된 제자로서 자신들이 어떤 삶을 살아가야 하는지 크게 두 가지로 말씀합니다. 첫 번째는 '확신의 신앙으로' 살아가는 것입니다. 그리스도인으로서 분명한 신앙의 선을 가지지 못한다면 세상의 풍조에 무너지는 것은 너무나도 간단합니다. 두 번째는 '부활과 영생의 신앙'으로 살아가는 것입니다. 부활과 영생의 분명한 신앙은 우리로 하여금 생명에 대한 참된 가치관을 가지게 합니다. 그리고 고난을 견디고, 이겨나가게 합니다.

진정한 성공은 한순간 누리다가 사라지는 안개와 같은

것이 아닙니다. 영원히 무너지지 않을 탑을 세워야 합니다. 하나님의 진리 위에 소망과 희망의 탑을 세워야 합니다. 부활과 영생의 신앙을 바탕으로 주님이 원하시는 길을 걸어가면서 십자가의 흔적을 남기는 탑을 쌓아야 합니다. '새 하늘과 새 땅'은 그냥 열리는 나라가 아닙니다. '십자가의 스티그마'로 열립니다. 부활과 영생의 신앙을 바탕으로 주님의 일에 사력을 다해야 합니다. 십자가의 흔적을 남기는 것을 통해 인생의 참맛을 누리는 그리스도인의 삶을 살아가야 합니다.

(27~28) 주님이 다시 오시는 그날, 주님 앞에서 계산할 것이 있는 그리스도인의 삶을 살아가야 합니다

예수님께서 제자들에게 가르침을 줍니다. 자신이 십자가에서 죽으실 것과 사흘 만에 부활하실 것을 말씀합니다. 그리고 승천하셨다가 이 땅에 다시 오실 것을 증거합니다. 다시 오실 그날에는 초림에 나타난 종의 모습이 아니라 완전한 다스림의 '왕권'으로 오실 것을 예고합니다.

모든 사람에게는 인생이라는 삶이 있습니다. 온 우주

에 질서와 법칙이 있는 것처럼 사람들에게도 질서와 법이 존재합니다. 만물의 주관자 되시는 하나님께서 정해놓은 질서와 법에 의해 만물과 모든 사람은 다스림을 받습니다. 그리고 그 질서와 법에 의해 계산해야 할 때가 있습니다. 주님이 다시 오실 그날입니다. (갈 6:7)은 말합니다. "사람이 무엇으로 심든지 그대로 거두리라!" 세상 속에서 악행을 저지른 자는 '악행의 값'으로, 하나님 나라의 영광을 위해 달려간 자는 '그 영광의 값'으로 응답받습니다. 이것이 하나님의 공의입니다.

(마 5:12)은 '핍박당한 자의 상'을, (마 10:41)은 '선지자의 상'과 '의인의 상'을 그리고 (고전 9:18)은 '전도자의 상'에 대해 말씀하고 있습니다. 하나님 나라를 위해 행한 선한 일에 대해 타락한 세상은 상은 고사하고 핍박과 고난을 안겨줍니다. 그러나 주님이 다시 오시는 그날! 주님 앞에서 계산됩니다. 주님께서는 주님의 나라를 위해 대접한 '냉수 한 그릇'도 기억하고 계산합니다. (마 10:42)은 말씀합니다. "또 누구든지 제자의 이름으로 이 작은 자 중 하나에게 냉수 한 그릇이라도 주는 자는 내가 진실로 너희에게 이르노니 그 사람이 결단코 상을 잃지 아니하리라" 주님이 다시 오시는 그날, 주님 앞에서 계산할 것이 있는 그리스도인의 삶을 살

아가야 합니다.

(적용)

그리스도인의 삶은 예수를 닮은 삶입니다. 자신을 비우고, 자신을 내려놓는 십자가의 삶은 자신을 사라지게 만드는 삶이 아닙니다. 십자가의 비밀에는 죽었다가 다시 살아나는 부활이 있습니다. 그리스도인의 삶은 세상의 탐욕으로부터 나를 죽이는 것이며, 동시에 나를 하나님의 영광으로 다시 살아가게 만드는 복된 문을 열어줍니다. 그리스도인의 삶은 하늘의 영광에 비해 깨 한 톨의 가치보다 못한 세상의 불의한 영광을 부러워하지 않습니다.

세상 사람들은 그리스도인의 삶을 가리켜 규제에 얽매여 있는 재미없는 삶, 불행한 삶이라고 말합니다. 그리스도인의 삶을 살아보지 못하고 어떻게 거기에 대해 평가할 수 있겠습니까! 진정한 기쁨과 참된 행복의 가치관은 그리스도인의 삶 가운데 있습니다. 세상의 불의하고 헛된 영광을 버리고 다시 살아나신 주님을 세상 가운데 증거하며, 주님의 발자취를 닮아가는 그리스도인의 삶을 살아보지 못한 자는 진정한 기쁨과 참된 행복을 말할 자격이 없습니다.

[생각하며 나누는 시간]

1. 예수님은 어떤 분인가요?

2. 본문을 통해 나에게 주시는 하나님의 말씀이 있다면 어떤 것이 있는지 적어봅시다.

3. 예수님을 생각하면서 나를 향한 3가지의 은혜를 적어봅시다.

전신갑주를 입으라 (마 17:14~20)

17:14 그들이 무리에게 이르매 한 사람이 예수께 와서 꿇어 엎드려 이르되

17:15 주여 내 아들을 불쌍히 여기소서 그가 간질로 심히 고생하여 자주 불에도 넘어지며 물에도 넘어지는지라

17:16 내가 주의 제자들에게 데리고 왔으나 능히 고치지 못하더이다

17:17 예수께서 대답하여 이르시되 믿음이 없고 패역한 세대여 내가 얼마나 너희와 함께 있으며 얼마나 너희에게 참으리요 그를 이리로 데려오라 하시니라

17:18 이에 예수께서 꾸짖으시니 귀신이 나가고 아이가 그때부터 나으니라

17:19 이때에 제자들이 조용히 예수께 나아와 이르되 우리는 어찌하여 쫓아내지 못하였나이까

17:20 이르시되 너희 믿음이 작은 까닭이니라 진실로 너희에게 이르노니 만일 너희에게 믿음이 겨자 씨 한 알 만큼만 있어도 이 산을 명하여 여기서 저기로 옮겨라 하면 옮겨질 것이요 또 너희 가 못할 것이 없으리라

전신갑주를 입으라 (마 17:14~20)

(도입)

　마지막 때가 도래하게 되면 각종 기이한 현상들이 일어날 것이라고 예수님께서 말씀하셨습니다. 이 기이한 현상들은 서로 완전히 다른 두 양상을 띠며 우리 가운데 일어나게 됩니다. 그 현상 가운데 하나는 구원과 관련됩니다. 하나님의 백성 가운데 구원받지 못하고 남아 있는 자를 불러 모으기 위해 일으키는 현상입니다. 또 다른 현상은 사탄이 '자기의 때'가 얼마 남지 않았음을 알고 발버둥을 치며 하나님의 백성들로 하여금 하나님을 향하지 못하도록 공격하는 현상입니다.

　(계 12:11)에 의하면 하나님께서는 '십자가의 사건'과 '예수 그리스도의 피 묻은 복음 증거'를 통해 자기 백성을 불

러 모읍니다. 반면 (계 12:12)에 의하면 사탄은 '자기의 때'가 얼마 남지 않았음을 알고 하나님의 교회와 성도들을 무너뜨리기 위해 수단과 방법을 가리지 않습니다. 이때 우리는 사탄의 무차별적인 공격에 대해 어떻게 대항해야 할까요?

(14~16) 마지막 때를 살아가는 성도는 예수 그리스도를 믿는 믿음과 그 이름 가운데 새겨진 권세의 전신갑주를 입고 사탄의 세력을 물리치는 그리스도인이 되어야 합니다

사람의 영은 죽음과 동시에 즉시 낙원 또는 음부에 이르게 됩니다. 그리고 주님의 재림과 마지막 심판이 단행되는 그날까지 사람의 영은 그곳을 빠져나오지 못합니다. 그러면 귀신은 어떤 존재일까요? (계 12:4)에 의하면 타락한 천사장인 사탄의 강력한 꼬임에 사로잡힌 천사의 '삼분의 일'입니다. 귀신은 사탄에 속한 타락한 천사들입니다. 귀신은 사탄의 명을 받아 사람의 영육을 무너뜨리는 역할을 하는 영적 존재입니다.

사람들이 앓고 있는 질병 가운데는 육신의 연약함으로 인한 병이 있는가 하면 일부분이기는 하지만 사탄으로 인해 생겨나는 병도 있습니다. 특히 사탄으로 인한 병은 그 원인이 귀신의 영이 사람의 몸에 들어가면서 일어나게 됩니다. 그 대표적인 병이 '간질'과 흔히 '귀신 들렸다'라고 말하는 '정신적 문제'를 일으키는 병입니다.

변화산에 올라간 예수님의 일행을 제자들이 기다리고 있을 때입니다. 한 사람이 '간질병'에 걸린 자신의 아들을 데려옵니다. 그러나 제자들은 이 문제를 해결하지 못합니다. 변화산에서 내려온 예수님을 보자 아이의 아버지는 예수님께 꿇어 엎드려 호소합니다. "내 아들을 불쌍히 여기소서 … 주의 제자들이 능히 고치지 못하더이다" 제자들은 자신들이 각 고을을 다니면서 귀신을 쫓아냈던 경험을 살려 귀신을 쫓아내려고 했지만 효력을 발하지 못합니다. "능히 고치지 못하더이다!"

귀신은 영적인 존재입니다. 귀신을 물리치기 위해서는 두 가지의 무기가 있어야만 합니다. 먼저 귀신의 영이 우리를 뚫고 들어오지 못하도록 '하나님의 전신갑주'를 입어야 합니다. 그리고 주님께서 주신 '권능'이라는 무기로 물리쳐야 합니다. 귀신은 두려움의 존재가 아닙니다. 그럼에도 불구하고 우리의 경험과 지식으로 물리칠 수 없는 존재입니다. 예수 그리스도를 믿는 '믿음으로', 그리고 예수의 이름 가운데 새겨진 그 권세로 귀신의 세력을 물리치는 영적인 그리스도인이 되어야 합니다.

(17~18) 마지막 때를 살아가는 성도는 말씀의 전신갑주를 입고 그 말씀의 권세로 흑암의 사슬을 깨뜨리는 예수님의 참 제자의 길을 걸어가야 합니다

　귀신은 우리로 하여금 자신을 두려워하도록 만듭니다. 그러나 속지 마십시오! 귀신은 두려움의 존재가 아닙니다. 사탄의 세력은 유혹하고, 속이는 것으로부터 그 일들을 시작합니다. 귀신은 예수 그리스도의 이름으로 내어 쫓아야 할 더러운 존재일 뿐입니다. 그럼에도 불구하고 귀신은 만만한 존재는 아닙니다. (행 19:16)에 의하면 귀신은 사람의 몸에 들어와 그 사람을 이기기도 합니다. (약 3:13~15)에 의하면 사람들로 하여금 서로를 시기하게 만들고, 불화하도록 만듭니다. 눈을 멀게 하고, 귀를 멀게 하며, 고치기 어려운 고질병에 걸리게도 합니다. 그러나 예수님께서는 제자들이 내쫓지 못한 귀신을 말씀의 권세로 단번에 쫓아냅니다. "예수께서 꾸짖으시니 귀신이 나가고 아이가 그때부터 나으니라!"

우상 숭배자들은 귀신을 쫓아내기 위해서 굿을 하라고 부추깁니다. 그러나 이것 또한 사탄의 속임수입니다. 귀신을 쫓아낸다고 하면서 또 다른 우상으로 그 사람을 묶어버립니다. 더 강력하게 말입니다. 사탄은 그 사람의 이마에 인을 칩니다. "너는 이제 완전히 내 것이다!" 만국의 권세를 가진 예수 그리스도의 이름으로 전신갑주를 입으십시오! 그리고 더러운 존재인 사탄의 하수인인 귀신을 말씀의 권세로 단호하게 물리치십시오! 이렇게 말입니다. "지금 내가 네게 나사렛 예수 그리스도의 이름으로 명하노니 이 더러운 귀신아! 속히 물러갈지어다!"

(19~20) 마지막 때를 살아가는 성도는 화폭에 그려진 것과 같은 형식적인 신앙이 아니라 믿어 의심치 않는 살아 있는 참믿음으로 전신갑주를 입고 믿음의 산증인의 길을 걸어가야 합니다

사람들이 귀신에게 미혹 당하는 데는 여러 가지 원인이 있습니다. 그 대표적인 것을 성경에서 찾아본다면 하나님을 향한 경건을 버리고, 망령되고, 허탄한 신화를 좇아가는 자들에게는 어김없이 귀신이 역사하였습니다.(딤전 4:7) 그리고 하나님의 말씀을 떠나서 살아가는 자는 귀신의 가르침을 따라 살아갈 수밖에 없는 존재가 됩니다.(대상 10:13) 뿐만 아닙니다. '양심에 화인을 맞은 자', 진리를 믿지 않고 '불의를 좋아하는 자', '믿음에서 떠난 자'는 귀신의 '노리갯감'이 됩니다.(딤전 4장)

"나는 초신자입니다. 예수 그리스도의 이름으로 명하면 귀신이 물려갈까요?" 당연합니다! 물러갑니다. 믿음을 가지고 명하십시오! 예수님께서 말씀합니다. "믿음이 겨자씨 한 알 만큼만 있어도 이 산을 명하여 여기서 저기로 옮겨지라 하면 옮겨질 것이요 또 너희가 못할 것이 없으리라!" 화폭에 그려진 그림과 같은 신앙으로는 환란의 때를 이기지 못합니다. 말씀대로 이루어질 줄 믿는 살아 있는 참믿음으로 전신갑주를 입어야 합니다. 그리고 그 믿음으로 산증인의 길을 거침없이 걸어가는 그리스도인이 되어야 합니다.

(적용)

사탄은 존재합니다. 사탄의 하수인인 귀신 또한 존재합니다. 그럼에도 불구하고 두려워하지 마십시오! 하나님의 영으로 뒤덮여 있는, 그 어떤 것으로도 뚫지 못하는 하나님의 전신갑주가 있습니다. 사탄과 더러운 귀신의 영을 물리친 예수 그리스도의 이름으로 전신갑주를 입어야 합니다. 하나님을 향한 믿음, 나의 구세주가 되는 예수 그리스도를 믿는 '믿음'의 전신갑주를 입어야 합니다. 그리고 말씀과 기도로 전신갑주를 입고 영적 전투에 임해야 넘어지지 않습니다. 우리에게는 이미 사탄의 무리를 이긴 비밀 무기가 있습니다. 형식적인 신앙으로는 믿음의 능력을 발할 수 없습니다. 참믿음으로 전신갑주를 입어야 합니다. 그럴 때 영적인 능력이 함께 발해진다는 것을 잊지 않아야 합니다.

[생각하며 나누는 시간]

1. 예수님은 어떤 분인가요?

2. 본문을 통해 나에게 주시는 하나님의 말씀이 있다면 어떤 것이 있는지 적어봅시다.

3. 예수님을 생각하면서 나를 향한 3가지의 은혜를 적어봅시다.

잃은 한 마리 양의 비유 (마 18:12~14)

18:12 너희 생각에는 어떠하냐 만일 어떤 사람이 양 백 마리가 있는데 그 중의 하나가 길을 잃었으면 그 아흔아홉 마리를 산에 두고 가서 길 잃은 양을 찾지 않겠느냐
18:13 진실로 너희에게 이르노니 만일 찾으면 길을 잃지 아니한 아흔아홉 마리보다 이것을 더 기뻐 하리라
18:14 이와 같이 이 작은 자 중의 하나라도 잃는 것은 하늘에 계신 너희 아버지의 뜻이 아니니라

잃은 한 마리 양의 비유 (마 18:12~14)

(도입)

세상은 참으로 요지경입니다. 어떤 사람은 삶을 비관하여 생명을 스스로 던지기도 합니다. 어떤 사람은 다른 사람에 비해 형편없는 자신의 모습을 보며 부끄러워하기도 합니다. 남부럽지 않은 삶을 이루기 위해 오늘도 험악한 세상의 경쟁 속에 뛰어듭니다. 이런 과정에 편법을 사용하기도 하고, 불의한 길을 걷기도 합니다. 죄악 된 인간의 삶 속에는 참 평강이 보이지 않습니다. 예수님은 이런 세상 가운데 어떤 목적을 이루기 위해 오셨을까요?

예수님은 사람들에게 신기루를 뿌리며, 인기를 얻기 위해 이 땅에 오신 분이 아닙니다. 예수님은 우리를 죄로부터 구원하기 위한 목적을 이루기 위해 이 땅에 오신 성자 하나님입니다. 구원이 무엇이기에 예수님께서는 자신의 모든 관심을 우리의 구원에 두고 계셨을까요? 잃은 한 마리 양의 비유는 여기에 대해 어떤 답을 주고 있을까요?

(12) 구원은 사망의 그늘 아래 놓여 있는 하나님의 택한 백성을 영원한 생명으로 인도하는 길이기에 예수님은 한 영혼의 구원을 위해 자신의 모든 것을 쏟아부으셨습니다

양이 '백 마리' 있습니다. 그런데 그 중 '한 마리'가 길을 잃었습니다. 문제는 그 한 마리의 양을 찾기 위해 길을 나섰다가 '아흔아홉' 마리가 이리와 늑대 같은 맹수들의 공격을 받을 수 있다는 점입니다. 여기에 대해 대부분의 사람은 "아흔아홉을 지키기 위해 '한 마리'를 희생할 수밖에 없죠!"라고 말할 것입니다. 여기에 대한 나의 생각은 어떤지요? 예수님은 어떤 답을 주셨을까요? 양이 왜! 길을 잃었을까요? '양이 길을 잃었다는 것'은 두 가지의 원인이 있음을 발견할 수 있습니다. 첫 번째는 '그 양'이 무리를 따라가지 못하고 길을 잃어버린 경우입니다. 두 번째는 '그 양'이 주변에 한눈을 팔다가 길을 잃어버린 경우입니다.

'길을 잃었다'라는 단어를 (딤 3:3)에서는 '속이는 것'으로, (계 2:20)에서는 '꾀어'라는 것으로 해석하고 있습니다. '양이 길을 잃은 것'은 그 양이 '속아서', '꼬임에 넘어가서' 일어난 사건입니다. 목자의 잘못이나 무리의 잘못이 아닙니다. '그 양'의 잘못으로 인해 '양이 길을 잃었다'는 것을 말하고 있습니다. 목자의 입장에서 볼 때, '그 양'은 찾을 가치가 없습니다. 왜냐하면! 그 양을 찾기 위해 길을 나섰다가 자신을 잘 따르던 다른 양들까지 잃어버릴 수 있기 때문입니다. '그 양'을 찾은들 또 이탈하지 않는다고 장담할 수 없습니다.

그러나 목자에 비유되고 있는 예수님의 최대 관심사는 양 한 마리가 길을 잃은 것에 대해 따지고, 귀책 사유를 묻는 것에 있지 않습니다. 하나님의 택한 백성이 사망의 그늘로부터 벗어나 영원한 생명의 길로 인도받는 것에 있습니다. 심지어 타락한 세상 가운데 놓여 있는 한 영혼의 구원을 위해 예수님은 자신의 전부를 십자가에서 쏟아부으셨다는 것을 잊지 않아야 합니다. 왜냐하면! 자신의 생명을 내어놓을 만큼 그 양을 사랑하셨기 때문입니다.

(13) 구원은 완전한 안식이 주어지는 천국에 이를 자격을 말하는 것이기에 예수님께서는 구원의 완성을 이루기 위해 십자가의 복음으로 오늘도 하나님의 택한 백성들을 불러 모으고 계십니다

사람들은 자신이 가지고 있는 많은 유익을 지키기 위해 작은 희생을 감수하기도 합니다. 그러나 예수님은 하나님 나라의 잃은 한 마리 양을 끝까지 포기하지 않습니다. 무슨 이유 때문일까요? 잃은 '한 마리' 양의 가치가 '아흔아홉 마리' 양의 가치보다 뛰어나기 때문일까요? 아닙니다. 예수님께서 '아흔아홉'을 안전한 보호처에 두고, 잃어버린 한 마리의 양을 찾아 나선 것은 천국의 도래를 위해서입니다. '아흔아홉'은 신약과 구약시대를 통틀어 '오실 메시아'와 '오신 메시아'를 믿는 믿음으로 구원받은 '하나님의 택한 백성들'을 가리킵니다. 그리고 '잃은 한 마리 양'은 '한 사람'을 지칭하는 것이 아닙니다. 하나님께서 구원하시기로 예정한 '남은 자들'을 말하고 있습니다.

종말의 '징조'를 나타내는 한 사건인 '일곱 인' 가운데 다섯 번째 인이 떼어집니다. 그때 순교자들의 절규가 터져 나옵니다. "악한 자들을 심판하여 우리의 원수를 갚아주며, 우리에게 언제 완전한 '하나님 나라'가 임하게 됩니까?" (계

6:11)에 의하면 주님께서 이런 말씀을 합니다. "그 수가 차야 하느니라!" '그 수'는 '한 마리 양'으로 비유됩니다. 여기에서 우리는 택한 백성을 향한 하나님의 지극하신 사랑과 하나님의 약속의 신실하심을 발견할 수 있습니다.

누가복음에 등장하는 탕자를 기억하십니까. '허랑방탕'하며 타락한 삶을 살다가 아버지로부터 받은 살림을 전부 탕진한 아들이 있습니다. 하나님은 그 아들이 돌아오기를 끝까지 기다렸던 (눅 15:20)의 아버지처럼 하나님 나라의 택한 백성을 찾고, 또 그를 기다리고 있습니다. '아흔아홉'과 '하나'를 합치면 '100'이 됩니다. '100'은 하나님께서 구원하시기로 예정한 자의 '완전한 수'를 말합니다. 예수님은 구원의 완성을 이루기 위해 '십자가의 복음'으로 하나님의 택한 백성인 '남은 자', '잃어버린 한 마리 양'을 오늘도 불러 모으고 계신다는 것을 잊지 않아야 합니다.

(14) 구원은 새 하늘과 새 땅의 새로운 역사를 말하는 것이기에 예수님께서는 마지막 나팔이 불리는 그 순간까지도 하나님의 택한 백성의 길이 되어주고 계십니다

하나님의 택한 백성인 '남은 자'는 과연! 어디에 있을까요? 하나님께서는 자신이 택한 백성을 영생의 길로 인도할 때 '한 영혼도 잃어버리는 일이 없다'는 것을 강조합니다. 예수님께서는 천국에 임할 하나님의 택한 백성 가운데는 그 어떤 세력과 지위에도 속하지 않은 '작은 자'와 같은 자들이 있다는 것을 주지시켜 줍니다. 천국이 속히 도래되길 원하십니까? '작은 자'와 같이 소외된 사마리아를 함께 돌아봐야 합니다. 예수님께서는 연약하고, 헐벗은 '작은 자'와 같은 자들을 직접 찾아가셨습니다. 그리고 유대인들이 부정하다고 여기며 상종하기조차 꺼리는 '작은 자'와 같은 사마리아를 직접 찾아가셨습니다.

일곱 번째의 나팔을 붑니다.(계 14:16) 사탄의 무리들을 향한 진노의 '대접재앙'이 임하기 전입니다. 택한 백성 가운데 회개하지 않고 있던 강퍅한 '남은 자들'을 돌이키기 위해 주님께서 직접 소매를 걷어붙입니다. 그리고 길을 열어줍니다. 잃은 한 마리 양을 찾으러 길을 나섰던 목자처럼 막는 역할을 하는 '담'이 아니라 인도하는 '길'이 되어야 합니다. 우리가 그리스도의 십자가를 들고 길이 되었을 때 소외되고, 연약하며, 보잘것없는 자들이 구원의 '길'을 보고, 따라오게 된다는 것을 잊지 않아야 합니다.

(적용)

구원의 완성은 이 땅에서 이루어지지 않습니다. '새 하늘'과 '새 땅'인 '천국'에서 영원히 복락을 누리는 것으로 완성됩니다. 그러므로 구원의 완성이 속히 이루어지기 위해서는 '나'만이 아니라 하나님께서 구원하시기로 예정한 '백성들'이 다 모아져야만 합니다. 구원은 우리가 하나님의 도구로서 역할은 감당하되 성령님께서 친히 '그 길'을 열어주셔야 합니다. 죄악으로 물든 이전의 가치관으로는 갈 수 없는 '그곳', 하나님께서 친히 '그 길'이 되어줍니다.

'아흔아홉'의 계수가 채워졌습니다. 구원의 완성을 이루기 위해 목자가 길을 나서야 합니다. 잃어버린 한 마리 양을 찾아야 합니다. 하나님께서는 잃어버린 한 마리 양을 찾는 사역을 위해 이 땅에 교회를 세우셨습니다. '아흔아홉'이 머무는 피난처의 역할을 교회가 방주의 모습으로 감당한다면, 잃은 한 마리 양을 찾아 나서는 목자의 역할 또한 교회의 사역입니다. 오늘도 구원의 주님을 바라보며, 하나님을 기쁘게 해드리는 길로서 사역과 사명을 힘 있게 감당하는 교회가 되어야 합니다.

[생각하며 나누는 시간]

1. 예수님은 어떤 분인가요?

2. 본문을 통해 나에게 주시는 하나님의 말씀이 있다면 어떤 것이 있는지 적어봅시다.

3. 예수님을 생각하면서 나를 향한 3가지의 은혜를 적어봅시다.

무엇으로 영생을 얻으리이까 (마 19:16~22)

19:16 어떤 사람이 주께 와서 이르되 선생님이여 내가 무슨 선한 일을 하여야 영생을 얻으리이까
19:17 예수께서 이르시되 어찌하여 선한 일을 내게 묻느냐 선한 이는 오직 한 분이시니라 네가 생명에 들어 가려면 계명들을 지키라
19:18 이르되 어느 계명이오니이까 예수께서 이르시되 살인하지 말라, 간음하지 말라, 도둑질하지 말라, 거짓 증언 하지 말라,
19:19 네 부모를 공경하라, 네 이웃을 네 자신과 같이 사랑하라 하신 것이니라
19:20 그 청년이 이르되 이 모든 것을 내가 지키었사온대 아직도 무엇이 부족하니이까
19:21 예수께서 이르시되 네가 온전하고자 할진대 가서 네 소유를 팔아 가난한 자들에게 주라 그리하면 하늘에서 보화가 네게 있으리라 그리고 와서 나를 따르라 하시니
19:22 그 청년이 재물이 많으므로 이 말씀을 듣고 근심하며 가니라

무엇으로 영생을 얻으리이까 (마 19:16~22)

(도입)

하나님께서 사람에게 부여한 최고의 축복을 말하라고 한다면 그것은 단연코 '영생'입니다. '영생'의 문제는 사람이라면 누구에게나 가장 민감한 사항이 아닐 수 없습니다. 태초에 하나님께서 천지만물을 창조하시고, 사람을 만드시면서 사람에게 특별한 길을 열어주셨습니다. 영생을 누릴 수 있는 '길'입니다. 그러나 사탄의 유혹에 넘어져 하나님의 말씀을 거역하는 죄를 범하게 됩니다. 그로 인해 사람은 영생에 이르지 못하는 죽음의 형벌을 맞이합니다.

본문에 등장하는 한 부자 청년, 그는 인간의 최대 관심사요, 당시 유대 사회에서 화두가 되었던 '영생'에 관한 문제를 가지고 예수님께 나아옵니다. 예수님 앞에 선 청년은 '성자 하나님'이며, '생명의 주관자' 되시는 예수님께 '영생'에 관해 질문합니다. 예수님께서는 한 청년의 질문에 어떻게 대답하셨을까요? '영생'은 어떻게 해서 우리에게 주어질까요?

(16~17) 영생은 자기를 부인하고 주님과 한 몸을 이룬 자에게 주어지는 하나님의 은혜의 선물입니다

'영생' 문제로 고민하던 부자 청년이 예수님 앞으로 나아옵니다. 그리고 질문합니다. "선생님이여! 내가 무슨 선한 일을 하여야 영생을 얻을 수 있습니까?" 여기에 대한 예수님의 답변은 "어찌하여 선한 일을 내게 묻느냐!", "선한 이는 오직 한분이시니라!", "네가 생명에 들어가려면 계명들을 지키라!"입니다. 답변이 너무나 뜬금없습니다. 완전히 엉뚱한 소리처럼 들립니다. 그러나 예수님께서는 청년이 질문하는 의도를 정확하게 읽으셨고, 그에 대해 핵심적인 답을 주고 있었습니다. 재물이 많은 청년이 가지고 있었던 '영생관'의 문제는 당시 유대 사회에 팽배했던 '영생에 관한 사고관'이었습니다.

부자 청년은 영생의 문제를 '선한 행위'에 따른 값으로 이해하고 있었습니다. 여기에 대한 예수님의 답변은 너무나도 명쾌했습니다. "사람이 어찌 선한 일을 할 수 있는가!" 사람은 죄로 인해 그 '본성'이 악해졌기에 어떠한 행위로도 '선'을 이룰 수 없습니다. 예수님은 계속해서 말씀합니다. "네가 생명에 들어가려면 계명을 지키라!" 영생은 우리의 착한 행실이나 봉사와 같은 행위로 이루어지는 것이 아닙니다.

영생은 하나님의 말씀 안에서 내가 죄인임을 깨닫고, 회개함을 통해 이루어집니다. 주님과 연합하여 한 몸을 이룰 때 하나님께서 우리를 향해 베푸시는 은혜가 영생입니다. 세상은 부자 청년과 같은 사고 속에 놓여 있습니다. 어리석은 세상의 영혼들을 향해 진리를 증거해야 합니다. 그리고 이들의 영혼을 영생의 길로 바르게 인도해야 합니다.

(18~20) 영생은 자기 의를 통해 이루어지는 것이 아니라 하나님의 자비하심으로 이루어지는 하나님의 은혜입니다

부자 청년은 예수님께서 자신에게 행한 말씀에 대해 의문을 가집니다. "무슨 계명을 지키라는 말씀입니까?" 예수님께서는 제5계명에서부터 제9계명에 이르는 인간 상호 관계의 핵심적인 내용을 말씀합니다. "네가 영생에 이르려고 하거든 너의 이기적인 삶이 아니라 하나님께서 원하시는 온전한 삶을 살아가야 하며, 그분의 말씀에 철저히 순종하는 것이 말만이 아니라 그 열매로 드러나야 한다"는 것을 말씀하고 있습니다. 지금까지 부자 청년의 행동은 유대인들의 일반적인 모습을 대변하고 있었습니다. 하나님의 형상을 향한 사랑이 없이 규범만을 지키는 율법적인 사고 속에 행한 행동들이었습니다.

청년은 모세의 율법을 비롯하여 장로들의 유전과 전통에 이르기까지 종교의식을 착실히 지켰던 사람입니다. 청년과 같은 종교 행위론자들은 자신의 행함을 통해 '자신의 의'를 드러냅니다. 반면, 신앙으로 하나님의 말씀을 지키는 자는 그 말씀을 따라 지켜 준행하면서 자신의 '의'가 아니라 하나님의 자비와 공의 그리고 하나님의 사랑을 드러냅니다. 영생은 자기 의를 통해 이루어지는 것이 아닙니다. 영생은 하나님의 자비하심으로 이루어집니다. 하나님의 은혜로 말미암는다는 것을 세상 사람들로 하여금 깨달아 알도록 해야 합니다.

(21~22) 영생은 구원받을 어떤 자격도 없는 자를 향한 하나님의 사랑의 발동이며, 하나님의 전적인 은혜로 이루어지는 결실입니다

청년에 의하면 자신은 하나님의 말씀을 철저히 지켰습니다. 그런 자신이 아직도 무엇을 더 지켜야 하는지 반문합니다. 이런 청년을 향해 예수님께서 일침을 가합니다. "네 소유를 팔아 가난한 자들에게 주라!" 이것은 자신의 종교적인 우월성을 드러내고 있는 청년을 향한 결정타였습니다. "그 청년이 재물이 많으므로 이 말씀을 듣고 근심하며 가니라" 그의 신앙이 가식적이라는 것이 열매로 증명됩니다. 영생에 대한 개념이 바른 신앙 가운데 세워졌다면 물질관 또한 자신의 물질이라는 개념에 사로잡혀 있지 않았을 것입니다. 하나님께서 허락하신 물질이며, 이 또한 하나님의 일하심을 위해 사용되어야 할 물질이라는 것을 이해했을 것입니다.

영생을 얻은 자는 땅 위의 유익함에 마음을 빼앗기지 않아야 합니다. 하늘의 '보화'를 바라보며 자신의 마음을 온전히 하나님께로 향하도록 해야 합니다. 하나님은 행위가 아니라 그 사람의 마음에 있는 중심을 봅니다. 형식을 갖추어 하나님께 자신의 '의'를 드러내었던 가인과 같은 모습을 원하지 않습니다. 영생은 사람의 행위로 말미암지 않습니다.

영생은 구원받을 어떤 자격도 없는 자를 향한 하나님의 사랑의 발동이며 하나님의 전적인 은혜로 이루어지는 결실이라는 것을 잊지 않아야 합니다.

(적용)

예수님께서 말씀하신 진정한 '보화'인 '영생'은 온 우주를 주고도 살 수 없습니다. 예수님께서는 '영생'의 보화를 얻기 위해서는 자신의 것을 다 팔아서라도 그것을 사는 자가 복이 있다라고 말씀하셨습니다. 그러나 '영생'은 이 땅에 있는 모든 보화를 다 주고도 살 수 없습니다. '영생'은 '거듭난 자' 즉, '중생한 자'에게 주어지는 하나님의 은혜의 열매입니다. 하늘의 보화인 '영생'은 믿음으로 예수 그리스도를 온전히 따르는 자에게 주어지는 하나님의 은혜입니다.

"무엇으로 영생을 얻으리이까?" 영생은 부자 청년의 생각처럼 헐벗고, 가난하고, 불쌍한 사람들을 도왔다고 이루어지거나, 자신이 드렸던 헌금으로 되는 것이 아닙니다. 영생은 오직 예수 그리스도를 구세주로 영접하는 자에게만 주어지는 하나님의 가장 큰 선물인 '보화'입니다. 세상의 어떤 값진 것과도 바꿀 수 없는 '보화'입니다. 아직도 이 진리를 알지 못하고 있는 영혼들이 너무나도 많습니다. "무엇으로 영생을 얻으리이까?" 세상 가운데 예수 그리스도를 알려야 합니다. 그리고 깨닫게 하는 일에 헌신적인 자세로 사명을 감당하는 그리스도인이 되어야 합니다.

[생각하며 나누는 시간]

1. 예수님은 어떤 분인가요?

2. 본문을 통해 나에게 주시는 하나님의 말씀이 있다면 어떤 것이 있는지 적어봅시다.

3. 예수님을 생각하면서 나를 향한 3가지의 은혜를 적어봅시다.

천국 잔치하는 날(마 20:1~10)

20:1 천국은 마치 품꾼을 얻어 포도원에 들여보내려고 이른 아침에 나간 집 주인과 같으니
20:2 그가 하루 한 데나리온씩 품꾼들과 약속하여 포도원에 들여보내고
20:3 또 제삼시에 나가 보니 장터에 놀고 서 있는 사람들이 또 있는지라
20:4 그들에게 이르되 너희도 포도원에 들어가라 내가 너희에게 상당하게 주리라 하니 그들이 가고
20:5 제육시와 제구시에 또 나가 그와 같이 하고
20:6 제십일시에도 나가 보니 서 있는 사람들이 또 있는지라 이르되 너희는 어찌하여 종일토록 놀고 여기 서 있느냐
20:7 이르되 우리를 품꾼으로 쓰는 이가 없음이니이다 이르되 너희도 포도원에 들어가라 하니라
20:8 저물매 포도원 주인이 청지기에게 이르되 품꾼들을 불러 나중 온 자로부터 시작하여 먼저 온 자까지 삯을 주라 하니
20:9 제십일시에 온 자들이 와서 한 데나리온씩을 받거늘
20:10 먼저 온 자들이 와서 더 받을 줄 알았더니 그들도 한 데나리온씩 받은지라

천국 잔치하는 날 (마 20:1~10)

(도입)

　천국은 상상의 나라가 아닙니다. (시 145:13)은 천국에 대해 이렇게 말합니다. "천국은 영원한 나라이며, 하나님께서 영원히 다스리는 나라입니다" 천국은 죄악과 절망 그리고 고통의 눈물과 시기와 다툼, 죽음이 없는 나라입니다. 이 세상을 살아가는 모습이 불완전함의 연속이라면 천국은 완전한 나라입니다. 하나님의 다스림이 있는 천국은 하나님의 사랑으로 가득 찬 나라입니다. 이런 천국에 대해 몇 가지 질문을 해봅시다. 천국은 어떻게 해서 우리에게 임하는 나라일까요? 천국은 어떻게 해서 들어갈 수 있을까요? 천국은 어떤 원리가 적용되는 곳일까요?

(1~2) 천국은 하나님의 주권적 일하심을 통해 하나님의 택한 백성에게 임하는 나라입니다

예수님께서는 천국에 대해 이런 말씀을 줍니다. "천국은 마치 품꾼을 포도원에 들여보내려고 이른 아침에 나간 집주인과 같습니다" 예수님은 택한 백성들을 구원의 잔치에 참여시키기 위해 친히 낮고 천한 사람의 몸으로 이 땅에 오셨습니다. '이른 아침'은 그 일을 이루기 위해 주인의 발걸음이 속히 움직였다는 것을 말합니다. 예수님께서는 우리를 '천국'으로 인도하기 위해 '십자가의 길'을 주저하거나 망설이지 않았습니다. 그리고 '한 데나리온'이라는 품삯의 계약으로 그들을 포도원으로 데리고 간 것처럼 우리를 '천국'에 이르도록 하기 위해 자신의 '보혈의 피'를 우리의 '죗값'으로 내놓으셨습니다. 그리고 '예수 그리스도를 구세주'로 믿는 믿음으로 우리를 '천국'으로 인도하셨습니다.

하나님께서는 '천국 잔치'와 관련한 '그날'을 창세 전에 이미 예정하셨습니다. 그리고 '그날'이 언제인지 (계 6:11)을 통해 우리에게 말씀하셨습니다. "그 수가 차는 그날이다!" 잔치를 열었는데 그 잔치에 손님이 한 명도 없다고 생각해 보십시오. 그 잔치가 무슨 의미가 있겠습니까!

'천국 잔치'에 참여할 자를 부르는 일에 '종'이 나선 것이 아니라 '주인'이 직접 나섭니다. 그리고 '천국 잔치'에 청할 자를 부르기 위해 '일찍이' 주인이 그 길을 나섭니다. 그리고 '한 데나리온'이라는 '품삯의 계약'을 통해 그들을 포도원으로 불러들입니다. 우리의 죄를 대속한 십자가 그리고 그 십자가로 우리를 값없이 부르시는 은혜가 이것을 대변하고 있습니다. 이와 같이 천국은 하나님의 주권적 일하심을 통해 하나님의 택한 백성에게 임하는 나라라는 것을 잊지 않아야 합니다.

(3~7) 천국은 그 사람의 능력과 선한 행위로 들어갈 수 있는 나라가 아니라 하나님의 전적인 은혜로 들어가는 나라입니다

주인이 품꾼을 불러 모읍니다. 첫 번째 부른 사람은 '이른 아침'이었습니다. 두 번째 부른 사람은 '제삼시'였고, 세 번째 부른 사람은 '제육시'였습니다. 계속해서 '제구시'와 '제십일시'에 사람들을 부릅니다. 성경은 사람들을 부를 당시의 모습에 대해 이렇게 말하고 있습니다. "장터에 놀고 서 있었습니다." "종일토록 놀고 서 있었습니다." 가치로 따진다면 이들은 포도원에 들어갈 자격이 전혀 없는 사람들입니다. '이른 아침'에 포도원에 들어간 사람부터 시작하여 일할 시간이 한 시간 정도밖에 남지 않았을 때 포도원에 들어간 사람까지 모두 주인의 허락으로 이루어집니다.

포도원에 제일 먼저 들어간 '이른 아침'의 사람처럼 나면서부터 일찍이 예수를 믿은 사람이 있습니다. '제십일시'처럼 '죽음 일보 직전에' 예수를 구세주로 믿고 구원받은 '행악자'(눅 23:43)와 같은 사람도 있습니다. 구원받은 시점이 어떤 사람은 '이른 아침'에 해당하는 시간, 어떤 사람은 '제삼시', '제육시', '제구시', '제십일시'가 될 수 있습니다. 그러나 무엇보다 중요한 것은 주인이 이들을 불렀다는 것입니다. 천국은 그 사람의 능력과 그 사람의 어떤 행위로 들어갈 수 있는 나라가 아닙니다. '들여보내고', '들어가라'라고 말씀한 것처럼 천국은 사람의 행위가 아니라 하나님의 전적인 은혜로 들어가는 나라라는 것을 잊지 않아야 합니다.

(8~10) 천국은 세상의 원리가 아니라 하나님의 전적인 은혜의 원리가 적용되는 나라입니다

성경에 보면 날이 저물매 포도원 주인이 청지기를 부릅니다. 제일 뒤에 온 사람부터 시작하여 품꾼들에게 품삯을 줍니다. '한 데나리온'이 지급됩니다. 제일 먼저 온 사람은 자신이 더 많이 받을 것을 기대합니다. 그런데 어찌 된 영문인지 모든 사람에게 동일하게 '한 데나리온'이라는 품삯이 지급됩니다. 그러자 먼저 온 사람이 화를 냅니다. '더 받을 줄 알았더니!' … 사람이 태어나는 것은 순서가 있습니다. '먼저 태어난 사람'이 있고, '나중에 태어난 사람'이 있습니다. 세상에는 부자가 있고, 가난한 사람이 있습니다. 힘의 원리에 의해 강자가 있고 약자가 있습니다. 많이 배워 지식이 풍부한 사람이 있는가 하면, 그렇지 못한 사람도 있습니다.

천국은 우리가 살아가는 방식으로 따지는 나라가 아닙니다. 천국은 '은혜'의 원리가 적용되는 나라입니다. '이른 아침'에 포도원에 들어간 사람도 주인의 '은혜'로 포도원에 들어갔으며, 한 시간 밖에 일하지 않은 사람도 주인의 '은혜'로 포도원에 들어갔습니다. 먼저 들어간 사람들이 더 많이 땀을 흘린 것은 사실입니다. 그러나 주인은 말합니다. "너는 나와 한 데나리온의 약속을 하지 않았느냐?" 먼저 포도원에 들어간 사람도 일할 수 있을 만한 자격을 가졌기 때문에 주인이 포도원에 들여보낸 것이 아닙니다.

천국에 들어갈 수 있는 것을 자격으로 따진다면 이 땅에 있는 사람들 가운데 몇 명이 천국에 들어갈 수 있을까요? 단 한 명도 없습니다. 심지어 예수님의 제자들도, 순교자들도 들어갈 수 없습니다. 왜냐하면! 우리는 모두가 '죄인'이기 때문입니다.(롬 3:10) 천국은 공평의 원리 또는 세상적인 판단의 원리에 따라 들어가는 나라가 아닙니다. 오직 하나님의 은혜의 원리가 적용되는 나라라는 것을 망각하지 않아야 합니다.

(적용)

'구원'과 '상급'은 세상적인 원리가 아니라 오직! 하나님의 판단과 기준에 의해 결정됩니다. 천국은 다른 사람들과 비교하고, 따지는 나라가 아닙니다. 천국은 자신이 죄인임을 고백하는 자에게 '은혜로 열리는 나라'입니다. 하나님의 주권적 일하심이 없고 우리의 자격만으로 들어갈 수 있는 곳이 천국이라면 천국은 '그림의 떡'에 불과합니다. 왜냐하면! 천국에 들어갈 수 있는 조건을 가진 사람은 단 한 명도 없기 때문입니다.

천국은 우리를 향한 하나님의 주권적 일하심과 은혜가 작용하였기에 임할 수 있는 나라입니다. 십자가의 대속이라는 주권적 일하심과 하나님의 전적인 은혜가 있었기에 죄인인 우리가 샬롬만이 가득한 천국에 임할 수 있다는 것은 부인할 수 없는 사실입니다. 이런 진리의 중심에 우리의 신앙이 흔들림 없이 세워져야 합니다. 그리고 세상을 향해 이런 진리를 바르게 증언하는 증인 된 걸음을 거침없이 걸어가는 천국의 증인이 되어야 합니다.

[생각하며 나누는 시간]

1. 예수님은 어떤 분인가요?

2. 본문을 통해 나에게 주시는 하나님의 말씀이 있다면 어떤 것이 있는지 적어봅시다.

3. 예수님을 생각하면서 나를 향한 3가지의 은혜를 적어봅시다.

근원으로 돌아가라 (마 22:34~40)

22:34 예수께서 사두개인들로 대답할 수 없게 하셨다 함을 바리새인들이 듣고 모였는데
22:35 그 중의 한 율법사가 예수를 시험하여 묻되
22:36 선생님 율법 중에서 어느 계명이 크니이까
22:37 예수께서 이르시되 네 마음을 다하고 목숨을 다하고 뜻을 다하여 주 너의 하나님을 사랑하라 하셨으니
22:38 이것이 크고 첫째 되는 계명이요
22:39 둘째도 그와 같으니 네 이웃을 네 자신 같이 사랑하라 하셨으니
22:40 이 두 계명이 온 율법과 선지자의 강령이니라

근원으로 돌아가라 (마 22:34~40)

(도입)

　하늘과 땅에 속한 만물은 선함을 근원으로 하여 창조되었습니다. 그러나 마귀의 유혹으로 말미암아 인간은 죄를 범하게 되었고, 그 결과 하나님의 선함의 근원은 악함으로 물들게 됩니다. 하나님께서는 자신이 창조한 피조 세계의 회복을 위해 '은혜 언약'(창 3:15)을 발동합니다. '창조의 근원'으로 돌아가는 완전한 대속을 이루기 위해 성자 하나님께서 우리의 구세주인 '예수'가 되어줍니다. 그리고 완전한 대속의 값을 이루기 위해 '그리스도'의 사역을 이룹니다. 우리로 하여금 '천국의 근원'으로 돌아갈 수 있도록 하기 위해서입니다.

　지금 세상의 영혼들은 죄악의 사슬에 묶여 영적 흑암

가운데 살아가고 있습니다. 사람들은 나름대로 논리를 펼치면서 진리를 말한다고 하지만 이 또한 자신들의 주장에 불과합니다. 영적 흑암 가운데 펼쳐지는 모순 또한 '창조의 근원'으로 돌아가야 회복이 되고, 해결됩니다. '창조의 근원'으로 돌아가기 위해서는 영적 흑암 가운데 놓여 있는 영혼들을 일깨워야 합니다. 영적 개혁이 요구되고 있습니다. 이 땅에서 펼쳐나갈 영적 개혁을 우리는 어떤 신앙의 모습으로 이루어가야 할까요?

(34~35) 지식을 앞세우고 논리적인 것을 제시하는 신앙이 아니라 십자가의 진리를 깨달아 아는 신앙의 근원으로 돌아가도록 영적인 개혁을 불러일으켜야 합니다

구원의 진리를 증거하고 있는 예수님을 대항하기 위해 바리새인과 사두개인들이 연합합니다. 이들의 율법적 지식은 이미 유대 사회로부터 인정받아 왔습니다. 그러나 자신들의 지식으로 만든 율법적 해석과 장로의 유전을 가르치던 자들 그리고 이 가르침을 따르던 유대인도 예외 없이 죄인이라는 것을 예수님은 밝힙니다. 이런 가운데 예수님의 가르침이

"죄 사함"으로 옮겨집니다. 그러나 이들은 예수님의 가르침을 진리에 따른 말씀으로 받아들이지 않습니다.

이 시대는 지식과 상식이 차고 흘러넘치는 시대입니다. 과학을 바탕으로 한 전문화된 지식은 누가 들어도 "맞다"라고 평가할 정도로 매우 논리적입니다. 이런 시대를 살아가면서 신앙 또한 믿음이 아니라 논리적인 것을 받아들이는 방향으로 흘러가고 있습니다. 진리를 전문화된 지식에 맞춰 해석하는 경향들이 생겨나기 시작합니다. 그러나 분명한 것은 지식이 많다고 진리를 아는 것은 아닙니다. (롬 10:17)은 여기에 대해 분명한 답을 줍니다. "믿음은 들음에서 나며, 들음은 그리스도의 말씀으로 말미암았느니라"

지금의 시대는 논리적 지식을 앞세워 하나님의 진리의 말씀을 판단하는 새로운 영적 흑암 시대입니다. 바리새인과 사두개인들이 진리의 말씀을 증거하는 예수님을 공격하기 위해 '율법사'를 세운 것처럼 지금의 세상은 과학적 지식과 논리를 앞세운 합리라는 형틀 안에서 진리를 짓밟고 있습니다. (행 16:31)에서 증거하고 있는 "주 예수를 믿으라 그리하면 너와 네 집이 구원을 받으리라"라는 진리의 복음을 종교적 편견으로 받아들입니다. 마귀가 펼쳐 놓은 새로운 영적 흑암 속에 사로잡힌 결과물입니다. 이런 영적 흑암을 깨뜨려야 합니다. 지식을 앞세워 논리적인 것을 제시하는 신앙이 아니라 '십자가의 진리'를 깨달아 아는 신앙의 근원으로 돌아가도록 영적인 개혁을 불러일으켜야 합니다.

(36~39) 세상 가운데 하나님을 찬양하고 경배하는 예배 문화를 세워 나가야 하며 하나님의 형상에 대한 바른 가치관의 회복을 통해 창조의 근원으로 돌아가는 영적 개혁을 일으켜야 합니다

예수님을 향한 한 '율법사'의 공격은 매우 전문성을 띠고 있었습니다. 정중하면서도 곤경에 빠뜨리기 충분한 방법을 사용합니다. "선생님 율법 중에서 어느 계명이 크니이까?" 당시 바리새파 가운데는 양대 산맥이라 일컫는 학파가 있었습니다. '힐렐학파'는 예수님께서 가르침을 줬던 "남에게 대접을 받고자 하는 대로 너희도 남을 대접하라"(마 7:12)라는 '황금률'의 가르침을 매우 중요하게 여기고 있었습니다. 그런가 하면 '랍비 아카비'는 '이웃 사랑'을 큰 계명으로 꼽으며, 사람들을 가르쳤습니다.

유대인들은 전체 율법이 가지는 613가지의 법도와 규례를 248개의 중요한 율법과 365개의 덜 중요한 율법으로 구분하였습니다. 그러다 보니 율법을 가르치는 학파마다 서로 다른 견해들이 펼쳐지면서 율법의 중요성을 통해 논쟁을 일으키곤 했습니다. '율법사'의 날카로운 질문은 이런 율법적 해석의 구조 속에 폭탄을 던지고 있었습니다. 예수님이 어떤 대답을 내놓더라도 상대로부터 공격을 피할 수 없도록 만듭니다. 그러나 말씀의 근원 되시는 예수님께서 망설임 없이 답을 줍니다. 답은 "사랑"이었습니다.

사랑에 대한 예수님의 가르침은 모든 학파의 가르침을 담고 있었으며, 율법이 무엇을 말하고 있는지 그 근원을 돌아보게 합니다. 첫째 되는 계명으로 "주 너의 하나님을 사랑하라"라는 계명의 가르침을 줍니다. 이 말씀은 인간은 하나님께서 사람을 창조하신 목적을 깨닫고 창조의 근원으로 돌아가야 한다는 것을 말하고 있습니다. 둘째 되는 계명으로 "네 이웃을 네 자신과 같이 사랑하라"라는 가르침을 줍니다. 이 말씀에는 '하나님 형상의 회복'에 따른 인간 세상을 돌아보게 합니다.

우리는 우리 자신과 세상으로 하여금 전인격적으로 하나님을 찬양하고 경배하도록 예배 문화를 바르게 세워야 합니다. 예배 문화를 세워 나가는 것은 '창조의 근원'으로 돌아가는 핵심적인 영적 개혁입니다. 왜냐하면! 예배 속에는 하나님께서 만물을 창조하고, 사람을 창조한 목적이 새겨있기 때문입니다. 예배의 회복은 하나님의 형상에 대한 바른 가치관의 회복을 일으킵니다. "하나님 보시기에 좋았더라"라는 '창조 회복'으로 이어집니다. 이것이 위로는 하나님을 향한 사랑으로 아래로는 이웃을 향한 사랑으로 그 모습이 나타나게 됩니다. 창조의 근원으로 돌아가는 영적 개혁을 일으키는 일에 잠시도 소홀함이 없어야 합니다.

(40) 하나님의 속성을 실현하는 사랑의 실천 사역을 통해 "하나님 보시기에 좋았더라"라고 말씀하신 창조의 근원과 그 정신을 회복시키는 영적 개혁을 일으켜야 합니다

'사랑'은 하나님의 속성을 가장 잘 나타내는 근본이요, 근원이며, '강령'입니다. '하나님을 향한 사랑'이 빠진다든지, '하나님의 형상'인 '이웃을 향한 사랑'이 없는 율법 준수는 껍데기에 불과합니다. (롬 13:10)은 증거하기를 "사랑은 율법의 완성"이라고 하였습니다. "하나님 보시기에 좋았더라!"입니다. 창조 회복입니다. 하나님을 찬양, 경배하는 '창조 회복'의 근원으로 돌아가는 개혁은 "하나님이 보시기에 좋았더라!"를 돌아보게 합니다. 그러니 '하나님의 형상'을 소홀하게 돌아볼 수가 없습니다.

'하나님을 향한 사랑' 그리고 '이웃을 향한 사랑의 강령'은 감성적인 것을 강조하는 것이 아닙니다. '창조 회복'의 본질, '근원으로의 회복'을 말합니다. 하나님을 사랑한다고 말하면서 하나님의 형상을 미워할 수는 없습니다. "하나님 보시기에 좋았더라"라는 하나님의 속성을 실현하는 영적 개혁을 일으켜야 합니다. 사랑을 실천하는 사역을 통해 '창조의 근원'으로 돌아가는 영적인 개혁을 일으켜야 합니다. 여기에 대해 앞장서는 하나님 나라의 백성이요, 군사 된 교회와 성도가 되어야 합니다.

(적용)

이 시대는 제2의 종교개혁을 필요로 하고 있습니다. 적그리스도화가 되어가고 있는 죄악 된 세상에서는 참된 아름다움을 발견할 수 없습니다. "하나님이 보시기에 좋았더라"라는 '창조의 근원'으로 돌아가야 합니다. '창조 회복'을 일으켜야 합니다. '창조 회복'을 일으키기 위해서 우리는 두 가지의 분명한 개혁을 펼쳐나가야 합니다. 첫 번째는 '십자가의 신앙'입니다. 두 번째는 하나님의 속성을 나타내는 '사랑'의 실천입니다. 이를 통해 '창조 회복'의 영적 개혁을 일으켜야 합니다. 적그리스화 되어 무너져가고 있는 세상을 '창조의 근원'으로 돌아가도록 영적 개혁을 힘 있게 펼쳐나가야 합니다.

[생각하며 나누는 시간]

1. 예수님은 어떤 분인가요?

2. 본문을 통해 나에게 주시는 하나님의 말씀이 있다면 어떤 것이 있는지 적어봅시다.

3. 예수님을 생각하면서 나를 향한 3가지의 은혜를 적어봅시다.

십자가의 신앙 (마 24:1~2)

24:1 예수께서 성전에서 나와서 가실 때에 제자들이 성전 건물들을 가리켜 보이려고 나아오니
24:2 대답하여 이르시되 너희가 이 모든 것을 보지 못하느냐 내가 진실로 너희에게 이르노니 돌 하나도 돌 위에 남지 않고 다 무너뜨려지리라

십자가의 신앙 (마 24:1~2)

(도입)

　예수님은 우리의 죄를 대속하기 위한 목적을 가지고 '성육신'하신 성자 하나님입니다. 예수님은 우리의 구원을 이루기 위해 '그리스도'의 사역을 감당합니다. 특히 '그리스도'라는 칭호는 '기름부음을 받은 자'를 가리키는 것으로, 성경에서는 '왕'과 '선지자'와 '제사장'의 직분을 가리키고 있습니다. 예수님께서 우리를 구원하기 위해 '그리스도'로서 대속의 사역을 이루어간 것은 아담이 범한 죄를 대속하기 위한 완전한 아담의 모습이었습니다.

　구원은 아담의 죄를 완전하게 대속한 예수 그리스도를 통해서만 이루어집니다. 우리는 예수 그리스도가 '십자가'에서 이룬 대속으로 말미암아 '성도'가 되었습니다. 성전에서 서기관들과 바리새인들의 외식하는 신앙을 지적했던 예수님께서 성전 건물들을 가리키면서 십자가와 관련된 가르침을 줍니다. 이 가르침 속에는 십자가 신앙과 관련된 우리를 향한 주님의 음성이 새겨져 있습니다. 우리는 이 시대 어떤 십자가의 성도로 자신의 모습을 세워야 할까요?

(1) 세상의 능력과 눈에 보이는 판단을 좇아 신앙하는 우상적이며, 세속적인 요소를 떨쳐버리고 모든 것을 다 이루신 예수 그리스도의 십자가 그늘 아래로 모여들기를 힘쓰는 십자가의 성도가 되어야 합니다

예수님 당시의 '성전'을 가리켜 '헤롯 성전'이라 불렀습니다. 이 '성전'은 B.C. 960년에 세워졌던 '솔로몬 성전'과 B.C. 516년에 재건했던 '스룹바벨 성전'에 비해 규모와 화려함은 최고에 달했습니다. 역사적으로 세 번째 건축된 '성전'이라 하여 '제3성전'으로 불리기도 한 '헤롯 성전'은 B.C. 20년경에 착공되어 A.D. 64년에 완공됩니다. (요 2:20)에 의하면 예수님 당시 이 성전은 46년째 계속해서 짓고 있었습니다. 총 80년이 넘는 긴 세월 동안 세워지고, 보완되었던 '성전'입니다. 예수님께서 '성전'을 나오셔서 제자들에게 '성전 건물들'을 가리켜 보인 것은 제자들로 하여금 '성전'에 대한 본질을 바르게 알도록 하기 위함이었습니다.

'성전'의 기능은 건물의 가치를 드러내고, 그 건물의 중요성을 말하는 것에 있지 않습니다. '성전'을 통해 제자들은 먼저 자신들이 하나님 앞에 '죄인'이라는 것을 깨달아야 했습니다. 그리고 자신들이 '선민'이 아니라 '하나님의 은혜'로 세워진 존재라는 것을 깨달아야 했습니다. 예수님이 볼 때, 바리새인들과 타락한 제사장들이 움직이고 있는 '성전'은 신앙을 팔아먹는 매매 장소였습니다. 하나님을 향한 신앙의 본질을 무너뜨리고 있었습니다.

우리의 신앙이 세상의 능력과 눈에 보이는 판단을 좇아 신앙했던 예수님 당시의 '타락한 성전의 신앙'이 되지 않아야 합니다. '자신을 드러내고', '자신을 자랑삼는' 세속적인 요소를 떨쳐버려야 합니다. 예수님이 보고 계십니다. 하나님 앞에 죄인인 자신의 모습을 돌아보는 신앙이 되어야 합니다. 모든 것을 다 이루신 예수 그리스도의 십자가 그늘 아래로 모여들기를 힘쓰는 십자가의 성도가 되어야 합니다.

(2) 무너질 형식과 방법을 따르다가 마귀와 결탁하는 걸음을 걷지 않도록 구원의 진리만을 좇아가는 십자가의 성도가 되어야 합니다

예수님께서 '성전 건물들'을 가리키며 '성전'이 무너질 것을 말씀합니다. "돌 하나도 돌 위에 남지 않고 다 무너뜨려지리라!" (사 56:7)에 의하면 '성전'은 '기도하는 처소'입니다. 그리고 (렘 7:2)과 (렘 26:2)에 따르면 '성전'은 '하나님을 예배하는 집'입니다. 이런 '성전'을 가리켜 "돌 하나도 남지 않고 다 무너뜨릴 것"을 말씀합니다. 이 말씀은 성전이 가지고 있는 성격과 장차 될 일에 대한 예언의 말씀이었습니다. '십자가의 모형'으로 존재했던 '성전 건물'은 예수 그리스도께서 인간의 죄를 대속할 '십자가'로 완성을 이룰 것이기에 더 이상 존재할 이유가 없다는 것을 말하고 있습니다.

예수님께서 십자가에서 인간의 죄를 대속하며 이 모든 것들을 다 이룹니다. (마 27:51)과 (막 15:38)에 따르면 그때 성소의 휘장이 위에서부터 아래로 찢어집니다. 인간의 죄로 막혔던 '담'과 같은 '막'이 제거됩니다. 이제 '성소'는 '기도하는 처소'가 되고 하나님을 '예배하는 집'은 될지라도 죄 사함의 역할을 감당하는 '제사하는 곳'은 아니었습니다.

'구원의 진리'인 '십자가 복음'으로 교회를 지키고, 성도들은 신앙을 지켜나가야 합니다. 세속과 시대에 부응한다면서 새로움을 주장하는 '타락한 성전 신앙', '무너진 성전 신앙'에는 구원의 진리가 없습니다. 무너질 형식과 방법을 따르다가 마귀와 결탁하는 걸음을 걷는 자가 되지 않아야 합니다. '구원의 진리'만을 좇아가는 '십자가의 성도'가 되어야 합니다. 모든 것을 다 이루신 십자가만이 구원의 길이요, 진리라는 것을 마음 판에 각인하고, 또 각인시켜야 합니다.

(2) 장차 이루어질 일에 대해 과학이나 유명한 사람의 말을 따르는 자가 아니라 하나님께서 이미 주신 말씀만을 따라가는 십자가의 성도가 되어야 합니다

예수님께서 "돌 하나도 돌 위에 남지 않고 다 무너뜨려지리라"라고 말씀하신 것처럼 예수님께서 십자가에서 죄를 대속하심으로서 '성전'은 인간의 죄를 사하는 곳이 아니라 '건물'로 남아 있게 됩니다. 이런 성전의 무너짐과 관련한 예수님의 말씀은 A.D. 70년 디도에 의해 무너짐을 당하는 사건으로 나타납니다. 그리고 종말의 실현과 관련됩니다. (계 20:11~15절), (계 21장)과 (22장)은 '백보좌 심판대'에서 일어날 사건을 증거하고 있습니다. '불신자들'은 '지옥의 불못'에 던져집니다. 그리고 '십자가로 구원받은 자들'은 '새 하늘과 새 땅'이라는 '새 예루살렘' 즉, '천국'에 거하게 될 것과 연결됩니다.

성경은 장차 이 땅에서 일어날 종말에 관한 내용들을 증거하고 있습니다. 이런 말씀을 과학이 증명하지 않는 것은 인정하지 않는다든지, 유명한 사람들의 말을 더 우선하여 성경이 말하는 진리를 거부하고, 부인하는 사람들이 많이 생겨나고 있습니다. 그러나 성경은 이런 사실조차 예언하고 있습니다. (계 13장)에 의하면 '거짓된 말씀'으로 그리고 '이적'을 일으키는 모습으로 사람들을 미혹한다고 하였습니다. (마 24:4)과 (5절)은 말씀합니다. "너희가 사람의 미혹을 받지 않도록 주의하라 많은 사람이 내 이름으로 와서 이르되 나는 그리스도라 하여 많은 사람을 미혹하리라" 유명한 사람의 말을 따르는 자가 아니라 하나님께서 이미 주신 말씀만을 따라가는 십자가의 성도가 되어야 합니다.

(적용)

예수 그리스도가 이룬 구원의 십자가를 떠나서는 구원이 없습니다. 사람들은 선한 행위를 통한 구원을 말합니다.

그러나 그곳에는 '무너진 돌'이 있을 뿐입니다. 예수 그리스도의 십자가가 아니라 '감언이설'로 사람들을 감동 감화시킵니다. 그러나 그곳에도 구원은 없습니다. '무너진 돌'이 있을 뿐입니다. 종말을 죄악에 대한 심판이 아니라 과학을 앞세운 자연적 현상으로 설명합니다. 그러나 그곳에도 '무너진 돌'이 있을 뿐입니다.

예수 그리스도의 십자가 그늘 아래로 모여들기를 힘쓰는 십자가의 성도가 되어야 합니다. 무너질 형식과 방법을 따르다가 마귀와 결탁하는 걸음을 걷는 자가 되지 않아야 합니다. '구원의 진리'만을 좇아가는 십자가의 성도가 되어야 합니다. 장차 이루어질 일에 대해 과학이나 유명한 사람의 말을 따르는 자가 아니라 하나님께서 이미 주신 말씀만을 따라가는 십자가의 신앙으로 자신을 세워야 합니다.

[생각하며 나누는 시간]

1. 예수님은 어떤 분인가요?

2. 본문을 통해 나에게 주시는 하나님의 말씀이 있다면 어떤 것이 있는지 적어봅시다.

3. 예수님을 생각하면서 나를 향한 3가지의 은혜를 적어봅시다.

종말의 징조와 말씀의 성취 (마 24:3~14)

24:3 예수께서 감람 산 위에 앉으셨을 때에 제자들이 조용히 와서 이르되 우리에게 이르소서 어느 때에 이런 일이 있겠사오며 또 주의 임하심과 세상 끝에는 무슨 징조가 있사오리이까
24:4 예수께서 대답하여 이르시되 너희가 사람의 미혹을 받지 않도록 주의하라
24:5 많은 사람이 내 이름으로 와서 이르되 나는 그리스도라 하여 많은 사람을 미혹하리라
24:6 난리와 난리 소문을 듣겠으나 너희는 삼가 두려워하지 말라 이런 일이 있어야 하되 아직 끝은아니니라
24:7 민족이 민족을, 나라가 나라를 대적하여 일어나겠고 곳곳에 기근과 지진이 있으리니
24:8 이 모든 것은 재난의 시작이니라
24:9 그 때에 사람들이 너희를 환난에 넘겨 주겠으며 너희를 죽이리니 너희가 내 이름 때문에 모든 민족에게 미움을 받으리라
24:10 그 때에 많은 사람이 실족하게 되어 서로 잡아 주고 서로 미워하겠으며
24:11 거짓 선지자가 많이 일어나 많은 사람을 미혹하겠으며
24:12 불법이 성하므로 많은 사람의 사랑이 식어지리라
24:13 그러나 끝까지 견디는 자는 구원을 얻으리라
24:14 이 천국 복음이 모든 민족에게 증언되기 위하여 온 세상에 전파되리니 그제야 끝이 오리라

종말의 징조와 말씀의 성취 (마 24:3~14)

(도입)

종말의 날을 알리는 징조는 '하늘'과 '땅'이라는 '자연계'를 통해 그리고 '짐승'과 '적그리스도'라는 '세력'을 통해서도 나타납니다. 심지어 교회를 통해서도 그 징조가 나타납니다. '이레의 사건'입니다. '전 3년 반'의 '대회개' 사건과 '후 3년 반'에 나타날 '대배교' 사건입니다. 예수님께서 우리의 죄를 대속할 십자가를 지시기 전, 성전 정화 사건을 일으킵니다. 그리고 서기관들과 바리새인들과 논쟁을 마치고 감람산에 도착합니다. 여기서 제자들에게 종말과 관련된 중요한 말씀을 줍니다. 일명 '감람산 강화'라 일컫는 종말의 말씀입니다.

예수님께서는 종말의 징조를 알리면서 종말의 날을 흔

들림 없이 잘 예비하도록 합니다. 종말과 관련하여 마귀의 세력들에게는 "피할 수 있으면"이라는 말씀이 적용된다면 구원의 반열에 세워진 우리에게는 "속히 오리라"라는 말씀이 적용됩니다. 예수님께서 종말을 계시해 주신 이유는 우리로 하여금 "그렇게 해야 한다"라는 것을 가르쳐주고 있었습니다. 우리는 종말을 어떤 신앙의 자세로 준비하고, 어떤 신앙의 자세로 임해야 할까요?

(3~8) 흑암의 세력에 갇힌 어리석은 자들처럼 종말의 징조 속에서 미혹을 바라보지 말고 종말의 징조를 통해 하나님께서 말씀하신 것의 성취를 영적으로 바라보는 신앙의 자세를 가져야 합니다

종말의 징조는 자연적 현상으로 일어나는 것이 아닙니다. 종말의 날이 다가왔다는 것을 알리는 하나님의 신호입니다. 종말의 징조는 이런 사실로부터 접근해야 합니다. 종말에 관한 예수님의 가르침에 대해 제자들은 두 가지를 질문합니다. 하나는 '종말의 때'입니다. 또 다른 하나는 '종말의 징조'입니다. 종말의 때는 누가 주관하나요? 하나님입니다. 그러면 종말의 징조는 누가 주관하는가요? 하나님입니다. 이런 종말의 날을 향해 나아갈 때 나타나는 대표적인 현상이 있습니다. '미혹하는 영'의 강력한 활동입니다. '미혹'은 아주 다양한 방법으로 나타납니다. 정신을 차릴 수 없을 정도로 다양하게 공격합니다. 이때 그리스도라 칭하는 거짓된 자의 미혹된 말에 속으면 말씀에 대한 분별력을 잃어버리게 되고 '영적 팔랑개비'가 됩니다.

미혹을 이길 수 있는 가장 원초적인 방법은 자신을 말씀으로 단단히 동여매는 방법뿐입니다. 말씀 안에서 순종하고, 말씀이 거울이 되고, 말씀이 등불이 되어야만 미혹을 발견할 수 있고, 분별할 수 있습니다. '전쟁'과 '기근'과 '지진', '질병' 그리고 하늘에서 일어나는 끔찍한 자연의 무너짐에 따른 강력한 현상이 종말을 알리는 징조로 등장하게 됩니다. 여기에 대해 분명히 알아야 할 것이 있습니다. 흑암에 속한 어리석은 자들은 종말의 징조 속에서 미혹을 바라봅니다. 그러나 하나님의 영에 사로잡힌 자는 종말의 징조를 통해 말씀의 성취를 바라보게 됩니다. 우리는 이 사실을 명심하고 말씀을 통해 영적 분별력을 강력하게 길러내는 일에 더욱 부지런해야 합니다. 이 일에 게으르지 않아야 합니다.

(9~13) 종말의 대환난 가운데 일어날 대배교 현상이 교회를 무너뜨릴 것처럼 보여도 하나님께서는 이 과정을 통해 가라지와 쭉정이를 교회로부터 분리해 내는 역사를 펼쳐간다는 것을 잊지 않아야 합니다

종말의 징조 가운데 아주 강력한 사건이 전개됩니다. 일곱 번째 나팔 재앙이라 불리는 '셋째 화'에 해당하는 '마흔 두 달의 환난'입니다. (계 13:5 이하)에 따르면 짐승이 거짓된 말씀의 권세로 하나님을 비방하고, 십자가에서 우리의 죄를 대속한 예수 그리스도의 이름과 그 이름 위에 세워진 교회를 비방합니다. 그리고 자신이 '참 그리스도'이며, 자신들의 교회가 '참 교회'라고 거짓 선동합니다. 이 거짓된 소리에 교회가 강력하게 흔들립니다. 그러나 두려워하지 마십시오! 하나님께서 교회 가운데 숨어 있는 거짓된 자들을 교회로부터 분리하기 위해 일하고 계시는 것입니다. '가라지'와 '쭉정이'를 제거하기 위해 악한 것들을 잠시 사용할 뿐입니다.

교회 가운데 순교자가 나타납니다. 그리스도의 이름 때문에 '모든 민족에게' 미움을 받습니다. 거짓 선지자가 일어나 강력하게 미혹합니다. 이 사건을 가리켜 (계 14:14~20)은 '마지막 추수의 때'라고 말씀을 주고 있습니다. 종말의 대환난에 일어날 대배교 현상이 교회를 무너뜨리는 것처럼 보입니다. 그러나 이것 또한 마귀의 승리가 아닙니다. "다 이루었다"(요 19:30)라고 십자가에서 말씀하신 것의 성취를 이루고 있는 장면입니다. 종말의 대환난을 통해 마치 마귀가 승리를 거두는 것처럼 느껴지는 그 순간도 하나님은 일하고 계십니다. 하나님께서 교회로부터 '가라지'와 '쭉정이'를 걸러내는 작업을 하고 계신다는 것을 잊지 않아야 합니다.

(14) 마치 핍박이 교회를 끝장낼 것만 같은 징조 속에서도 복음은 땅끝까지 증거되어 하나님의 택한 백성들을 불러 모으는 역사를 펼쳐간다는 것을 잊지 않아야 합니다

예수님께서 종말에 대한 가르침을 줍니다. 종말의 결론은 "복음이 끝내는 승리한다"입니다. 마귀의 세력들은 이런 종말에 대한 결론을 부인하려고 합니다. 그러나 심판을 통해 결국은 알게 됩니다. (마 25:30)은 증거하고 있습니다. "이 무익한 종을 바깥 어두운 데로 내쫓으라 거기서 슬피 울며 이를 갈리라 하니라" 하나님께서는 자기 백성을 마귀의 세력에게 먹힘을 당하도록 내버려두지 않습니다. 하나님의 택한 백성은 최후의 승리자가 쓰는 '면류관'으로 결론을 맺습니다.

택한 백성 가운데는 '완악한 자'가 있습니다. 하나님께서 그를 부르기 위해 핍박이라는 도구를 사용합니다. 그때 마귀는 자신이 승리할 수 있다는 착각에 빠져 더 열심히 핍박합니다. "땅끝까지" 말입니다. 마귀는 그 핍박이 하나님께서 자기 백성 가운데 완악한 자를 회개시켜 주님 품으로 돌아오게 하고, '가라지'와 '쭉정이'는 교회 가운데서 가려내어 불못에 던지기 위한 하나님의 일하심이라는 것을 알지 못합니다. 분명한 것은 핍박이 교회를 끝장낼 것만 같은 징조 속에서도 복음은 땅끝까지 증거되고 있다는 것입니다. 하나님의 약속의 말씀이 성취되고 있다는 증거입니다. 하나님의 택한 백성을 불러 모으는 하나님의 일하심이 계속되고 있다는 것을 증거하고 있습니다.

(적용)

종말의 징조를 세상에 속한 사람들의 사고관으로 바라보는 위험에 빠지지 않아야 합니다. 이런 사고관으로는 오실 주님이 우리를 향해 잔치의 한 마당을 펼치고 있다는 것을 영적으로 보이지 못합니다. 두려움이 나를 사로잡고 있을 뿐입니다. 우리는 종말의 징조를 통해 하나님의 말씀의 성취인

'예언의 성취'를 바라볼 수 있어야 합니다. 종말의 바른 신앙관으로 자신을 영적으로 바르게 세워야 합니다.

종말의 징조는 두 가지 뚜렷한 현상으로 그 모습이 나타납니다. 하나는 마귀에게 속한 자들은 미혹의 영에 의해 더욱 마귀의 세력을 신봉하게 됩니다. 여기에 짐승과 거짓 선지자가 깊이 관여합니다. 또 다른 하나는 이 과정을 통해 하나님께서는 교회 속에 있는 '가라지'와 '쭉정이'를 구별해 냅니다. 그리고 하나님의 택한 백성으로 하여금 하나님의 말씀의 성취를 바라보게 합니다. 종말의 대환난이 마치 교회를 끝장낼 것처럼 보여도 교회는 최후의 승리자들이 거하는 처소요, 악한 것들에게 빼앗김을 당하지 않을 '보호처'가 됩니다. 우리는 종말의 징조를 바라보면서 (계 22:20)의 말씀처럼 이렇게 외치는 신앙이 되어야 합니다. "아멘 주 예수여 오시옵소서"

[생각하며 나누는 시간]

1. 예수님은 어떤 분인가요?

2. 본문을 통해 나에게 주시는 하나님의 말씀이 있다면 어떤 것이 있는지 적어봅시다.

3. 예수님을 생각하면서 나를 향한 3가지의 은혜를 적어봅시다.

등과 기름 (마 25:1~13)

25:1 그때에 천국은 마치 등을 들고 신랑을 맞으러 나간 열 처녀와 같다 하리니
25:2 그 중의 다섯은 미련하고 다섯은 슬기 있는 자라
25:3 미련한 자들은 등을 가지되 기름을 가지지 아니하고
25:4 슬기 있는 자들은 그릇에 기름을 담아 등과 함께 가져갔더니
25:5 신랑이 더디 오므로 다 졸며 잘새
25:6 밤중에 소리가 나되 보라 신랑이로다 맞으러 나오라 하매
25:7 이에 그 처녀들이 다 일어나 등을 준비할새
25:8 미련한 자들이 슬기 있는 자들에게 이르되 우리 등불이 꺼져가니 너희 기름을 좀 나눠 달라 하거늘
25:9 슬기 있는 자들이 대답하여 이르되 우리와 너희가 쓰기에 다 부족할까 하노니 차라리 파는 자들에게 가서 너희 쓸 것을 사라 하니
25:10 그들이 사러 간 사이에 신랑이 오므로 준비하였던 자들은 함께 혼인 잔치에 들어가고 문은 닫힌지라
25:11 그 후에 남은 처녀들이 와서 이르되 주여 주여 우리에게 열어 주소서
25:12 대답하여 이르되 진실로 너희에게 이르노니 내가 너희를 알지 못하노라 하였느니라
25:13 그런즉 깨어 있으라 너희는 그 날과 그 때를 알지 못하느니라

등과 기름 (마 25:1~13)

(도입)

　유대인들의 혼인 풍습에 따르면 혼례 전에 신랑이 신부의 집에 먼저 들립니다. 그리고 신랑은 신부의 집에서 간단한 종교적인 의식을 치른 후, 신부와 신부의 들러리들을 신랑의 집으로 데려갑니다. 그리고 혼인 잔치를 치릅니다. 예수님께서는 십자가 사건 이후 자신이 이 땅에 다시 오실 '재림의 날'을 가리켜 신랑과 신부가 '혼인하는 날'로 비유하고 있습니다. 그리고 혼인 잔치의 한 장면을 비유로 사용하여 종말과 관련이 있는 중요한 내용을 계시해 주고 있습니다.
　신랑을 맞이하기 위해 등불을 들고 있는 들러리 가운데 세워진 '열 처녀'의 비유에는 신랑을 맞이하는 분류와 그렇지 못한 분류가 소개되고 있습니다. 문제의 차이는 신랑을 맞이하기 위해 똑같이 기다리고 있었지만 언제 올지 모르는 신랑을 맞이하기 위해 예비한 '등'과 '기름'의 차이였습니다. 열 처녀의 비유에 등장하는 두 분류의 '등과 기름'은 종말과 관련하여 우리에게 무엇을 계시해 주고 있을까요?

(1~6) 종말에 무너짐을 당하지 않도록 믿음의 등불을 들고 기도하는 신앙으로 종말을 영적으로 깨어서 기다리는 신앙의 자세를 가져야 합니다

　　예수님은 제자들에게 열 처녀의 비유를 통해 종말에 일어날 구원과 심판에 대한 가르침을 줍니다. 이때 소개된 '열 처녀'는 모든 인류를 상징하는 '충만'의 숫자로 표현되고 있습니다. '열 처녀'를 '미련한 처녀'와 '슬기로운 처녀'로 나눈 것은 세상 가운데는 구원받을 자와 구원받지 못할 두 분류가 있다는 것을 가르쳐 주고 있습니다. 신랑을 맞이하는 날을 위해 '열 처녀'가 모두 '등불'을 들고 있습니다. 주님의 재림은 (막 13:32)에 의하면 오직 아버지만이 알고 계십니다. 이것을 (벧후 3:10)에서는 주인이 알지 못하는 시간에 도둑이 그 집의 담을 넘어오는 것으로 표현하고 있습니다. 그러므로 신랑이 언제 올지 모르니 신랑을 맞이하기 위해서는 '등불'이 항상 켜있어야 하고, 등불에 사용할 기름이 항상 준비되어 있어야 합니다.

    신랑이 오는 시간이 예상보다 늦어집니다. 신랑을 기다리고 있던 '슬기 있는 자'도 '미련한 자'도 모두 졸고 있습니다. (벧후 3:8과 9)은 말합니다. "주님의 재림의 날이 사람들이 생각하는 것보다 더디 임하는 이유는 주께서 택한 백성들을 모두 회개시키기 위해서입니다." (계 6:11)은 말합니다. "그 수가 차기까지"입니다. '등'은 '믿음'을 상징하고 있습니다. '믿음의 등불'을 들고 있다고 자만하거나 수수방관해서는 안 됩니다. 영적으로 깨어 주님이 오시는 때를 항시 준비하는 성도가 되어야 합니다.

    십자가 사건을 눈앞에 두고 겟세마네 동산에서 기도하던 예수님께서 졸고 있는 제자들을 향해 말씀합니다. "시몬아! 자느냐 네가 한 시간도 깨어 있을 수 없더냐! 시험에 들지 않게 깨어 있어 기도하라!"(막 14:37~38) 종말에 무너짐을 당하지 않도록 믿음이라는 신앙의 등불을 들고 있어야 합니다. 문제는 오실 주님을 맞이할 수 있는 영적인 자세입니다. 영적으로 깨어 있지 않으면 마귀가 뿌려놓은 영적 마비 상태에 빠지게 됩니다. 영적으로 분별력을 잃어버리지 않고 깨어 있도록 기도하며 종말을 영적으로 무장시켜 나가는 성도가 되어야 합니다.

(7~10) 인본적이거나 다른 믿음의 등과 그릇된 기름이 아니라 십자가의 믿음의 등과 성령 충만함의 기름으로 자범죄를 회개하며 종말의 때를 예비하는 성도가 되어야 합니다

　　예수님의 말씀에 따르면 사람들은 각자의 믿음으로 종말을 예비합니다. '등'은 '믿음'을 말하고 있습니다. 그러나 '슬기로운 자들'이 들고 있는 '등'과 '미련한 자들'이 들고 있는 '등'은 분명히 그 근본이 다른 '믿음의 등'이었습니다. '미련한 자들'이 들고 있는 '등'은 예수 그리스도의 십자가가 없는 자신들의 방식을 믿는 '율법적 믿음의 등'이었습니다. 스스로 예수라고 일컫는 거짓된 이단의 세력과 같은 '적 그리스도를 향한 믿음의 등'도 있습니다. 반면 '슬기로운 자들'이 들고 있는 '등'은 예수 그리스도가 우리의 죄를 대속하여 이룬 십자가를 믿는 '믿음이 새겨진 등'이었습니다.
　　'미련한 자들의 등'에 담긴 '기름'이 '세속을 담고 있는 기름'이었다면 '슬기로운 자들의 등'에 담긴 기름은 '내면적 신앙'을 담고 있는 '성령의 기름'이었습니다. (눅 4:18)에 따르면 '기름'은 '내면적 신앙'으로 '성령의 능력'과 '하나님의 은혜'를 담고 있습니다. '십자가로 세워진 믿음의 등'에 담긴 기름은 종말의 때를 이기는 '마르지 않는 기름'이었습니다. '성령의 능력'은 마르지 않습니다. '하나님의 은혜'는 마르지 않습니다. 그러나 미련한 자들의 '거짓된 믿음의 등'에 담긴 기름은 '세속적인 거짓된 기름'이었습니다. 자신들의 믿음이 거짓된 가짜 믿음이라는 사실을 주님이 오시는 그날, 진실을 알게 됩니다. 기름이 마르고, 떨어집니다.

신랑이 신부의 집에 왔을 때입니다. 그때 '십자가의 믿음의 등'과 '성령의 기름'으로 준비된 신부의 들러리 '다섯 명'은 잔치에 초대를 받아 그 집에 들어갑니다. 그리고 문이 닫힙니다. '미련한 다섯 명'은 신랑을 맞이하지도 못하고, 잔치에 참여할 자격을 박탈당합니다. 인본적이고, '다른 믿음의 등'과 '그릇된 기름'이 아니라 '십자가의 믿음의 등'과 '성령 충만함의 기름'으로 자범죄를 회개하며 종말의 때를 잘 예비하는 성도가 되어야 합니다.

(11~13) 주님의 재림의 때를 십자가가 근원을 이루고 있는 진리의 말씀으로 깨어 있어야 하며, 그 말씀을 믿는 믿음으로 그날을 잘 준비하는 성도가 되어야 합니다.

우리가 살아가는 지금의 때를 가리켜 '복음의 때'요, '은혜의 때'라고 일컫습니다. 그러나 주님이 다시 오시는 그날은 '종말의 날'이라는 것을 철저히 염두에 두셔야 합니다. '종말의 날'이라는 것은 세상의 끝만을 말하는 것이 아닙니다. '복음의 때'와 '은혜의 때'가 사라지고 '양'과 '염소'를 갈라놓는 '판결의 때'가 존재하게 됩니다. '백보좌 심판대'(계 20:11)가 세워지는 종말에는 회개와 용서는 존재하지 않습니다. 그때는 오직! 판결만이 존재합니다. 더 이상 구원은 없습니다. 예수님께서 말씀합니다. "나더러 주여 주여 하는 자마다 다 천국에 들어갈 것이 아니요 다만 하늘에 계신 내 아버지의 뜻대로 행하는 자라야 들어가리라"(마 7:21)

(계 19:20)은 말씀합니다. "짐승이 잡히고 그 앞에서 표적을 행하던 거짓 선지자도 함께 잡혔으니 이는 짐승의 표를 받고 그의 우상에게 경배하던 자들을 표적으로 미혹하던 자라 이 둘이 산 채로 유황불 붙는 못에 던져지고" 주님의 재림의 날을 위해 십자가가 근원을 이루고 있는 진리의 말씀

으로 깨어 있어야 합니다. "거짓 그리스도들과 거짓 선지자들이 일어나서 이적과 기사를 행하여 할 수만 있으면 택하신 자들을 미혹하려 하리라"(막 13:22)라고 예수님께서 말씀하셨습니다. 십자가가 근원을 이루고 있는 진리의 말씀으로 그 날을 잘 준비하는 성도가 되어야 합니다.

(적용)

사람들은 각자 다양한 믿음의 등을 들고 종말을 맞이하게 됩니다. 이때 예수 그리스도를 구세주로 믿는 '믿음의 등'에는 마르지 않는 '성령의 기름'이 담겨 있습니다. '하나님의 은혜'가 마르지 않습니다. 그러나 거짓된 선지자에 이끌려 거짓된 말씀을 따르던 믿음, 적그리스도 위에 올려진 믿음은 종말의 날에 '마른 기름'의 모습을 하게 됩니다. 종말의 날은 회개와 용서가 승인되는 날이 아닙니다. 오직! 판결만이 있을 뿐입니다. 인본적이고, 세속적이며, 이단성을 가진 '다른 믿음의 등'과 '그릇된 기름'은 심판을 면하지 못합니다. '십자가의 믿음의 등'과 '성령의 충만함의 기름'으로 자범죄를 회개하며 종말의 때를 잘 예비하는 성도가 되어야 합니다.

[생각하며 나누는 시간]

1. 예수님은 어떤 분인가요?

2. 본문을 통해 나에게 주시는 하나님의 말씀이 있다면 어떤 것이 있는지 적어봅시다.

3. 예수님을 생각하면서 나를 향한 3가지의 은혜를 적어봅시다.

하나님 나라를 상속받을 자 (마 25:31~46)

25:31 인자가 자기 영광으로 모든 천사와 함께 올 때에 자기 영광의 보좌에 앉으리니
25:32 모든 민족을 그 앞에 모으고 각각 구분하기를 목자가 양과 염소를 구분하는 것 같이 하여
25:33 양은 그 오른편에 염소는 왼편에 두리라
25:34 그 때에 임금이 그 오른편에 있는 자들에게 이르시되 내 아버지께 복 받을 자들이여 나아와 창세로부터 너희를 위하여 예비된 나라를 상속받으라
25:35 내가 주릴 때에 너희가 먹을 것을 주었고 목마를 때에 마시게 하였고 나그네 되었을 때에 영접하였고
25:36 헐벗었을 때에 옷을 입혔고 병들었을 때에 돌보았고 옥에 갇혔을 때에 와서 보았느니라
25:37 이에 의인들이 대답하여 이르되 주여 우리가 어느 때에 주께서 주리신 것을 보고 음식을 대접 하였으며 목마르신 것을 보고 마시게 하였나이까
25:38 어느 때에 나그네 되신 것을 보고 영접하였으며 헐벗으신 것을 보고 옷 입혔나이까
25:39 어느 때에 병드신 것이나 옥에 갇히신 것을 보고 가서 뵈었나이까 하리니
25:40 임금이 대답하여 이르시되 내가 진실로 너희에게 이르노니 너희가 여기 내 형제 중에 지극히 작은 자 하나에게 한 것이 곧 내게 한 것이니라 하시고

25:41 또 왼편에 있는 자들에게 이르시되 저주를 받은 자들아 나를 떠나 마귀와 그 사자들을 위하여 예비된 영원한 불에 들어가라
25:42 내가 주릴 때에 너희가 먹을 것을 주지 아니하였고 목마를 때에 마시게 하지 아니하였고
25:43 나그네 되었을 때에 영접하지 아니하였고 헐벗었을 때에 옷 입히지 아니하였고 병들었을 때와 옥에 갇혔을 때에 돌보지 아니하였느니라 하시니
25:44 그들도 대답하여 이르되 주여 우리가 어느 때에 주께서 주리신 것이나 목마르신 것이나 나그네 되신 것이나 헐벗으신 것이나 병드신 것이나 옥에 갇히신 것을 보고 공양하지 아니하더이까
25:45 이에 임금이 대답하여 이르시되 내가 진실로 너희에게 이르노니 이 지극히 작은 자 하나에게 하지 아니한 것이 곧 내게 하지 아니한 것이니라 하시리니
25:46 그들은 영벌에, 의인들은 영생에 들어가리라 하시니라

하나님 나라를 상속받을 자 (마 25:31~46)

(도입)

하나님께서 아담과 여자를 피조하고 그들을 머물게 했던 곳이 어디입니까? '에덴동산'입니다. 에덴동산은 하나님께서 인간으로 하여금 영원한 생명과 복락을 누리도록 허락한 장소였습니다. 그러나 인간은 하나님께 범죄하였고, 그 죄로 말미암아 영생과 복락을 누릴 수 없게 됩니다. 영원한 생명과 복락이 함께하는 '에덴동산'의 회복을 가리키는 '천국'은 '죄'의 문제를 해결하지 않고는 갈 수 없는 곳입니다.

(마 25장)의 세 가지 비유는 '회개'와 '용서'를 말하는 '은혜의 때'를 말하는 것이 아닙니다. 천국과 지옥을 가리는 판결의 순간인 '백보좌의 심판 때'를 말하고 있습니다. 이날에는 딱 두 가지의 결과만이 있을 뿐입니다. '천국'과 '지옥'

입니다. 이날 과연 어떠한 자들이 영생과 복락을 누릴 수 있는 '천국'이라는 '하나님 나라'를 상속받을 수 있을까요?

(31~34) 하나님 나라의 상속은 혈통 또는 사람의 행위로 이루어지는 것이 아니라 하나님께서 특별히 은혜를 베푸신 예정한 자가 상속으로 받는 나라입니다

종말의 심판대는 단 한 명도 예외 없이 모든 인류가 주님 앞에 서서 판결을 받는 사건을 말합니다. 이때 목자가 '양'과 '염소'를 구별하듯이 주님께서 직접 '하나하나' 구별합니다. '양'은 구원이라는 오른편에 두고, '염소'는 심판이라는 왼편에 둡니다. 하나님 나라를 상속받지 못할 '염소'와 같은 자들은 "회개하라! 천국이 가까이 왔느니라"라는 '복음'을 듣고도 자신의 죄를 깨닫지 못하고 회개하지 않습니다. 복음을 자기 판단과 자기 생각으로 들이받고 '세상의 길'로 가버린 자들입니다. 이 가운데는 우상숭배자, 이단의 무리, 불신자 등이 있습니다.

그러나 구원받을 자는 주인의 음성인 '복음'을 듣고 자신의 죄를 '회개'하고 '주인의 품'으로 돌아옵니다. 이때 주인의 음성을 기억하고, 깨닫는 것도 양의 역할이 아닙니다. 양으로 하여금 주인의 음성을 기억하고, 깨닫도록 하나님께서 특별히 은혜를 베풀어주셨기 때문입니다. 하나님 나라의 상속은 유대인들이 주장하는 것처럼 혈통이나 사람의 행위로 이루어지는 것이 아닙니다. '양은 오른편', '염소는 왼편'입니다. 스스로 판단할 때 나는 과연 어느 편에 설까요? 우리 모습 그대로라면 모두 왼편입니다. 나는 하나님께서 특별히 은혜를 베푸신 예정함으로 하나님 나라의 상속자가 되었다는 것을 잊지 않아야 합니다.

(35~40) 하나님 나라는 하나님 나라를 위해 헌신하고, 아낌없이 섬기는 자리에 세워진 자가 예수 그리스도 안에서 한 지체를 이루면서 상속받은 나라입니다

하나님 나라를 위해 고난 당한 자를 외면하지 않고 그들을 돌아본 자를 향해 주님께서 말씀합니다. "내가 주릴 때에 너희가 먹을 것을 주었고, 목마를 때에 마시게 하였고, 나그네 되었을 때에 영접하였고, 헐벗었을 때에 옷을 입혔고, 병들었을 때에 돌보았고, 옥에 갇혔을 때에 와서 보았느니라!" 주님께서는 하나님 나라를 위해 고난 당한 자의 고난을 자신이 당한 고난으로 여깁니다. 그러니 고난 가운데 있는 자를 돌아보는 자는 곧 주님 자신을 돌아본 것이 됩니다. 주님께서는 이런 자를 가리켜 하나님 나라를 '상속받을 자'라고 말씀합니다.

주님의 이름으로 사명을 감당한 자가 당하는 고난은 곧 주님이 당하는 고난이었습니다. 왜냐하면 주님의 이름으로 고난을 받는 자는 이미 주님과 연합하여 한 몸을 이루고 있었기 때문입니다. '예수 안에서 한 지체'가 된 것입니다. 그리고 이런 자들을 아낌없이 섬기는 자들 또한 '예수 안에서 한 지체'를 이루고 있는 모습입니다. 그러니 주님은 자신의 이름으로 고난을 받는 자만 기억하는 것이 아니라 이들을 섬기고, 돕는 자들 또한 동일하게 기억하고 있었던 것입니다. 이와 같이 하나님 나라는 예수 그리스도 안에서 한 지체를 이루고 있는 자가 상속받는 상급의 성격도 가지고 있다는 것을 잊지 않아야 합니다.

(41~46) 가식적이고 위선적인 신앙의 잣대로는 상속받을 수 없는 것이 하나님 나라입니다

(히 11:4)에 의하면 하나님께서 가인의 제사를 안 받으신 이유는 아벨처럼 믿음으로 제사를 드리지 않았기 때문입니다. 가인은 자기의 '의'로 제사를 드렸습니다. 하나님께서는 그것을 어떻게 알았을까요? 우리의 겉과 속을 만드신 하나님께서 입체 영상을 보듯이 가인의 마음과 생각까지 다 보고 계셨던 것입니다. 주님께서는 자신과 연합한 지체를 돌보지 않은 자에 대해 중요한 말씀을 합니다. "왼편에 있는 자들은 지옥 불에 들어가라!" 이때 왼편에 있는 자들은 자신들의 억울함을 호소합니다. 마치 가인이 하나님께 강력하게 따지듯이 따집니다. "주가 주리거나 헐벗었을 때 그리고 병들거나 옥에 갇혔을 때 돌봤잖습니까!"

여기에 대한 주님의 답변은 너무나도 분명했습니다. "지극히 작은 자 하나에게 하지 아니한 것이 곧 내게 하지 아니한 것이니라!" 사람들로부터 관심을 받지 못하고 무가치하게 여겨지는 성도들에 대해 홀대하면서 주님을 돌봤다는 것을 가리켜 가식적인 일에만 치중하는 '가짜 성도'라고 지적합니다. 열매는 그 나무가 어떤 나무인지 대변하고 있습니다. 이중적인 신앙의 모습으로는 하나님 나라를 상속받지 못합니다. 하나님 나라는 가식과 위선이 함께 할 수 없기 때문입니다.

(적용)

우리는 종말이라는 '심판의 날'을 향해 살아가고 있습니다. '심판의 날'과 하나님 나라를 상속받을 자는 하나님 밖에는 아무도 알지 못합니다. 그러나 이 땅을 살아가면서 누가 하나님 나라를 상속받을 자인지 그 사람의 열매를 보고 우리는 짐작할 수 있습니다. 예수님께서는 누가 '양'이고, 누가 '염소'인지 열매를 통해 우리에게 알게 하셨습니다. 성도는 무슨 일을 하든지 '자신의 의'가 아니라 '주님의 의'를 나타내는 자가 되어야 합니다. 하나님 나라를 위해 섬기고, 봉사하는 일에 '자신의 의'를 드러내는 자들은 주를 위한다고 하면서 주의 영광을 가로챈 자들입니다. 하나님 나라를 상속받지 못합니다.

하나님 나라를 상속받을 자의 자격은 혈통과 사람의 행위에 있지 않습니다. 하나님께서 은혜를 베풀어주셨기에 상속받을 자격을 가지게 된 것입니다. 이런 하나님 나라의 상속은 은혜와 함께 상급의 성격도 가지고 있습니다. 하나님 나라를 위해 헌신 된 종들을 섬기는 모습은 '예수 그리스도 안에서 한 지체'를 이루는 모습이 됩니다. 주님은 그 섬김의 손길을 잊지 않습니다.

[생각하며 나누는 시간]

1. 예수님은 어떤 분인가요?

2. 본문을 통해 나에게 주시는 하나님의 말씀이 있다면 어떤 것이 있는지 적어봅시다.

3. 예수님을 생각하면서 나를 향한 3가지의 은혜를 적어봅시다.

하나님께 이렇게 기억되자 (마 26:6~13)

26:6 예수께서 베다니 나병환자 시몬의 집에 계실 때에
26:7 한 여자가 매우 귀한 향유 한 옥합을 가지고 나아와서 식사하시는 예수의 머리에 부으니
26:8 제자들이 보고 분개하여 이르되 무슨 의도로 이것을 허비하느냐
26:9 이것을 비싼 값에 팔아 가난한 자들에게 줄 수 있었겠도다 하거늘
26:10 예수께서 아시고 그들에게 이르시되 너희가 어찌하여 이 여자를 괴롭게 하느냐 그가 내게 좋은일을 하였느니라
26:11 가난한 자들은 항상 너희와 함께 있거니와 나는 항상 함께 있지 아니하리라
26:12 이 여자가 내 몸에 이 향유를 부은 것은 내 장례를 위하여 함이니라
26:13 내가 진실로 너희에게 이르노니 온 천하에 어디서든지 이 복음이 전파되는 곳에서는 이 여자가 행한 일도 말하여 그를 기억하리라 하시니라

하나님께 이렇게 기억되자 (마 26:6~13)

(도입)

　예수님께서 예루살렘에 입성하시기 전 토요일 베다니에서 있은 사건입니다. 예수님은 자신의 마음에 두었던 한 가정을 방문합니다. 그때 한 여자가 식사하고 있는 예수님의 머리에 값비싼 향유를 붓는 사건이 발생합니다. 이 장면을 보고 제자들이 분개합니다. 값비싼 향유를 팔아서 가난한 사람을 도울 수 있음에도 불구하고 예수님의 머리에 향유를 부은 것을 아주 못마땅하게 여기고 있었습니다. 여자의 행위를 헛된 일에 값비싼 것을 낭비한 것으로 여기고 있었습니다. 제자들은 이 여자가 행한 행위가 무엇을 의미하고 있는지 참된 의미를 알지 못하고 있었습니다.

　예수님께서 말씀합니다. "이 여자는 내 장례를 위하여

향유를 부은 것이니라!" 제자들이 생각하는 것과 달리 예수님은 이 여자의 행동을 잊지 못합니다. 예수님의 머리에 향유를 부은 '한 여자'의 행동을 돌이켜봅시다. 그리고 자신의 모습을 떠올려 봅시다. 나는 하나님께 어떤 성도요, 어떤 그리스도인으로 기억되어야 할까요?

(6~9) 하나님의 때를 예비하는 일에 사람의 생각을 앞세워 평가하고 판단했던 영적으로 무지한 자가 아니라 헌신하고 섬기는 일에 누구보다 앞장섰던 자로 하나님께 기억되어야 합니다

성경에 보면 예수님께 향유를 부은 사건이 두 번 등장합니다. (눅 7:36)에서 말하고 있는 사건은 예수님의 공생애 초기에 해당하는 사건입니다. 장소는 '가버나움'이었습니다. 그리고 본문의 사건은 예수님께서 십자가에 달리시기 전에 있었던 사건입니다. 예루살렘 입성을 앞두고 일어났던 공생애 말기의 사건이었습니다. 그리고 장소 또한 예루살렘 근처인 '베다니'였습니다. 시기적으로 볼 때 (요 12:3)의 사건과 관련이 있습니다.

(요 12:1)과 (3절)에 의하면 이 '여자'는 나사로의 누이

요, 마르다의 동생인 마리아로 추측이 됩니다. 이 '여자'가 식사하는 예수님께 부은 향유는 '삼백 데나리온'에 해당하는 가치를 가지고 있었습니다. 당시 노동자 1년의 소득에 해당하는 큰 액수였습니다. 향유가 예수님의 머리에 부어집니다. 향유가 흘러 발끝을 적십니다. 가룟 유다를 비롯한 제자들에게 여자의 행위가 어떻게 보였을까요? 헛된 행위로 보였습니다.

제자들의 모습을 돌이켜 보면 가룟 유다의 경우 겉으로는 거룩한 모습을 하고 있었지만 내면은 탐욕과 자기 사고로 가득 차 있었습니다. 다른 제자들 또한 영적으로 무지하였습니다. 반면, '한 여자'는 '하나님의 때'를 예비하면서 자신의 전부를 쏟아붓는 헌신과 섬김을 아끼지 않는 모습을 하고 있었습니다. (갈 6:8)은 "자기의 육체를 위하여 심는 자는 육체로부터 썩어질 것을 거두고 성령을 위하여 심는 자는 성령으로부터 영생을 거두리라"라고 말씀하고 있습니다. 하나님의 때를 예비하는 일에 사람의 생각을 앞세워 평가하고 판단했던 영적 무지한 자는 거둘 것이 없습니다. 그러나 하나님의 때를 예비하는 일에 헌신하기를 앞장서는 자는 하나님의 기억에 남겨집니다.

하나님의 때를 예비하는 일에 헌신하고 섬겼던 자로 하

나님께 기억이 되었다는 것은 두 가지로 하나님의 기록에 남겨졌다는 것을 말합니다. 첫 번째는 하나님께서 은혜로 그에게 되갚아 줄 것이 있다는 것을 기록하고 있습니다. 두 번째는 그 행위를 하나님 나라를 위한 공로로 인정했다는 것을 말합니다. 상급으로 기록됩니다. 하나님 나라의 일들을 감당할 때 헌신하고 섬기는 일에 누구보다 앞장섰던 자로 하나님께 기억을 남기는 복 있는 성도가 되어야 합니다.

(10~12) 하나님의 때와 날을 위해 헌신하는 자를 시기하거나 판단하는 이중적인 모습의 신앙이 아니라 아낌없이 함께 기쁨으로 동역한 신앙의 모습으로 하나님께 기억되어야 합니다

예수님께서는 여자의 행동을 못마땅하게 여겼던 제자들의 영적 무지에 대해 두 가지의 가르침을 줍니다. 첫 번째는 하나님의 뜻을 세우는 일이 최우선이 되어야 한다는 것을 가르칩니다. 두 번째는 하나님의 때와 날을 위해 헌신하는 자를 시기하고, 판단하는 신앙이 아니라 아낌없이 헌신하는 신앙의 자세를 가지도록 가르침을 줍니다. '가난한 자들'의 구제를 빌미로 하나님의 뜻을 이루기 위해 헌신하는 사역이 훼방을 받아서는 안 됩니다.

　　하나님의 때와 날을 위해 헌신하는 사역은 모든 사역의 최우선 순위에 놓여야 합니다. 그리고 하나님의 때와 날을 위해 헌신하는 자를 시기하거나 판단하는 이중적인 모습의 신앙은 은혜가 되지 않습니다. 우리의 겉과 속을 만드신 하나님께서 그 사람의 본질을 이미 읽고 계십니다. 하나님의 때와 날을 위해 헌신하기를 아낌없이 그리고 함께 기쁨으로 동역하는 신앙의 모습이 나의 모습이 되어야 합니다. 하나님은 이런 나의 모습을 기뻐합니다. 그리고 기억합니다.

(13) 세상 사람들은 알아주지 않지만 하나님의 뜻을 이루는 일에 자기희생적 사랑으로 참된 제자의 길을 걸었던 자로 하나님께 기억되어야 합니다

　　제자들이 영적 무지에 사로잡혀 있다 보니 여자의 행동이 못마땅하게 보입니다. 제자들이 이런데 세상 사람들이 이 여자의 행동을 봤다면 어떤 말을 했을까요? 예수님께서는 자신의 장례를 예비한 이 여자의 행동에 대해 주목하도록 합니다. 그리고 복음이 전파되는 곳에 이 여자가 행한 일도 함께 말할 것을 명하면서 이 여자의 행동을 기억하겠다라고 말씀합니다.

　　예수님께 향유를 붓는 여자의 행동은 개인적인 돌출 행동이 아니었습니다. 하나님의 뜻을 이루는 일에 '자기희생적 사랑'을 나타내고 있었습니다. 예수님은 이 여인의 행동을 통해 '참된 제자의 길'에는 '자기희생적 사랑'이 담겨 있어야 한다는 깨달음을 주고 있습니다. 그리고 이 여인의 행동을 복음이 전파되는 곳마다 "말하라"는 것은 '자기희생적 사랑'이 '참된 제자의 길'을 대변하는 모범적 사례였다는 것을 증거하고 있습니다.

　　'자기희생적 사랑'으로 '참된 제자의 길'을 걸었던 사도 바울이 순교를 앞두면서 남겼던 유명한 유언이 있습니다. (딤후 4:7)과 (8절)은 증거합니다. "나는 선한 싸움을 싸우고 나의 달려갈 길을 마치고 믿음을 지켰으니 그러므로 너는 내가 우리 주를 증언함과 또는 주를 위하여 갇힌 자 된 나를 부끄러워하지 말고 오직 하나님의 능력을 따라 복음과 함께 고난을 받으라" 세상 사람들은 알아주지 않지만 하나님의 뜻을 이루는 일에 '자기희생적 사랑'으로 '참된 제자의 길'을 걸었던 나를 하나님은 기억합니다.

(적용)

하나님께 기억이 될 때 가룟 유다와 같이 주님을 팔았던 자로 기억이 되면 안 됩니다. 세상에서 유명하지는 않지만 하나님의 때를 예비하는 일에 헌신하고, 자기희생을 아끼지 않았던 자로 하나님께 기억되어야 합니다. 우리는 이런 자세로 사명과 사역을 감당하는 자리에 서야 합니다. 유명한 자가 되려고 힘쓰고, 애쓴 자가 아니라 하나님의 때를 예비한 자로 하나님께 기억을 남기는 자가 되어야 합니다. 아무도 알아주지 않지만 하나님은 알고 계십니다.

하나님의 뜻을 이루는 일에 자신은 '이름도 없이', '빛도 없이' 오직 하나님만을 바라보며 달려 갔지만 하나님은 참으로 수고한 종으로 나를 기억합니다. 그리고 나의 모든 것을 하나님 나라에 새기고, 잊지 않습니다.

[생각하며 나누는 시간]

1. 예수님은 어떤 분인가요?

2. 본문을 통해 나에게 주시는 하나님의 말씀이 있다면 어떤 것이 있는지 적어봅시다.

3. 예수님을 생각하면서 나를 향한 3가지의 은혜를 적어봅시다.

주님이 다시 오시는 그날까지 (마 26:17~25)

26:17 무교절의 첫날에 제자들이 예수께 나아와서 이르되 유월절 음식 잡수실 것을 우리가 어디서 준비하기를 원하시나이까
26:18 이르시되 성안 아무에게 가서 이르되 선생님 말씀이 내 때가 가까이 왔으니 내 제자들과 함께 유월절을 네 집에서 지키겠다 하시더라 하라 하시니
26:19 제자들이 예수께서 시키신 대로 하여 유월절을 준비하였더라
26:20 저물 때에 예수께서 열두 제자와 함께 앉으셨더니
26:21 그들이 먹을 때에 이르시되 내가 진실로 너희에게 이르노니 너희 중의 한 사람이 나를 팔리라 하시니
26:22 그들이 몹시 근심하여 각각 여짜오되 주여 나는 아니지요
26:23 대답하여 이르시되 나와 함께 그릇에 손을 넣는 그가 나를 팔리라
26:24 인자는 자기에 대하여 기록된 대로 가거니와 인자를 파는 그 사람에게는 화가 있으리로다 그 사람은 차라리 태어나지 아니하였더라면 제게 좋을 뻔하였느니라
26:25 예수를 파는 유다가 대답하여 이르되 랍비여 나는 아니지요 대답하시되 네가 말하였도다 하시니라

주님이 다시 오시는 그날까지 (마 26:17~25)

(도입)

　예수님께서 이 땅에 오신 이유와 목적은 자신의 명예와 권위를 세우기 위해서가 아닙니다. 예수님께서 이 땅에 오신 이유와 목적은 너무나도 분명합니다. 인간의 원죄를 해결하기 위해서입니다. (창 3:15)의 언약의 성취를 이루기 위해 이 땅에 오셨습니다. 언약의 성취를 위해 인간의 몸으로 이 땅에 오셔서 '대속의 값'이 되어주셨습니다.

　그리고 언약의 완전한 성취를 이루기 위해 우리가 살아가고 있는 이 땅에 임할 마지막 날인 유월절이 예고 되고 있습니다. 주님이 다시 이 땅에 오실 재림의 날입니다. 고난주간에 있었던 예수님의 '유월절 만찬'은 오신 주님에 대해서 그리고 다시 오실 주님과 관련해서 우리에게 들려주는 음성이 있습니다. 주님이 이 땅에 다시 오실 마지막 날을 우리는 기다리고 있습니다. 영원한 안식을 안겨줄 그날을 우리는 어떻게 준비하는 그리스도인이 되어야 할까요?

<u>(17~19) 신앙적 우월주의 의식을 버리고 주님이 다시 오시는 그날까지 하나님의 말씀에 대해 순종하는 자세로 이 땅의 삶을 살아가는 그리스도인이 되어야 합니다</u>

예수님께서 유월절 만찬을 제자들과 함께할 것을 계획합니다. 그런데 유월절 만찬을 유대인들의 전통과 달리 하루 앞당겨 준비하도록 명합니다. 왜냐하면 언약의 성취와 관련하여 예수님 자신이 유월절의 제물이 될 것이 계획되어 있었기 때문입니다. 예수님께서 이런 말씀을 합니다. "내 때가 가까이 왔느니라!" 그리고 두 가지를 말씀합니다. "성안에 아무에게 가라!" 그리고 성안에서 만난 그 사람에게 "말하라!"입니다. 예수님의 이 말씀에는 제자들이 깨닫지 못한 두 가지가 새겨있었습니다.

첫 번째는 예수님은 만물에 대해 권세자일뿐만 아니라 모든 소유에 대해 권한을 가지고 계신 하나님이라는 것을 말하고 있었습니다. (눅 22:13)에 의하면 예수님께서 말씀하신 대로 주인은 그 권세 있는 말씀에 순종합니다. 두 번째는 "내 때가 가까이 왔느니라!"를 통해 예수님은 우리의 죄를 대속하기 위해 '대속의 값'으로 이 땅에 오신 '희생의 제물'이라는 것을 밝히고 있습니다.

　예수님께서 유월절의 제물이 되기 위해 도착한 예루살렘! 그러나 제자들은 예루살렘을 향해 나아올 때 어떤 모습을 하고 있었나요? 자신들의 우월함을 사람들에게 보라는 듯 자랑삼습니다. 그리고 서로 어떤 자리에 오를 것인지 언쟁하며 싸웁니다. 얼마나 어리석은지 모릅니다. 유대인들의 종교 지도자들은 또 어떻습니까? 유월절을 준비하면서 성전에 예물로 '흠 없는 짐승'을 바쳐야 한다면서 제물에 대해 흠이 있고, 없고를 자신들이 판단합니다. 신앙의 우월함을 내세워 사람들 위에 군림합니다.

　일반 유대인들은 어떻습니까? 자신들은 이방인들과 구별된 자라는 것을 유월절의 의식을 통해 우월감으로 나타냅니다. 얼마나 어리석은지 모릅니다. 주님이 다시 이 땅에 오실 마지막 유월절이 이 땅 위에 남아 있습니다. 그날은 다른 것으로 준비되어서는 안 됩니다. 하나님의 말씀을 따라 순종의 삶을 살아가야 합니다. 날마다 회개함으로 순결한 신부의 옷을 입고 주님이 다시 오실 마지막 유월절을 잘 준비하는 그리스도인이 되어야 합니다.

(20~24) 자신에게 가식적인 신앙의 모습은 없는지 그리고 주님을 배반할 요소는 없는지 늘 살펴보며 분명한 신앙의 정체성으로 주님이 다시 오실 그날을 예비하는 그리스도인이 되어야 합니다

날이 저물 때 예수님께서 제자들과 최후의 만찬을 가집니다. 이때 만찬 자리에서 제자들을 향해 충격적인 말씀을 합니다. "너희 중에 한 사람이 나를 팔리라!" 이때 제자들에게 동일한 반응이 나타납니다. "주여! 나는 아니지요?" 제자들의 대답을 거꾸로 돌려서 들으면 자신들은 그렇게 할 수 있는 소지를 충분히 가지고 있다는 것을 말하고 있습니다. (막 10:37)에 보면 예수님이 십자가에서 죽으실 것과 부활하실 것을 제자들에게 세 번이나 말씀하셨는데도 불구하고 이들의 관심사는 누가 어떤 위치에서, 어떤 권위와 권세를 잡을 것인지에 집중되어 있었습니다.

가식적인 신앙은 다른 사람을 괴롭히며, 자신을 괴롭게 만드는 요소가 됩니다. 예수님께서는 고난의 십자가를 통해 자신의 생명을 드렸습니다. 그리고 죄로 영원히 죽음의 고통 가운데 살아가야 할 우리를 부활의 생명으로 바꾸셨습니다. 그러나 "주여! 나는 아니지요?"라고 제자들이 말한 것처럼 나에게는 가식적이고, 주님을 배반할 요소가 숨어있지는 않은지 자신의 신앙을 살펴봐야 합니다. 미혹하는 마귀의 영에 사로잡혀 넘어지는 자가 되지 않도록 신앙에 대해 분명한 정체성을 가지고 있어야 합니다. 나의 삶 속에 주님을 배반할 요소는 없는지 돌아보면서 주님이 다시 오실 마지막 유월절을 은혜롭게 잘 준비하는 그리스도인이 되어야 합니다.

(25) 주님이 다시 오시는 그날, "아멘! 주 예수여 오시옵소서!"라고 말할 수 있는 신앙으로 세워지도록 주님이 다시 오시는 그날까지 속임 없이 신앙의 내면을 진솔하고 바르게 세워 나가는 그리스도인이 되어야 합니다

예수님을 산헤드린 공회에 팔아넘길 배반자가 있다는 말을 들은 제자 중 한 사람이었던 가룟 유다가 예수님을 향해 적극적으로 반응합니다. "랍비여! 나는 아니지요?" 가룟 유다는 들켜버린 자신의 속마음을 감추면서 예수님으로부터

"그럼! 너는 당연히 아니지!"라는 대답을 유도합니다. 이런 파렴치한 가룟 유다를 향해 주님께서는 그의 양심에 비수를 꽂습니다. "네가 말하였도다!" 그러나 스스로에 대해 자신할 수 없었던 다른 제자들은 예수님의 이 말씀에 귀를 기울이지 않습니다.

예수님께서 가룟 유다에게 마지막까지 길을 열어줬는데도 불구하고 가룟 유다는 자신의 전부를 알고 계시는 주님께 엎드리지 않습니다. 자신을 끝까지 위장하며 속입니다. 이런 가룟 유다가 자신이 원하는 세상의 영광을 누렸을까요? (눅 22:3)은 말합니다. "열둘 중의 하나인 가룟인이라 부르는 유다에게 사탄이 들어가니" 그리고 (마 27:5)은 말합니다. "유다가 은을 성소에 던져 넣고 물러가서 스스로 목매어 죽은지라!" 주님이 다시 오실 그날 절망 가운데 최후를 맞이할 가룟 유다와 같은 자가 되지 않도록 자신을 하나님 앞에서 속이지 말고 진솔하고 바르게 세워 나가야 합니다. 그리하여 (계 22:20)에 나타난 모습처럼 "아멘! 주 예수여! 오시옵소서!"라고 기쁨으로 주님을 맞이하는 그리스도인이 되어야 합니다.

(적용)

'새 하늘과 새 땅'의 실현을 위해 필연적으로 일어나야 할 사건이 있습니다. 구원과 심판입니다. 여기에 대해 (계 5:4)과 (5절)은 우리에게 아주 중요한 것을 가르쳐주고 있습니다. 이 땅에 종말이 임하기 위해서는 종말의 실현을 기록하고 있는 '두루마리'가 펼쳐져야 합니다. 문제는 두루마리의 인을 뗄 자격을 가진 자가 이 땅에는 존재하지 않는다는 점입니다. 이것을 사도 요한은 깨닫고 통곡하며 눈물을 흘립니다.

그때 천상에서 장로 중의 한 사람이 이런 말을 합니다. "울지 말라 유다 지파의 사자 다윗의 뿌리가 이겼으니 이 두루마리와 그 일곱 인을 떼시리라!" 십자가에서 우리의 죄를 대속하고 부활하신 예수님께서 두루마리의 인을 뗍니다. 가룟 유다와 같이 "나는 아니지요?"라며 속이는 가증스러운 자들에게는 두루마리에 기록된 대로 영원한 심판만이 기다려지고 있습니다. 주님이 다시 오시는 그날 주님을 기쁨으로 맞이하도록 오늘도 자신을 여호와 하나님을 향한 신앙으로 단단히 묶어나가는 그리스도인이 되어야 합니다.

[생각하며 나누는 시간]

1. 예수님은 어떤 분인가요?

2. 본문을 통해 나에게 주시는 하나님의 말씀이 있다면 어떤 것이 있는지 적어봅시다.

3. 예수님을 생각하면서 나를 향한 3가지의 은혜를 적어봅시다.

연합 안에 세워진 새언약 (마 26:26~29)

26:26 그들이 먹을 때에 예수께서 떡을 가지사 축복하시고 떼어 제자들에게 주시며 이르시되 받아서 먹으라 이것은 내 몸이니라 하시고
26:27 또 잔을 가지사 감사 기도 하시고 그들에게 주시며 이르시되 너희가 다 이것을 마시라
26:28 이것은 죄 사함을 얻게 하려고 많은 사람을 위하여 흘리는 바 나의 피 곧 언약의 피니라
26:29 그러나 너희에게 이르노니 내가 포도나무에서 난 것을 이제부터 내 아버지의 나라에서 새것으로 너희와 함께 마시는 날까지 마시지 아니하리라 하시니라

연합 안에 세워진 새언약 (마 26:26~29)

(도입)

　예수님께서는 유월절을 앞당겨 제자들과 만찬을 합니다. 왜냐하면! 자신이 대속을 이룰 유월절의 어린양이 되어야 했기 때문입니다. 제자들과 이별이 될 마지막 만찬에서 '떡'을 주시면서 이런 말씀을 합니다. "받아서 먹으라 이것은 내 몸이니라!" 그리고 '잔'을 주시면서 이렇게 말씀합니다. "이것을 마셔라!" 예수님께서 제자들에게 '떡'과 '잔'을 주시면서 이와 연결하여 두 가지를 말씀합니다. 첫 번째는 '죄 사함'입니다. 두 번째는 '언약'입니다.

　먹고, 마시는 장면을 통해 '먹는 이'와 '마시는 이'가 예수님께서 유월절을 통해 이루실 사건과 연계된다는 것을 말씀합니다. '연합'입니다. '성찬예식'은 그리스도와 연합을 이루며 그 가운데 세워진 '새언약'을 예표하고 있습니다. 그리스도와 연합 안에서 세워진 '새언약'은 우리에게 무엇을 조명해 주고 있고, 무엇을 약속하고 있을까요?

(26) 죄 가운데 놓인 인간의 모습에서 발견되는 것이 죄악과 사망이라면 그리스도와 연합 안에 세워진 새언약은 죽을 몸이 새 생명으로 살아나는 구원의 은혜를 약속하고 있습니다

　　예수님께서 유월절 만찬 석상에서 '오실 메시아'에 대한 언약과 '오신 메시아'를 통해 '새언약'인 신약이 시작되었음을 선포합니다. '새언약'의 효력은 다른 것으로 발하는 것이 아니라 '오신 메시아'와 연합을 이루어야 한다는 것을 유월절 만찬은 밝히고 있습니다. 그것이 '성찬'이었습니다. 예수님께서는 자신이 유월절의 어린양으로 이 땅에 오셔서 죄인을 구원할 제물이 될 것을 만찬에서 밝힙니다. 떡과 잔을 나누는 장면을 통해 자신이 십자가에서 죽으실 것과 그 죽음이 우리의 죄를 대속할 유월절 어린 양의 죽음이 될 것을 예고합니다.

떡을 먹는 장면에서 떡을 먹는 자는 대속을 이룬 자신과 연합될 것이며, 그 대속이 효력을 발하게 될 것을 알게 합니다. 그리스도와 연합된 자는 '새언약' 가운데 세워지며 죽을 몸이 '새생명'으로 거듭나는 구원을 이루게 됩니다. 이것을 '떡을 떼어서 주는 장면'과 '내 몸이니 먹으라'라는 장면을 통해 약속되고 있습니다.

죽음은 모든 것의 끝이 아닙니다. 죽음 이후에 진짜가 시작됩니다. 죄 가운데 놓인 인간 세상에서는 이것을 진실이 아니라 가설로 받아들이고 있습니다. "받아서 먹으라 이것은 내 몸이니라!" 그리스도와 연합 안에 세워진 자는 죽음으로 끝나는 인생이 되지 않습니다. 그리스도와 연합을 이루어 심판을 면하고 구원에 이르는 '새생명'으로 살아가게 됩니다. 하나님께서 여기에 대해 언약하셨다는 것을 잊지 않아야 합니다.

(27~28) 죄악 가운데 놓인 인간의 모습이 사망 아래에서 죄의 종노릇을 하고 있었다면 그리스도와 연합 안에 세워진 새언약은 하나님으로부터 택함을 받은 자에게 죄로부터 자유함을 약속하고 있습니다

예수님께서는 만찬을 통해 '떡'을 떼어 제자들에게 줍니다. 그리고 그 '떡'을 먹은 제자들에게 포도주가 담긴 '잔'을 주면서 이렇게 말씀합니다. "너희가 이것을 마셔라!" 예수님께서 제자들에게 포도주가 담긴 '잔'을 주면서 '잔'에 담긴 포도주가 장차 있을 예수님의 죽으심과 관계된다는 것을 알립니다. 그 죽음이 우리의 죄를 대속할 것과 관계된다는 것 또한 알게 합니다. 그리고 그 '잔'에 담긴 포도주를 마신 자는 "죄 사함을 얻게 될 것"이라고 말씀합니다.

만찬에서 일어나고 있는 장면은 크게 두 가지의 언약을 예고하고 있습니다. 첫 번째는 구원에 따른 죄 사함은 택한 백성들 가운데 일어날 언약이라는 것을 예고하고 있습니다. 두 번째는 예수님의 죽으심은 새로운 언약의 길을 여는 것이며 대표성으로서 대속을 이루는 것임을 예고하고 있습니다. "이것은 죄 사함을 얻게 하려고 많은 사람을 위하여 흘리는 바 나의 피 곧 언약의 피니라"

(딛 3:3)은 죄악 가운데 놓인 상태를 가리켜 "여러 가지 정욕과 행락에 종노릇 한다"라고 증거하고 있습니다. 죄악 가운데 살아가는 인간의 모습에는 참된 가치관이 없습니다. 그러나 그리스도와 연합 안에 세워진 자는 죄인의 모습이었던 '옛사람'이 예수와 함께 십자가에 못 박히게 됩니다. 그리

고 썩어짐의 종노릇으로부터 해방되어 자유함에 이르게 된다고 (롬 6:6)과 (롬 8:21)은 증거합니다. 그리스도와 연합 안에 세워진 '새언약'은 하나님으로부터 택함을 받은 자에게 죄로부터 자유함을 약속하고 있습니다. 이 약속의 말씀 안에 우리는 세워졌다는 것을 잊지 않아야 합니다.

(29) 죄악 가운데 놓인 인간의 모습이 근심과 염려 가운데 살아가도록 우리를 이끌어 가고 있다면 그리스도와 연합 안에 세워진 새언약은 근심과 염려가 없는 샬롬의 은혜를 약속하고 있습니다

죄악 가운데 놓인 인간의 모습은 살아도 사는 것이 아닙니다. 죽음과 심판을 향해 달려가고 있습니다. (시 107:10)의 말씀처럼 소망과 희망이 없는 삶의 모습을 하고 있습니다. '사망의 그늘'에서 살아가는 존재입니다. '곤고'와 '쇠사슬에 매임' 당한 상태로 살아갑니다. 그러니 늘 '근심'과 '염려'가 끊어지지 않습니다. 예수님께서는 만찬과 관련하여 두 가지를 말씀합니다. 첫 번째는 만찬이 대속을 이룰 십자가 사건과 연결될 것을 약속합니다. 두 번째는 장차 완성될 '주님의 나라'에서 새롭게 맞이할 만찬을 약속합니다.

(29절)에서 말하고 있는 "새것으로 너희와 함께 마시는 날"은 장차 도래할 '새 예루살렘'에서 일어날 삶을 말합니다. (계 21:1 이하)의 '새 하늘과 새 땅'에서 살아갈 것과 사망과 슬픔과 애통이 없는 샬롬이 영원한 곳을 약속합니다. 죄악 가운데 놓인 인간의 모습이 근심과 염려 가운데 살아가도록 우리를 이끌고 있다면 그리스도와 연합 안에 세워진 자는 새언약 가운데 놓여 있습니다. '새 하늘과 새 땅'에서 영생 복락을 누리며 살아갈 존재가 되었다는 것을 말합니다. 우리를 향해 근심과 염려가 없는 샬롬의 은혜를 약속하고 있습니다.

(적용)

성찬 예식은 하나님께서 우리를 향해 베푸신 '은혜의 세 가지 수단' 가운데 하나입니다. '말씀'과 '기도' 그리고 '성찬'과 '세례'로 구별되는 '성례'가 '예배' 가운데 있습니다. 성찬은 단순히 예식을 가리키는 것이 아닙니다. 죄 사함과 부활에 따른 영생과 복락을 누릴 구원의 완성을 함께 말하고 있습니다. 그리스도와 연합 안에 세워진 자는 죽을 몸이 '새생명'으로 살아나는 '새언약' 가운데 놓이게 됩니다. 그리스도와 연합 안에 세워진 자는 새언약의 은혜 가운데 세워진 자입니다. 이런 자신을 세상 가운데 자랑스럽게 증거하는 증인의 삶을 살아가는 그리스도인이 되어야 합니다.

[생각하며 나누는 시간]

1. 예수님은 어떤 분인가요?

2. 본문을 통해 나에게 주시는 하나님의 말씀이 있다면 어떤 것이 있는지 적어봅시다.

3. 예수님을 생각하면서 나를 향한 3가지의 은혜를 적어봅시다.

부활의 증인 (마 28:1~10)

28:1 안식일이 다 지나고 안식 후 첫날이 되려는 새벽에 막달라 마리아와 다른 마리아가 무덤을 보려고 갔더니
28:2 큰 지진이 나며 주의 천사가 하늘로부터 내려와 돌을 굴려 내고 그 위에 앉았는데
28:3 그 형상이 번개 같고 그 옷은 눈 같이 희거늘
28:4 지키던 자들이 그를 무서워하여 떨며 죽은 사람과 같이 되었더라
28:5 천사가 여자들에게 말하여 이르되 너희는 무서워하지 말라 십자가에 못 박히신 예수를 너희가 찾는 줄을 내가 아노라
28:6 그가 여기 계시지 않고 그가 말씀 하시던 대로 살아나셨느니라 와서 그가 누우셨던 곳을 보라
28:7 또 빨리 가서 그의 제자들에게 이르되 그가 죽은 자 가운데서 살아나셨고 너희보다 먼저 갈릴리로 가시나니 거기서 너희가 뵈오리라 하라 보라 내가 너희에게 일렀느니라 하거늘
28:8 그 여자들이 무서움과 큰 기쁨으로 빨리 무덤을 떠나 제자들에게 알리려고 달음질할새
28:9 예수께서 그들을 만나 이르시되 평안하냐 하시거늘 여자들이 나아가 그 발을 붙잡고 경배하니
28:10 이에 예수께서 이르시되 무서워하지 말라 가서 내 형제들에게 갈릴리로 가라 하라 거기서 나를보리라 하시니라

부활의 증인 (마 28:1~10)

(도입)

　예수님은 우리의 구원을 이루기 위해 두 가지의 일을 펼쳐나갑니다. 첫 번째는 우리의 죄를 대속하며 구속의 근거를 마련하기 위해 십자가에서 못 박혀 죽으셨습니다. 두 번째는 죽은 자 가운데서 사흘 만에 다시 살아납니다. 그리하여 죄 사함과 구원의 은총을 이룹니다. 이 두 사건에는 증인들이 있습니다. 십자가에서 죽으신 사건은 빌라도가 증인이었습니다. 그리고 예수님을 십자가에 매달아 집행했던 백부장이 증인이었습니다. 뿐만 아니라 공개적인 처형을 목격했던 수많은 증인이 있습니다.

　예수님께서 무덤에서 살아나신 것에 대한 직접적인 증인과 부활하신 예수님께서 40일 동안 지상 사역을 이룰 때

많은 사람이 부활하신 예수님을 목격하는 증인이 됩니다. 심지어 '오백 명'의 무리가 자신들의 눈으로 목격하기도 합니다.(고전 15:6) 우리는 예수님의 부활을 믿음으로 바라보는 또 한 명의 영적 증인입니다. 이런 우리는 예수 그리스도의 부활에 대해 어떤 증인이 되어야 하고, 부활의 증인으로서 어떤 '소망의 길'을 걸어가야 할까요?

(1~4) 한발 앞서는 신앙에는 한발 앞서는 하나님의 은혜가 있다는 것을 명심하고 오늘도 생명의 주관자 되시는 부활의 주님을 증거하는 일에 한발 앞장서는 부활의 증인이 되어야 합니다

예수님께서 십자가에 달리셔서 죽는 장면을 목격한 막달라 마리아를 비롯한 여인들은 예수님의 시체를 아리마대 요셉이 자기의 '새 무덤'에 장사하고 병사들이 '큰 돌'로 입구를 봉하는 것을 목격합니다. 안식일이 지나고 유대 시간으로 예수님께서 죽으신지 사흘이 되는 날이었습니다. 여인들은 죽은 예수님의 몸에 향유를 바르기 위해 자신들이 목격했던 그 무덤에 도착합니다. 여인들은 자신들의 눈을 의심하게 됩니다. 눈앞에 펼쳐진 두 가지의 큰 사건 때문입니다. 하나는 무덤을 막고 있던 돌이 치워져 있었으며, 또 다른 하나는 굴려진 돌 위에 천사가 있었고, 예수님의 무덤을 지키던 자들이 무서워 떨고 있었습니다.

막달라 마리아를 비롯한 여인들은 예수님에 대해 다른 사람들보다 한발 앞서 있었던 사람들입니다. 예수님을 3년 반 동안 따라다녔던 제자들이 안가(安家)로 도피한 그 시간 이 여인들은 예수님의 십자가를 다른 사람들보다 한발 앞서서 지켜봤던 증인입니다. 그리고 예수님을 장사한 무덤을 다른 사람들보다 한발 앞서 목격합니다. 예수님의 몸에 향유 바르는 것은 제자들이 생각하지도 못한 일이었습니다. 그러나 이 일을 막달라 마리아를 비롯한 여인들은 한발 앞선 모습으로 실천합니다.

주님을 향한 발걸음이 다른 사람들보다 한발 앞선 여인들은 제자들보다 먼저 부활의 산 증인이 됩니다. 세상은 알아주지 않지만 주님을 위해 한발 앞서서 행하는 이 여인들을 주님은 기억합니다. 그리고 성경에 기록합니다. 한발 앞서는 신앙에는 한발 앞서는 하나님의 은혜가 있습니다. 부활의 주님을 세상 가운데 증거하는 일에 한발 앞서는 증인의 길을 걸어갈 때 주님은 이런 나를 잊지 않고 기억합니다.

(5~8) 하나님의 약속의 말씀을 굳게 믿고, 그 약속의 말씀대로 다시 오실 주님을 증거하는 사역을 충성스럽게 감당하는 부활의 증인이 되어야 합니다

충격적인 장면을 목격한 막달라 마리아를 비롯한 여인들을 향해 천사가 말합니다. 그리고 제자들에게 전하도록 합니다. "무서워하지 말라! 너희가 찾는 예수는 그가 말씀하신 대로 살아났느니라! 그리고 약속하신 그 말씀대로 너희보다 먼저 갈릴리로 가시나니 거기서 너희가 뵈오리라 하라!" 예수님은 자신이 십자가에서 죽으실 것과 죽은 자 가운데서 다시 살아나실 것에 대한 '십자가 수난사'를 제자들에게 세 번이나 말씀하셨습니다. 그러나 제자들은 이 말씀을 귀담아듣지 않습니다.

그 결과 제자들에게는 두 가지의 모습이 나타났습니다. 첫 번째는 예수님께서 십자가에 달리는 과정을 통해 신변에 두려움을 느끼고 자신들의 몸을 숨깁니다. 두 번째는 무덤에서 예수님의 부활 현장을 목격합니다. 그러나 이것을 믿으려 하지 않습니다. (눅 24:12)에 의하면 베드로는 예수님의 시신이 사라진 빈 무덤에서 부활을 바라본 것이 아니라 시신이 없어진 자체를 놀랍게 여기고 있었습니다.

하나님의 약속의 말씀대로 세상은 종말이 오고, '새 하늘과 새 땅'의 천국은 반드시 도래하게 됩니다. 이런 언약의 완성을 이루기 위해 각자에게 주어진 사명들이 있습니다. 여인들에게 주어진 사명은 세상을 뒤집는 사명이 아니었습니다. 제자들에게 주님이 부활하셨다는 것을 전하고, 약속의 말씀대로 갈릴리에 예수님이 먼저 가 계실 것을 전하도록 합니다. 이것이 여인들의 사명이었습니다. 여기에 대해 막달라 마리아는 지체하지 않습니다. 하나님의 약속의 말씀을 굳게 믿고, 자신이 증거해야 할 사명에 충성을 다합니다. 우리는 부활의 영적 증인입니다. 하나님의 약속의 말씀을 굳게 믿어야 합니다. 그리고 약속의 말씀대로 다시 오실 주님을 증거하는 사역을 충성스럽게 감당하는 부활의 증인이 되어야 합니다.

(9~10) 하나님 나라를 위해 열심과 최선을 다하면서 하나님을 감동시키고, 사람을 감동시키는 부활의 증인이 되어야 합니다

자신에게 주어진 사명에 대해 크고, 작은 것을 따지지 않고, 그저 충성된 걸음으로 달려갔던 여인들에게 주님이 나타나셔서 말씀합니다. "평안하냐?" 막달라 마리아는 무덤에 남아 있었고, 다른 여인들은 돌아가는 길에 주님을 만나게 됩니다. 기쁘기도 하고, 놀라기도 하는 여인들을 향해 예수님께 다시 강조합니다. "가서 내 형제들에게 갈릴리로 가라 하라! 거기서 나를 보리라!" 현실적인 것에 도취 되거나 두려움을 가지지 말고 하나님으로부터 주어진 일에 대해 최선을 다하도록 명령합니다.

하나님 나라의 일에 열심과 최선을 다하는 자는 (시 16:8~11)의 말씀처럼 그 행동이 자신의 영혼을 지키는 방패의 역할을 하게 됩니다. 뿐만 아니라 영원한 기쁨과 영원한 즐거움이 그 앞에 놓입니다. 그리고 하나님을 감동시키는 자가 됩니다. (요 15:14~15)은 말합니다. "내가 명하는 대로 행하면 곧 나의 친구라 이제부터는 너희를 종이라 아니하리니" 하나님 나라의 일에 열심과 최선을 다하다 보면 그 열심과 최선이 하나님을 감동시키고, 사람을 감동시키게 됩니다. 우리는 이런 부활의 증인으로 하나님의 기록에 남겨져야 합니다.

(적용)

십자가의 신앙을 바탕으로 하나님 나라의 일에 열심과

최선을 다하는 모습은 하나님을 감동시키고, 사람을 감동시킵니다. 이렇게 한발 앞선 신앙은 하나님의 은혜가 있습니다. 시편 16편과 요한복음 15장 그리고 성경의 곳곳에서 이 사실을 증거하고 있습니다. 우리는 '새 하늘과 새 땅'이라는 천국에 대한 약속의 말씀을 믿음으로 굳게 부여잡아야 합니다. 그리고 온 인류를 향해 죄 사함과 구원을 이룬 십자가와 부활의 주님을 증거하는 일에 열심과 최선을 다해야 합니다. 이 길은 우리를 향한 하나님의 마음을 움직이는 길이 됩니다. 하나님의 약속의 말씀을 한발 앞선 신앙의 자세로 실천하는 부활의 증인이 되어야 합니다.

[생각하며 나누는 시간]

1. 예수님은 어떤 분인가요?

2. 본문을 통해 나에게 주시는 하나님의 말씀이 있다면 어떤 것이 있는지 적어봅시다.

3. 예수님을 생각하면서 나를 향한 3가지의 은혜를 적어봅시다.

부활의 진실 (마 28:11~15)

28:11 여자들이 갈 때 경비병 중 몇이 성에 들어가 모든 된 일을 대제사장들에게 알리니
28:12 그들이 장로들과 함께 모여 의논하고 군인들에게 돈을 많이 주며
28:13 이르되 너희는 말하기를 그의 제자들이 밤에 와서 우리가 잘 때에 그를 도둑질하여 갔다 하라
28:14 만일 이 말이 총독에게 들리면 우리가 권하여 너희로 근심하지 않게 하리라 하니
28:15 군인들이 돈을 받고 가르친 대로 하였으니 이 말이 오늘날까지 유대인 가운데 두루 퍼지니라

부활의 진실 (마 28:11~15)

(도입)

　인류의 조상인 아담이 범한 죄는 대표성과 머리로서 범한 죄였기에 아담 개인의 죄로 남지 않습니다. 모든 인류의 죄가 되었으며, 피조 세계에 대해 악이 만연한 결론을 낳게 됩니다. 이와 같이 인류의 조상인 아담이 '죄의 전가'를 낳았다면 예수 그리스도는 둘째 아담이 되어 모든 인류와 피조 세계의 죄를 담아내는 대표성으로서, 머리로서 십자가에서 대속을 이룹니다.

　예수님은 우리의 죄를 대속하기 위해 십자가에 못 박힌 그 순간 죽음이라는 고통과 공포가 엄습했지만 그 자리를 회피하지 않습니다. 죄 없으신 분이 죄인을 위해 죽으신 그 죽음이 '의'를 이룹니다. 그리고 죽음에서 부활합니다. 예수님의 부활에 대해 많은 증인이 함께하고 있습니다. 그럼에도 불구하고 부활의 진실에 대해 세상은 이것을 어떻게 보고 있고, 어떻게 말하고 있을까요?

(11~13) 불의한 세상은 부활의 진실이 밝혀질까 두려워하고 있으며 또 다른 불의와 말도 안 되는 거짓을 앞세워 부활의 진실을 숨기려 하고 있습니다

당시 예수님의 죽음에 대해 대제사장들과 장로들은 매우 불안해합니다. 왜냐하면 (막 8:31)의 가르침 대로 예수님께서 죽은지 사흘 만에 살아날 경우 자신들이 지금까지 주장했던 것이 거짓이라는 것과 예수님의 가르침이 진리였다는 것이 드러나기 때문입니다. 여기에 대해 빌라도 또한 편안하지 못합니다. 이 일로 민란이 일어날 경우 자신의 무능함이 로마 정부에 알려지게 되고, 자신은 설 자리를 잃어버리게 되기 때문입니다.

(마 27:65)은 말합니다. "빌라도가 이르되 너희에게 경비병이 있으니 가서 힘대로 굳게 지키라" 이렇게 해서 예수님의 무덤을 큰 돌로 막습니다. 그리고 그 돌을 아무도 옮기

지 못하도록 대제사장들과 바리새인들이 경비병들과 함께 무덤가에 가서 직접 돌을 인봉합니다. 그러나 무덤을 지키던 경비병들은 기절초풍할 장면을 목격하게 됩니다. (마 28:2 이하)에 의하면 무덤가에서 큰 지진이 일어납니다. 사람이 움직이기도 힘든 무덤의 돌문이 열립니다. 죽었던 자가 살아납니다. 경비병들이 혼비백산하며 도망갑니다. 경비병들이 이 사실을 대제사장들에게 알립니다. 황급해진 대제사장들이 장로들을 회집합니다.

　이들은 경비병들의 입을 거짓된 증언의 입이 되도록 합니다. "돈을 많이 주며" 제자들이 밤새 예수의 시신을 훔쳐갔다고 거짓된 소문을 만들어내도록 합니다. 왜냐하면! 부활이 사실로 드러날 경우 예수님께서 말씀하신 불신자들을 향한 심판과 신자들의 영생이 사실로 드러나기 때문입니다. 그러나 예수님의 부활은 부인할 수 없는 사건입니다. 세상이 아무리 불의와 거짓을 앞세워 부활을 거짓되게 왜곡해도 부활은 숨길 수 없는 진실입니다. 우리는 숨길 수 없는 부활의 이 진실을 세상 가운데 힘 있게 증거해야 합니다.

(14) 세상은 자기 나름의 합리화를 앞세워 부활을 신화적인 이야깃거리로 취급하고 있지만 부활은 감출 수 없는 진실입니다. 그리고 부활은 예수님의 재림과 함께 심판과 구원을 계시하고 있다는 것을 잊지 않아야 합니다

    예수님의 부활은 막달라 마리아를 비롯한 여인들과 제자들과 예수님의 육신의 형제들 그리고 '오백여 형제들'에게 일시에 보이셨습니다.(고전 15:6) 거짓은 진실을 이기지 못합니다. 예수님의 부활을 현장에서 가장 먼저 목격한 증인은 무덤가를 지키던 경비병들이었습니다. 대제사장들은 부활에 대한 사실을 감추기 위해 거짓의 증인이 되도록 회유책을 펼칩니다. 자신들이 원하는 소문을 만들어주면 총독에게 말을 잘해서 신변에도 문제가 없을 것이며, 돈이라는 물질까지 생길 것이라고 회유합니다.
    대제사장들은 예수님의 부활을 제자들의 시체 절도설로 몰아갑니다. 부활을 제자들이 만들어낸 자작극으로 조작합니다. 이와 같이 세상은 지금도 예수님의 부활을 종교적인 이야기 또는 신화적인 이야깃거리로 취급하고 있습니다. 예수님의 부활에는 하나님의 택한 백성을 향한 '죄 사함'과 '영생'을 계시하고 있습니다. 그리고 '유기된 자들'에게는 심판

에 따른 '영벌'이 계시 되고 있습니다. 그러나 자기 나름의 합리화를 앞세운 세상 사람들은 예수님의 승천을 직접 보고도 믿지 못합니다.

(행 1:11)은 증거합니다. "갈릴리 사람들아 어찌하여 서서 하늘을 쳐다보느냐 너희 가운데서 하늘로 올려지신 이 예수는 하늘로 가심을 본 그대로 오시리라" 세상은 이 사실을 감추려고 하지만 빛을 감출 수 없는 것처럼 진실은 감춰지지 않습니다. 예수님의 부활과 승천은 재림을 예고하고 있습니다. 그리고 구원과 심판을 계시하고 있습니다. 이 진실을 세상 가운데 끊임없이 조명하는 부활의 증인이 되어야 합니다.

(15) 불의를 앞세운 세상은 부활의 진실을 왜곡시켜 사람들로 하여금 구원의 주님을 등지게 만들고 있지만 부활은 진리가 승리하는 날이 도래할 것을 계시하고 있다는 것을 잊지 않아야 합니다

불의한 세상이 진실을 왜곡할 때 사용하는 도구 가운데 가장 효력을 발하는 것이 있다면 단연코 물질입니다. '불의를 덮고', '불의를 도모하고', '불의를 만들어가는 일'에 물질이 등장합니다. 예수님의 부활을 목격한 경비병들에게 불의에 함께하도록 대제사장들이 이들에게 '돈'을 줍니다. 경비병들은 자신들이 본 사실을 말하는 것이 아니라 대제사장들이 가르쳐준 대로 거짓말을 유대 사회에 퍼뜨리는 일에 열심을 다 합니다. 만약 경비병들이 부활의 진실을 증언했다면 하나님께서 이들을 크게 칭찬했을 것입니다.

공중의 권세를 잡은 마귀에게 조종당하고 있는 불의한 세상은 부활의 진실을 왜곡시키기 위해 온갖 방법을 동원합니다. 자신들의 논리를 앞세워 반박하고, 과학이라는 도구를 사용하여 반박합니다. 그리고 종교적인 의식 등으로 폄하시키며 반박하고 있습니다. 대제사장들이 부활의 진실을 거짓으로 말하도록 경비병들에게 돈을 줬던 것처럼 온갖 불의한 방법으로 부활의 진실을 왜곡시키고 있습니다. 세상은 부활의 진실을 왜곡시켜 사람들로 하여금 구원의 주님을 등지게 만듭니다. 그러나 부활은 구원의 진리가 승리하는 날이 도래할 것을 계시하고 있습니다. 이런 하나님의 일하심을 누가 막을 수 있겠습니까!

(적용)

부활은 종교적인 의식이나 제자들에 의해 만들어진 '설

(說)'이 아닙니다. 부활은 신화적인 이야깃거리가 아닙니다. 부활은 진실이며 진리를 담고 있습니다. 죄 사함과 구원과 심판을 함께 계시하고 있습니다. 그러나 공중의 권세를 거머쥐고 있는 마귀는 세상을 향해 이런 진실이 드러나지 못하도록 부활을 왜곡되게 만들어가고 있습니다. 불의한 세상은 부활의 진실이 밝혀지고 자신들의 거짓됨이 드러날까 두려워합니다. 예수님의 부활은 죄 사함과 영생을 그리고 불신자들을 향해서는 심판이 도래할 것을 계시하고 있습니다. 여기에 대해 우리는 진실된 부활의 증인이 되어야 합니다. 그리고 증인의 역할을 감당해야 합니다. 이런 참된 증인을 주님은 기억합니다.

[생각하며 나누는 시간]

1. 예수님은 어떤 분인가요?

2. 본문을 통해 나에게 주시는 하나님의 말씀이 있다면 어떤 것이 있는지 적어봅시다.

3. 예수님을 생각하면서 나를 향한 3가지의 은혜를 적어봅시다.

하나님이 기뻐하는 증인 (마 28:16~20)

28:16 열한 제자가 갈릴리에 가서 예수께서 지시하신 산에 이르러
28:17 예수를 뵈옵고 경배하나 아직도 의심하는 사람들이 있더라
28:18 예수께서 나아와 말씀하여 이르시되 하늘과 땅의 모든 권세를 내게 주셨으니
28:19 그러므로 너희는 가서 모든 민족을 제자로 삼아 아버지와 아들과 성령의 이름으로 세례를 베풀고
28:20 내가 너희에게 분부한 모든 것을 가르쳐 지키게 하라 볼지어다 내가 세상 끝날까지 너희와 항상 함께 있으리라 하시니라

하나님이 기뻐하는 증인 (마 28:16~20)

(도입)

　우리의 구원을 이루기 위해 예수 그리스도께서 십자가에서 죽으신 사건을 가리켜 '대속을 이룬 값'이라고 표현합니다. 그리고 십자가에서 죽은지 사흘 만에 부활한 것을 가리켜 '사망 권세를 이기셨다'라고 말합니다. 예수 그리스도께서 우리의 죄를 대속하여 '십자가'에서 죽으시고 부활하지 않으셨다면 예수 그리스도의 죽음은 말 그대로 허망한 죽음이 됩니다. 부활하신 주님께서 제자였던 사도들에게 그리고 이 시대를 살아가는 구원의 백성인 우리를 향해 '죄 사함의 십자가'와 '부활'에 대해 증인이 되도록 명하셨습니다.

　주님께서 구원하시고자 예정한 모든 이들에게 이 기쁜 소식을 들려주고, 주님 품으로 돌아오도록 우리에게 명하고 계십니다. 증인의 모습은 다양하게 나타날 수 있습니다. 그러나 주님이 기뻐하는 증인 모습이 있습니다. 과연! 주님께서는 어떤 증인의 모습을 기뻐할까요?

(16~17) 하나님께서 약속하신 것에 대해 의심하지 않고 증인의 길을 걸어가는 증인을 하나님은 기뻐합니다

'갈릴리'는 예수님께서 공생애를 이루시면서 가장 오랜 시간 사역을 펼쳤던 장소입니다. 특히 '갈릴리'는 (창 49:21)에 의하면 이스라엘 열두지파의 조상이었던 야곱이 납달리 지파를 향해 유언했던 장소입니다. 납달리 지파의 기업이었던 '갈릴리'에서 '아름다운 소리'가 날 것을 예언합니다. '아름다운 소리'는 '복음'을 예표하고 있었습니다. 이 예언의 성취가 예수님의 공생애 사역을 통해 이뤄집니다. 그리고 '갈릴리'는 예수님께서 "내가 살아난 후에 너희보다 먼저 갈릴리로 가리라"(마 26:32)라고 말씀하신 약속의 장소였습니다. 예수님께서는 이 예언대로 '갈릴리'에서 제자들을 만납니다.

(신 7:9)에 의하면 하나님은 신실합니다. 신실하신 하

나님께서는 하나님의 계명을 지키는 자에게 '천대까지' 그의 언약을 이행하며, 인애 베풀 것을 약속하셨습니다. 하나님이 신실하심과 불변하심의 속성을 가지고 계신다는 것은 하나님은 자신이 약속한 것을 반드시 지킨다는 것을 증거하고 있습니다.

    하나님이신 예수님! 그분은 제자들과 약속하신 대로 갈릴리의 '지시하신 산'으로 가셨습니다. 그러나 예수님을 따르던 '오백여 형제들'의 무리 가운데는 이런 예수님을 근본적으로 의심하는 자들도 있었습니다. 예수님의 죽으심과 부활하심에 대한 사실과 장차 될 일에 대해 의심하는 이들이 있었다고 마태는 증거합니다. 이 땅에 종말은 반드시 옵니다. 그날은 자연적인 현상으로 일어나지 않습니다. 종말은 언약이 실현되는 날입니다. 마귀에 속한 불신자에게는 심판이며, 하나님이 구원하시고자 예정한 자들에게는 '천국'인 '새 하늘과 새 땅'이 열리는 날입니다. 여기에 대한 하나님의 약속을 믿어 의심하지 않고 증인의 길을 걸어가는 증인을 하나님은 기뻐합니다.

(18~19) 하나님께서 주신 권세를 가지고 지상대위임령을 수행하는 성령 충만한 십자가의 증인을 하나님은 기뻐합니다

　예수님은 우리를 구원할 자로서 자신에게 주어진 '그리스도'의 직분 수행을 순종과 복종을 뛰어넘어 충성되게 감당하셨습니다. 십자가에서 죽으심은 '그리스도'의 직분에 따른 직무수행의 최종점이었습니다. (요 19:30)은 말씀합니다. "다 이루었다!" 이런 예수님께서 부활합니다. 그리고 우리의 구원을 위해 잠시 내려놓았던 하나님의 권세가 다시 회복됩니다. 이것을 성경에서는 "하늘과 땅의 모든 권세를 내게 주셨으니"라고 표현하고 있습니다.

　우리의 죄를 대속하기 위해 '비하'의 모습으로 십자가를 지셨다면, 부활의 주님은 세상의 모든 권세를 가진 하나님 본연의 모습을 하고 계셨습니다. 그런 주님께서 이 땅에 남겨둔 제자들에게 '네 가지'를 명령합니다. "가라!", "제자 삼아라!", "세례를 베풀어라!" 그리고 "가르쳐 지키게 하라!" 예수님께서 우리의 죄를 대속하기 위해 '고난'과 '대속의 죽음'이라는 십자가를 지셨다면, 우리는 주님께서 "모든 것을 다 이루신" 그 십자가를 높이 들고 주님께서 명령하신 '지상대위임령'을 수행하는 '성령 충만한 증인'이 되어야 합니다.

(엡 6:13~17)의 말씀처럼 '진리의 띠'를 띠고, '의의 흉배'로 무장하고, '복음의 신'을 신고, '믿음의 방패'를 들고, '구원의 투구'를 쓰고, '말씀의 검'을 들고 영적 전투를 치러야 합니다. 하나님께서 주신 권세를 가지고 구원의 백성들이 흩어져 있는 '모든 민족'을 향해 이 사명을 감당하는 성령 충만한 '영적인 전사', '십자가의 증인'이 되어야 합니다. 이런 증인을 하나님은 기뻐합니다.

(20) 하나님께서 명하신 것을 끝까지 순종하며, 끝까지 충성스럽게 그 사명을 종의 모습으로 감당하는 증인의 걸음을 하나님은 기뻐합니다

부활의 주님께서 제자들에게 이 땅에서 행할 마지막 명령을 남기고 승천합니다. 일명 '지상대위임령'입니다. "가라!", "제자 삼아라!", "세례를 베풀어라!", "가르쳐 지키게 하라!" 이 사명을 감당하려면 무엇보다 주님께서 주신 권세로 무장한 '성령의 사람'이 되어야 합니다. 그리고 '죄 사함'에 따른 회개의 복음을 주님이 오시는 그날까지 '세상의 모든 족속'을 향해 증거하는 사명의 자세를 가져야 합니다. 사명에 대해 순종하고, 충성스럽게 그 사명을 감당하는 증인의 길을 걸어가야 합니다.

내가 원하는 무리를 만들어가는 집단이 아니라 주님의 명령에 순복하며, 주님을 따르는 제자를 만드는 충성스러운 종의 사명이 우리가 감당해야 할 직분인 것을 잊지 않아야 합니다. 그러니 주님께서는 세례를 베풀 때도 "아버지와 아들과 성령의 이름으로 세례를 베풀어라!"라고 명하셨던 것입니다.

나를 따르는 집단을 만드는 자는 (계 17:7)에서 그리스도를 모방한 '일곱 머리와 열 뿔을 가진 짐승'의 세력에게 무릎 꿇게 만드는 자와 같습니다. 마귀에게 밥상을 차려주는 자입니다. '회개'와 '죄 사함'의 복음, 그리고 '심판의 불 못'과 '새 하늘과 새 땅'에 대한 '진리'를 바르게 가르치는 일에 사력을 다해야 합니다. 여기에 대해 충성스러운 종의 모습을 가져야 합니다. 이런 증인의 걸음은 하나님의 마음을 시원케 하고, 하나님이 기뻐하는 증인의 걸음이 됩니다.

(적용)

예수 그리스도의 부활은 우리로 하여금 천국에서 살아갈 것을 약속하고 있습니다. 그리고 주님께서 "다 이루었다"

라고 말씀하신 십자가는 우리로 하여금 하나님의 뜻을 이루는 증인의 되도록 명하고 있습니다. '지상대위임령'입니다. 주님께서 약속하신 '천국'이 속히 임하길 원하십니까? 우리는 그 약속이 속히 실현되도록 '지상대위임령'의 수행을 (행 1:8)의 말씀처럼 이루어가야 합니다.

자신이 살아가는 지역인 '예루살렘'을 복음화해야 합니다. 나라와 민족인 '유대'를, 소외된 자들이 있는 '사마리아', 그리고 모든 민족이 있는 '땅끝까지', 하나님의 택한 백성을 불러 모으는 사명을 순종과 충성을 다하며 감당하는 '성령의 사람'이 되어야 합니다. 하나님이 기뻐하는 종의 모습으로 증인의 길을 걷는 것을 오히려 감사히 여기고, 기뻐하는 종이 되어야 합니다. 이런 증인을 하나님은 갑절로 기뻐합니다.

[생각하며 나누는 시간]

1. 예수님은 어떤 분인가요?

2. 본문을 통해 나에게 주시는 하나님의 말씀이 있다면 어떤 것이 있는지 적어봅시다.

3. 예수님을 생각하면서 나를 향한 3가지의 은혜를 적어봅시다.

바티스 출판사 도서 안내

성경의 뼈대를 튼튼하게 세워 나가는 책
(1) 『창조목적과 그리스도의 사역』

성자 하나님께서 왜! 성육신하셔야만 했는가?
성자 하나님께서 왜! 예수로 오셔야만 했는가?
성자 하나님께서 예수로 오실 때 왜! 그리스도로 오셔야만 했는가?
여기에 대해 22개의 주제를 통해 명쾌한 답을 제시하고 있습니다.

- 책의 이해를 돕기 위하여 9개의 Q.R 코드 안에 26개의 동영상 강의가 보너스로 제공됩니다.
- 각 장르(제1막~제7막)마다 주어진 '생각해 보는 시간'의 질문을 활용하여 구역 또는 나눔의 교재로 활용하기에 적합하고, 유익합니다.
- 개인 및 그룹 study에 유익한 교재입니다(청·장년 교리교육 교재로 매우 유익합니다).

【느헤미야 시리즈 01】

성경, 신앙, 설교에 도움을 주는 책
(2) 『신앙으로 반응하라』

느헤미야 시리즈는 신앙을 통해 하나님 나라를 직시하고 신앙의 바른 관점을 가질 수 있도록 인도하는 것을 목표로 전체 내용이 구성되어 있습니다. '하나님 나라 회복'과 '하나님의 일하심'을 조명하고 있는 『신앙으로 반응하라』는 성벽 재건이라는 과정 안에서 신앙으로 공동체를 세워 나가는 느헤미야를 만나게 됩니다. 이를 통해 전개되는 사건들과 하나님으로부터 받은 응답의 역사가 신앙 가운데 펼쳐집니다.

- ▸ '느헤미야'의 본문(1장~5장)에 대한 난해한 부분들을 쉽게 이해할 수 있도록 도움을 줍니다.
- ▸ 신앙을 세워 나가는 데 도움과 유익을 줍니다.
- ▸ 설교 및 느헤미야서를 연구하는데 도움을 줍니다.

【느헤미야 시리즈 02】

성경, 신앙, 설교에 도움을 주는 책
(3) 『하나님이 기억하는 자』

하나님을 향한 신앙의 골격과 신앙의 자세를 바르게 세워 나가는 종교개혁이 소개되고 있습니다. 『하나님이 기억하는 자』는 형식의 신앙이 아니라 하나님 편에 어떻게 바르게 서야 하는지 일깨워줍니다. 그리고 신앙의 인격을 만들어 가는 과정이 사건들과 함께 박진감 넘치게 전개됩니다.

- ‣ '느헤미야'의 본문(6장~9장)에 대한 난해한 부분들을 쉽게 이해할 수 있도록 도움을 줍니다.
- ‣ 신앙을 세워 나가는 데 도움과 유익을 줍니다.
- ‣ 설교 및 느헤미야서를 연구하는데 도움을 줍니다.

【느헤미야 시리즈 03】

성경, 신앙, 설교에 도움을 주는 책
(4) 『해 뜨는 데부터 해 지는 데까지』

언약에 대한 각인과 함께 한결같은 신앙으로 하나님 앞에 바르게 서도록 지도하는 느헤미야의 간절한 마음이 읽어집니다. 그리고 주님이 다시 오시는 그날까지 말씀을 따라 날마다 매 순간 신앙을 개혁하지 않으면 안 되는 이유를 증거하고 있습니다.

▸ '느헤미야'의 본문(10장~13장)에 대한 난해한 부분들을 쉽게 이해할 수 있도록 도움을 줍니다.
▸ 신앙을 세워 나가는 데 도움과 유익을 줍니다.
▸ 설교 및 느헤미야서를 연구하는데 도움을 줍니다.

【신앙간증 시리즈】

(5) 『잃어버린 10년, 은혜로운 10년』

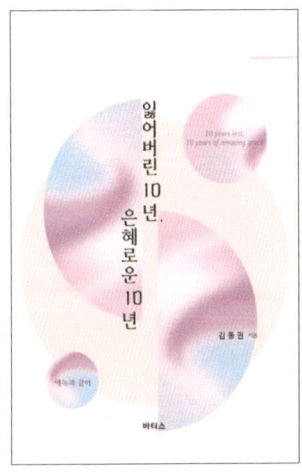

선교사로 활동하던 중 겪게 된 10년의 암 투병 과정을 기록하고 있습니다. 10년 동안 3번의 투병과 3번의 완치판정을 받은 과정을 통해 자신의 경험을 소개하고 있습니다. 『잃어버린 10년, 은혜로운 10년』은 기도하며 기록한 책입니다. 10년간의 투병을 간증하는 단순한 간증집이 아닙니다. 하나님께서 자신을 통해 어떻게 역사하셨는지 증명해내는 동시에 동일한 육체의 질고 가운데 놓인 환우들에게 한 줄기의 작은 희망을 가질 수 있도록 메시지를 전해주는 소중한 책입니다.

- 투병 가운데 있는 분들에게 믿음의 신앙과 기도의 소중함을 전해주고 있습니다.
- 어떤 순간도 포기하지 않는 인내를 강조하고 있습니다.
- 육체의 질고 가운데 있는 분들과 가족들에게 희망의 메시지를 전해줍니다.

창세기 2장~5장이 증거하고 있는 에덴 동산의 계시를 밝히는 책
(6) 『하나님의 숨결 안에』

에덴 동산은 하나님의 창조목적과 하나님의 속성이 담겨 있는 그릇과 같은 곳입니다. 『하나님의 숨결 안에』는 전체가 2부(제1부-"에덴 동산 안에서", 제2부-"에덴 동산 밖에서)로 구성되었으며 성경 본문(창세기 2장~5장)에 충실한 해석과 함께 에덴 동산이 무엇을 계시하고 있는지 진리를 전하고 있습니다.

- ▸ 창세기 2장~5장을 흥미롭고 재미있게 풀어갑니다.
- ▸ 에덴 동산의 '생명 나무'와 '선악을 알게 하는 나무'에 대해 명쾌한 답을 줍니다.
- ▸ 언약의 성취와 예수 그리스도가 메시아로 오셔야 할 이유를 알게 합니다.
- ▸ 하나님의 숨결이 느껴집니다.
- ▸ 이 시대에 꼭 읽어야 할 책입니다.
- ▸ 지금 선물하기에 아주 좋은 책입니다.

(7) 『구약 성경의 메시지(개론) - 창세기부터 말라기까지』

『구약 성경의 메시지(개론)- 창세기부터 말라기까지』는 크게 세 가지 목적을 가지고 출간되었습니다. 첫 번째는 구약의 근원을 알면서 성경을 더욱 가까이에 두는 신앙관을 길러내기 위한 목적을 가지고 있습니다. 두 번째는 성경을 일목요연하게 볼 수 있도록 도움을 주기 위한 목적을 가지고 있습니다. 세 번째는 독자들에게 구약 성경에 대한 기본적인 지식을 제공할 뿐 아니라 교회 교육 자료로 활용할 수 있도록 돕기 위한 목적을 가지고 있습니다. 이런 『구약 성경의 메시지(개론)- 창세기부터 말라기까지』는 창세기부터 말라기까지 본문의 텍스트가 어떤 메시지를 전하고 있는지 핵심적인 메시지를 알려주고 있는 영적으로 건강한 도서입니다.

안디옥의 빛나는 별 이그나티우스가 찾은 참된 행복

(8) 『내 안에 예수 그리스도가 살아계신다』

1세기 말부터 2세기, 기독교의 근간을 뒤흔들었던 율법주의자들과 영지주의자들 그리고 로마로부터 교회와 신앙을 지켜내기 위해 자신의 몸을 불살랐던 이그나티우스(Ignatius of Antioch, A.D. 35-108)는 안디옥의 빛나는 별과 같았습니다. 『내 안에 예수 그리스도가 살아계신다』라는 책의 제목은 이그나티우스의 모든 것(신앙과 삶)을 한 문장으로 증거 한 표현입니다. 교회와 신앙을 지키기 위해 자신을 짐승의 먹잇감으로 내놓은 속사도 교부였던 이그나티우스의 일곱 편의 서신을 소개하고 있습니다. 그리고 서신에 담겨 있는 '기독론'과 '구원론', '교회론', '종말론', '감독제도'와 '신앙' 등에 대한 신학적, 역사적, 신앙적 근거를 논하고 있는 귀중한 도서입니다. 신학자들이 적극적으로 추천하고 있으며 우리 모두가 읽어야 할 신앙의 필독서입니다.

‣ 1세기와 2세기 고난과 갈등 그리고 기독교 신앙의 정수(精髓)를 알려줍니다
‣ 예수 그리스도와 십자가를 가슴으로 받아들이고, 새기게 합니다
‣ 교회와 그리스도인이 존재하는 이유와 목적을 알게 합니다
‣ 진리와 신앙을 사수하기 위해 순교하였던 기독교의 역사를 전하고 있습니다
‣ 초대 교부에 관하여 하나의 획을 긋는 도서입니다

【바티스 묵상집】

『시편』

"시편- 바티스 묵상집"은 우리를 감사와 찬양의 신앙으로 인도하며 하나님을 향한 경건의 신앙으로 이끌어갑니다.

▸ "시편 – 바티스 묵상집"은 하나님을 향한 신앙의 가치관을 바르게 세워줍니다
▸ "시편 – 바티스 묵상집"은 시편 가운데 새겨진 하나님 말씀의 깊이를 깨닫게 합니다
▸ "시편 – 바티스 묵상집"은 하나님을 향한 감사와 찬양의 신앙으로 이끌어갑니다
▸ "시편 – 바티스 묵상집"은 인간의 참된 가치관에 대해 알게 합니다
▸ "시편 – 바티스 묵상집"은 평신도뿐 아니라 목회자들에게도 도움을 줍니다

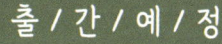

출 / 간 / 예 / 정

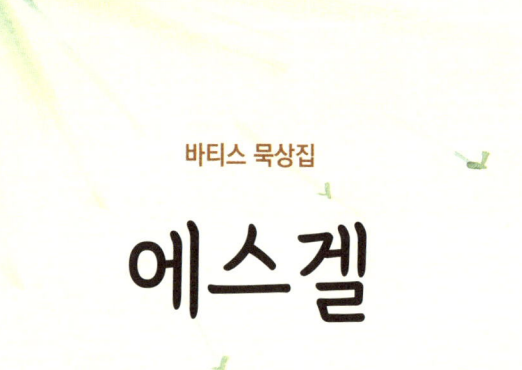

바티스 묵상집

에스겔

조윤호 지음

바티스

출 / 간 / 예 / 정

바티스 묵상집

요한복음

조윤호 지음

바티스

출 / 간 / 예 / 정

바티스 묵상집

레위기

조윤호 지음

바티스